地方财政支出与城乡收入差距的关系研究

谢 芬 著

西南财经大学出版社
Southwestern University of Finance & Economics Press
中国 · 成都

图书在版编目(CIP)数据

地方财政支出与城乡收入差距的关系研究/ 谢芬著 . —成都: 西南财经大学出版社,2019. 7
ISBN 978-7-5504-4023-4

Ⅰ. ①地… Ⅱ. ①谢… Ⅲ. ①地方财政—财政支出—关系—居民收入—收入差距—城乡差别—研究—中国 Ⅳ. ①F812. 7②F126. 2

中国版本图书馆 CIP 数据核字(2019)第 141229 号

地方财政支出与城乡收入差距的关系研究
谢芬 著

责任编辑:汪涌波
封面设计:何东琳设计工作室
责任印制:朱曼丽

出版发行	西南财经大学出版社(四川省成都市光华村街 55 号)
网　　址	http://www.bookcj.com
电子邮件	bookcj@foxmail.com
邮政编码	610074
电　　话	028-87353785
照　　排	四川胜翔数码印务设计有限公司
印　　刷	成都金龙印务有限责任公司
成品尺寸	170mm×240mm
印　　张	15
字　　数	254 千字
版　　次	2019 年 7 月第 1 版
印　　次	2019 年 7 月第 1 次印刷
书　　号	ISBN 978-7-5504-4023-4
定　　价	88.00 元

摘　　要

改革开放以来，中国经济持续快速增长，从2010年开始就已经成为世界第二大经济体，2018年中国的GDP已超过了90万亿元，居民收入、生活水平和幸福指数也在不断提高。但与此同时，在市场经济改革过程中，中国也同样存在着多数国家在经济发展中遇到的普遍问题，其中表现最为突出的就是贫富差距越来越大。不少机构和学者测得中国的基尼系数已经超过了国际警戒线，为未来的健康可持续发展埋下了一定的隐患。中国的收入差距体现在多个层面，主要有：个体之间收入差距、区域之间收入差距、行业之间收入差距和城乡之间收入差距，其中最为突出的就是城乡收入差距。中国城乡收入差距的形成及扩大对当前中国社会经济发展产生了诸多不利影响，过大的城乡收入差距亟待缩小。建设和谐社会、全面建成小康社会、实现中华民族伟大复兴中国梦是中国经济社会发展的重要目标，尽管政府以及社会公众在党中央的领导下，积极向着这些目标努力和奋斗，如近年来以习近平同志为核心的党中央以及各地地方政府都非常重视农村贫困问题，制定了"精准扶贫""乡村振兴"等战略，但是由于历史、制度和现实等各方面因素的影响，在中国实现共同富裕、构建和谐社会的进程中，面临着许多障碍，尤其是收入差距过大引致的种种矛盾和冲突，导致我国经济发展过程中其现实情况可能会偏离预期的目标。

城乡差距在中华人民共和国成立之前就已存在。中华人民共和国成立初期面对复杂的国际环境，当时中央政府选择了优先发展重工业的战略，并通过一系列制度设计达到将农村剩余转向城市的目的，这是中国最初城乡差距形成的根源。伴随着中国经济的快速发展，其背后的一些深层次问题也逐渐暴露出来，其中不断扩大的城乡收入差距越来越成为社会各界高度关注的问题。改革开放以后，中国城乡收入差距在市场经济改革过程中"效率优先兼顾公平"精神的指导下以及城市化发展战略影响下逐渐演变，但是总体来说中国当前城乡收入差距还与理想水平偏离较远。根据相关数据对中国城乡收入差距进行测算,中国城乡居民收入比在1978年为2.57,1984年缩小到1.8左右,但2009年持续扩大到3.3的最高值,2013年之前一直维持在3.0以上,此后开始逐年下降到2018年的2.69。

城乡收入差距过大,已经成为中国经济发展中的主要障碍,也是社会矛盾不断激化的根源,因此受到社会各界的高度关注。而找出中国城乡收入差距的主要成因,对于政府科学制定缩小城乡收入差距的政策具有重要作用。关于城乡收入差距的研究在学术界也是一个热点问题,学者们从不同层面对导致城乡收入差距的主要原因和影响因素进行了定性和定量的研究,并试图提出一些有效可行的措施来缩小城乡收入差距。关于城乡收入差距形成的原因,学者们一致认为主要是制度因素,其中城市偏向性的社会经济政策以及扭曲的商品和生产要素市场是最为主要的原因。

1978年推行改革开放政策以来,中国实行财政分权改革,主要表现为在农村实行家庭联产承包责任制、逐步放开私营经济的发展、对国有企业放权让利以及财税体制的分权改革等社会经济多个领域,但是其中财税体制的分权改革影响最为深远。由于财税体制实行分权改革,地方政府在财政支出上具有非常大的自主权,在地方政府具有独立利益的情况下,地方政府将会把更多财政资金用于最能满足其自身利益的地方。中国在财政领域实行分权的同时在政治领域却是加强集权,上级政府对下级政府官员具有绝对的任免权,在以经济增长为主要考核指标的情况下,地方政府官员为了满足自身利益以及晋升的要求,往往会更倾向于将财政资金用于经济领域,与此同时,财政资源在农村和城市之间的分配也更倾向于城市,出现了城市偏向性的财政政策。一方面,农村居民比城市居民负担更重,导致其实际收入不断减少;另一方面,由于在基础教育、医疗卫生和社会保障等基本公共服务方面农民无法享受到与城市居民同等的待遇,而这些基本公共服务的差异导致农村居民在人力资本积累上也落后于城市,导致城乡之间居民人力资本的差异进而带来收入差距的进一步扩大。

中国式财政分权背景下,地方政府拥有了更多财政自主权。地方政府也是一个独立的利益主体,在财政和政治激励作用下,导致地方政府财政行为在城乡之间进行选择的时候更多地偏向于城市地区,形成了城市偏向性的财政制度,对城乡居民收入产生直接和间接的影响,最终导致城乡收入差距的不断扩大。因此,研究中国式财政分权背景下地方政府财政支出对城乡收入差距的影响具有非常重要的现实意义。鉴于此,本书基于中国式财政分权的背景,研究分权体制下地方政府行为选择的现实逻辑,通过实证研究发现地方政府财政支出对城乡收入差距产生了现实影响,并试图提出有效可行的政策建议,这便是本书选题的背景和缘由。本书研究可以理顺中国地方财政支出与城乡收入差距之间的理论逻辑关系和现实影响,具有重要的理论意义和现实意义。从理论意义来看,一是从理论角度分析了中国式财政分权、地方政府行为、地方财政支出之间的逻辑关系,剖析了中国地方财政支出偏向的内在原因;二是从理论角度分析了中国地方财政支出对城乡收入差距产生影响的内在机理。从现实意义来看,一是从时间和空间两个层面对中国城乡居民收入差距及其变动趋势进行了实证测度,更全面地揭示了中国城乡收入差距的本质;二是对中国地方财政支出偏向性进行了现实描述与实证考察,并深入地分析了原因,有利于发现和理解中国地方财政支出的现状及其存在的主要问题;三是对中国地方财政支出及其偏向性对城乡收入差距的现实影响进行了实证分析,明确了中国地方财政支出与城乡收入差距之间的现实关系和产生影响的机制;四是结合中国目前地方财政支出的现实情况,结合缩小城乡收入差距的现实需要,对中国地方财政支出改革的总体思路、基本路径和具体措施进行了系统的分析,并提出了具体的对策建议。

本书研究的核心问题是“城乡收入差距有多大”“地方财政支出对城乡收入差距产生影响的内在机理”“地方财政支出对城乡收入差距的影响程度”“中国地方财政支出的改革方向与具体措施”。基于研究要解决的主要问题,本书研究的主要内容如下:

第1章　导论。首先,对本书选题的背景、理论和现实意义进行了阐述和说明;其次,对与本书研究相关的国内外文献进行了系统的梳理和总结,在吸取已有研究成果的基础上结合本书的研究目的,确立本书研究的逻辑体系和基本结构;最后,阐述了本书研究的具体内容,并介绍了本书的主要研究方法。

第2章　城乡居民收入差距与财政支出的基本理论。为了研究的需要,本章对与本书研究问题相关的核心概念和理论进行了系统的梳理和深入的阐述,奠定了本书研究所需的基本理论根基。首先,在对与城乡收入差距相关的概念进行界定的基础上,阐述了与城乡收入差距相关的核心理论,并介绍了城乡收入差距的测度指标和方法。其次,对与地方财政支出相关的概念进行了界定,并且阐述了与财政支出相关的基本理论。最后,阐述了财政支出对城乡居民收入分配产生影响的基本理论,并分析了地方财政支出对城乡居民收入差距产生影响的相关理论。

第3章　中国城乡收入差距测度及其形成原因。首先，对中国城乡居民的收入来源构成进行了现实分析，并探讨了城乡居民收入与国民收入分配的关系；其次，对城乡收入差距总体状况和变化趋势进行了测算和分析，还从空间角度和结构角度对中国城乡收入差距进行了系统的测算；最后，对导致中国城乡收入差距的产生及其扩大的主要原因进行了分析，主要包括理论解释、现实因素分析和制度分析。

第4章　中国地方财政支出偏向性及其成因。首先，基于预算内财政支出和预算外财政支出两个层面对中国地方财政支出的偏向性进行了描述；其次，利用相关数据对中国地方财政支出的偏向性进行了现实考察，验证了中国地方财政支出偏向性的存在并对其偏向程度进行了数量刻画；最后，对中国地方财政支出偏向性的形成原因进行了政治和经济的分析，阐明了导致中国地方财政支出偏向的深层次原因。

第5章　财政分权、地方财政支出与城乡收入差距关系的理论分析。首先，对财政分权理论与实践进行了理论回顾和中国经验阐述，并分析了中国式财政分权对地方政府行为产生影响的机制；其次，从理论角度分析了中国地方财政支出对城乡居民收入分配的影响，主要是从初次分配和再分配两个环节的影响系统阐述它们之间的关系；最后，深入地探讨了中国地方财政支出对城乡收入差距产生影响的内在机理。

第6章　地方财政支出对城乡收入差距影响的实证分析。本章的实证分析是对前面理论和现实分析结论的实证检验。本章主要是在前面理论分析和现实描述的基础上，利用我国省级动态面板数据以及相应的计量方法，对我国地方财政支出与城乡收入差距之间的关系进行实证分析。实证研究中主要是就地方财政支出规模以及支农支出、教育支出、卫生支出和社会保障支出四个对城乡收入差距产生重要影响的项目，分别进行了动态计量分析，以发现我国地方财政支出规模以及不同项目与城乡收入差距之间的关系，并对相关实证研究结果进行了阐释。

第7章　研究结论与对策建议。首先，在本书前面的理论、现实和实证分析及测度的基础上，对我国地方财政支出与城乡收入差距之间的关系、影响程度以及形成的具体结论进行梳理和总结。然后，基于本书研究结论，结合我国现实情况，对我国目前应该如何完善财政支出政策以便缩小城乡收入差距进行系统的分析，并提出了合理可行的政策建议。

本书从理论、现实和实证角度对中国地方财政支出与城乡收入差距的关系进行了深入系统的研究并得出如下基本结论：一是通过对中国城乡收入差距的测度，发现中国城乡收入差距总体上呈现不断扩大的趋势，并且东、中、西部地区存在较大的差异，其中经济越发达地区城乡收入差距越小，经济越落后地区城乡收入差距越大，西部地区是中国城乡收入差距最大的贡献者。但我们也发现中国城乡收入差距随着社会经济发展而趋于缩小，特别是落后地区的城乡收入差距在中央扶贫政策和农业政策的支持下，有缩小的趋势。二是现实考察了中国地方财政支出现状，发现中国地方财政支出普遍存在偏向性，主要表现为经济性偏向和城市性偏向，而且预算内和预算外支出都存在偏向性，预算外支出的偏向性更加明显。三是通过对中国地方财政支出与城乡收入差距的关系的理论分析，解释了中国地方财政支出对城乡收入差距产生影响的内在机理。财政分权体制对地方政府行为产生了扭曲性激励，导致了地方财政支出的偏向性，财政支出的偏向性对城乡居民的初次分配和再分配产生影响，从而导致了城乡居民的收入差距。不同的财政支出项目对城乡居民不同来源收入产生的影响不同。四是实证检验了中国城乡收入差距对地方财政支出的现实影响，研究结论表明中国地方财政支出扩大了城乡收入差距，并且通过不同财政支出项目的城市偏向性对城乡收入差距的影响实证研究，得出城市性偏向的财政支出对城乡收入差距产生了扩大作用，并且影响程度较大。

通过本书研究得出的结论，笔者认为通过完善地方财政支出机制来缩小城乡收入差距具有重要的现实意义。基于中国地方财政支出对城乡收入差距的影响机理和现实影响，再结合中国当前地方财政支出存在的现实问题，笔者对中国地方财政支出改革提出了系统的建议。笔者认为，中国地方财政支出改革需要明确思路，并对改革进行宏观层面和微观层面的制度改进。改革建议如下：一是要明确中国地方财政支出改革的总体思路，应该从体制变革和具体财政支出结构调整两个层面进行思考，才能真正改变中国地方财政支出结构的失衡，提升城乡居民收入分配的公平性，缩小城乡收入差距。一方面，通过政府治理理念和政治体制变革以及财政体制改革，来改变当前分权体制对地方政府行为产生的扭曲性激励，改变当前中国地方财政支出偏向的现实缺陷；另一方面，需要对地方财政支出规模和结构进行改革，主要包括建立地方财政支出规模合理增长机制、财政支出结构动态调整机制、财政支出效率评价机制和问责制度，通过这些举措来保证财政资金的分配和使用效率。二是对中国地方财政支出改革提出了具体的建议，主要包括建立地方财政支出规模的合理增长机制、公共资源均衡分配机制、财政支出在不同项目之间的合理分配、不同项目在城乡之间的合理分配等方面的具体措施。三是对中国地方财政支出如何提升效率提出了建议，并对财政支出在资金分配和资金使用方面提出了具体建议。

综上所述，通过本书的研究，我们希望对中国地方财政支出与城乡收入差距之间的关系进行系统分析，在明确中国城乡收入差距现状和地方财政支出现状的基础上，探索中国地方财政支出对城乡收入差距的影响机理与现实传导机制，为中国地方财政支出的改革和缩小城乡收入差距提供理论和现实指导。由于受到各种因素的影响，本书的研究无论是理论研究还是实证研究都存在一定的缺陷，但本书研究的不足正是笔者后续研究的方向，同时衷心希望得到同行专家、学者和读者的批评指正。

关键词：财政分权；地方财政支出；偏向性；城乡收入差距

Abstract

In 2018, China's GDP exceeded 90 trillion yuan. Since 2010, China has become the second largest economy in the world. But at the same time, in the process of market economy development, China also has some common problems, the most prominent one of which is the ever-growing gap between the rich and the poor. A number of institutions and scholars claimed that the income gap in China in terms of Gini coefficient has gone beyond the international safety range and will be harmful to the health of the future sustainable development. China's income gap is reflected in numerous aspects: the income gap between individuals, the income gap between regions, the income gap between industries and the income gap between rural and urban areas. Among all of which the most prominent and urgent one is the income gap between urban and rural areas. The formation of China's income gap between urban and rural areas has also produced many negative effects, hence the excessive income gap between urban and rural areas needs to be eased. The realization of Chinese Dream-building a harmonious society, building a well-off society in an all-round way and realizing the great rejuvenation of the Chinese nation -is an important goal of China's economic and social development. The Chinese government and the public have been striving hard toward these goals under the leadership of the CPC central committee. In recent years, with Xi Jinping playing the core role in the leadership of the CPC central committee, local governments at all levels have attached great importance to the rural poverty problem, formulated the "poverty alleviation" precisely and put forward the "rural revitalization strategy", but due to historical and institutional factors, the implementation of common prosperity in China, the process of building a harmonious society, is faced with many obstacles. Especially the various contradictions and conflicts caused by the large income gap lead to the reality that may deviate from the expected goal in the process of China's economic development.

China's urban-rural gap has existed since the founding of the People's Republic of China. Faced with the complicated international environment after the founding of new China, the central government adopted the strategy of giving priority to the development of heavy industry and achieved the goal of transferring rural surplus to cities through a series of systematic designs, which formed the root of the urban-rural gap in China at the beginning. With the rapid development of China's economy, some deep-seated problems are gradually exposed, among which the widening income gap between urban and rural areas has become a matter of great concern to all sectors of society. After the reform and opening up, the gap between urban and rural areas in China has gradually evolved under the guidance of the spirit of "giving priority to efficiency and fairness" in the reform of market economy and the strategy of urbanization. However, overall, China's current urban-rural income gap is still far from the ideal level. According to the calculation of the income gap between urban and rural areas in China, the income ratio of urban and rural residents in China was 2.57 in 1978, narrowed to about 1.8 in 1984, but then continued to rise to the highest point of 3.3 in 2009, maintained above 3.0 until 2013, and then began to decline to 2.69 in 2018.

Excessive income gap between urban and rural areas has become a major obstacle to China's economic development and a source of increasingly intensified social contradictions. Therefore, people from all walks of life pay close attention to it, and finding out the main causes of the income gap between urban and rural areas in China plays an important role in the government's scientific formulation of policies to alleviate the income gap between urban and rural areas. The research on the income gap between urban and rural areas is also a hot issue in academic circles. Scholars have conducted qualitative and quantitative researches on the main causes and influencing factors of the income gap between urban and rural areas from different levels, and tried to put forward some effective and feasible measures to alleviate the income gap between urban and rural areas. The formation of urban and rural income gap has become the most concerned issue in academic circles. Scholars agree that the formation of urban and rural income gap is mainly caused by institutional factors, among which urban biased social and economic policies and distorted commodity and production factor markets are the most important causes.

Since the reform and opening-up policy was carried out in 1978, China's decentralization reform, mainly showed in the rural household contract responsibility system, has gradually let go of the development of private economy. Decentralization reform, the separation of the fiscal and taxation system of state-owned enterprises, and other reforms took place in other social and economic fields, but the influence of the separation of the fiscal and taxation system reform is the most profound. Due to the decentralization reform of the fiscal and tax system, local governments have gained great autonomy in fiscal expenditures. When local governments have independent interests, they will use more fiscal funds to meet their own needs. With fiscal power being decentralized, the political power maintained centralized at the same time: the central government still has the absolute power of appointing and removing officials at local governments. Regarding economic growth as the main evaluation index of the performances, the local government officials, out of their own interests and requirements of promotion, tend to be more inclined to use fiscal funds for economy. Consequently, the financial resources allocation between rural and urban is more inclined to cities, leading to the urban bias in fiscal policy. On the one hand, rural residents are relatively more heavily burdened than urban residents, leading to their actual income decreases. On the other hand, in public services such as basic education, health care and social security, because farmers are unable to enjoy the same national treatment as urban residents, the basic public-service enjoyment of rural residents also lags behind those of the urban residents on human capital accumulation, leading to human capital differences between urban and rural residents, which eggs on the further widening income gap.

Chinese local governments have more financial autonomy under the separation of fiscal powers, the interests of the local government is an independent subject in the role of financial and political incentives, leading to the fact that urban areas are more likely to be favored in local government financial behavior. This caused direct or indirect influences on the income of urban and rural residents and eventually led to the expansion of urban and rural income gap. Therefore, it is of great practical significance to study the influence of local government fiscal expenditure on the urban-rural income gap under Chinese decentralization reform . In view of this, based on the background of Chinese-style decentralization, this book studies the practical logic of local government behavior choice under the decentralization system. Through empirical research, it finds out the practical impact of local government fiscal expenditure on the urban-rural income gap, and tries to put forward effective policy-making suggestions. This is the background and inspiration of this book. The study of this book can straighten out the theoretical and logical relationship and practical influence between China's local fiscal expenditure and the urban-rural income gap, which has important theoretical and practical significance. From the perspective of theoretical significance, firstly, it analyzes the logical relationship between Chinese decentralization - local government behavior - local fiscal expenditure from the theoretical perspective, and analyzes the internal causes of Chinese local fiscal expenditure bias. The second is the theoretical analysis of China's local fiscal expenditure on the income gap between urban and rural internal mechanism. From the perspective of practical significance, the first is to empirically measure the income gap between urban and rural residents in China and its changing trend from two dimensions of time and space, revealing the essence of the income gap between urban and rural residents in China in a more comprehensive way. The second is to describe the bias of local fiscal expenditure in China, make an empirical investigation and thoroughly analyze the reasons, which is helpful to discovering and understanding the current situation and main problems of local government fiscal expenditures in China. Thirdly, the book makes an empirical analysis of the real impact of Chinese local fiscal expenditure and its bias on urban-rural income gap, and clarifies the real relationship between Chinese local fiscal expenditure and urban-rural income gap and the mechanism of its impact. Fourth, combined with the current situation of China's local fiscal expenditure and the need to narrow the income gap between urban and rural areas, this book systematically analyzes the general idea, basic path and specific measures of China's local fiscal expenditure reform, and puts forward specific countermeasures and suggestions.

The key issues studied in this book are: "seriousness of the income gap between urban and rural areas", "the inner working mechanism of relationship between local financial expenditure and the urban-rural income gap", "the influence degree of the local fiscal expenditure on the income gap between urban and rural areas", "the reform direction and measures of China's local fiscal expenditure". Based on the research to solve the main problems, the main content of the book to study are as follows:

Chapter 1 is the general introduction. Firstly, the background, theoretical and practical significance of this book are expounded and explained. Secondly, it systematically combs and summarizes the domestic and foreign literatures relating to the study of this book. On the basis of absorbing the existing research results and combining with the research purpose of this book, it establishes the logic system and basic structure of the study of this book. At last, the author expounds the research content of this book and introduces the main research methods.

Chapter 2 talks about the income gap between urban and rural residents and the basic theory of fiscal expenditure. In order to meet the research needs, this chapter systematically combs and elaborates the core concepts and theories related to the research problems of this book, laying the basic theoretical foundation for the research of this book. First, on the basis of defining the concepts related to urban and rural income gap, the core theories related to urban and rural income gap are expounded, and the measurement indexes and methods of urban and rural income gap are introduced. Secondly, the concept related to local fiscal expenditure is defined, and the basic theory related to fiscal expenditure is expounded. Finally, this paper expounds the basic theory of the influence of fiscal expenditure on the income distribution among urban and rural residents, and analyzes the relevant theories of the influence of local fiscal expenditure on the income gap between urban and rural residents.

Chapter 3 is about the measurement of urban and rural income gap in China and the reasons for its formation. Firstly, the income sources of urban and rural residents in China are analyzed and the relationship between urban and rural residents' income and national income distribution is discussed. Secondly, the overall situation and the changing trend of urban and rural income gap are calculated and analyzed, and the urban and rural income gap in China is calculated systematically from the perspectives of space and structure. Finally, the paper analyzes the main reasons of the income gap between urban and rural areas in China, including theoretical explanation, practical factor analysis and institutional analysis.

Chapter 4 focuses heavily on Chinese local fiscal expenditure bias and its causes. Firstly, the bias of local fiscal expenditure in China is described based on the two levels of budgetary and extra-budgetary fiscal expenditures. Secondly, the paper makes a realistic investigation of the bias of Chinese local fiscal expenditure by using relevant data, verifying the existence of the bias of Chinese local fiscal expenditure and depicting its degree quantitatively. Finally, the political and economic analysis of the causes of the formation of the local fiscal expenditure bias in China is discussed comprehensively and thoroughly.

Chapter 5 is the theoretical analysis of the relationships among fiscal decentralization, local fiscal expenditure and urban-rural income gap. Firstly, this chapter reviews the theory and practice of fiscal decentralization, elaborates on China's experience and analyzes the mechanism of the impact of fiscal decentralization on local government behavior. Secondly, it studies the influence of Chinese local fiscal expenditure on the income distribution of urban and rural residents from a theoretical perspective. Finally, it discusses the inner mechanism of the influence of local fiscal expenditure on the income gap between urban and rural areas.

Chapter 6 is the empirical analysis of the impact of local fiscal expenditure on the urban-rural income gap, reexamining the previous theoretical and practical analysis conclusions. Based on the previous theoretical analysis and realistic description, this chapter makes an empirical analysis of the relationship between the local fiscal expenditure and the income gap between urban and rural areas by using the provincial dynamic panel data and corresponding measurement methods. Empirical study mainly focuses on local fiscal expenditure scale, agriculture-supporting expenditure, education expenditure, expenditure on health and social security spending, studying the impact on the income gap between urban and rural areas to identify the size of the local fiscal expenditure in China as well as different projects and the income gap between urban and rural areas, and explaining the related empirical research results.

Chapter 7 covers the research conclusions and countermeasures. First of all, on the basis of theoretical, practical and empirical analysis and measurement in the preceding parts of this book, the author combs and summarizes the specific conclusions on the relationship between local fiscal expenditure and urban-rural income gap in China and the formation of the influence degree. Then, based on the research conclusion of this book and the actual situation of our country, this chapter systematically analyzes how to improve the fiscal expenditure policy in order to narrow the income gap between urban and rural areas, and puts forward reasonable and feasible policy-making suggestions.

This book conducts an in-depth and systematic study on the relationship between local fiscal expenditure and urban and rural income gap in China from the perspectives of theory, reality and demonstration, and the following basic conclusions are drawn through our research: First, through the measurement of the urban-rural income gap in China, China's overall trend of widening income gap between urban and rural areas and differences between eastern, central and western regions are clearly made out. The smaller the income gap between urban and rural areas is, the more developed economy in this area is; the more backward the area's economy develops, the greater income gap between urban and rural areas produces. The western region is the biggest contributor to China's urban-rural income gap, but it is also found that China, especially in underdeveloped regions, will tend to narrow the income gap between urban and rural areas along with the social and economic development, with the help of poverty-alleviation and agriculture-supporting policies established and enforced. Second, the present situation of China's local fiscal expenditure is investigated and it is found that there is a general bias of China's local fiscal expenditure, mainly manifested as economic bias and urban bias, and there is a bias of both budgetary and extra-budgetary expenditures, but the bias of extra-budgetary expenditure is more obvious. Third, through the theoretical analysis of the relationship between China's local fiscal expenditure and the income gap between urban and rural areas, this study explains the internal mechanism of the impact of China's local fiscal expenditure on the income gap between urban and rural areas. Fiscal decentralization system of local government behavior has distorted incentives, resulting in the bias of local fiscal expenditure, financial expenditure of the bias through the impact of urban and rural residents in primary distribution and redistribution. It also leads to the residents' income gap between urban and rural areas, but different fiscal expenditure projects have different influence on different sources of income of urban and rural residents. Fourth, the empirical test of China's urban and rural income gap and its influence on the reality of local fiscal expenditure indicates that the local fiscal expenditures expanded the income gap between urban and rural areas in China, and through the different projects of fiscal expenditure of urban bias of empirical research on the influence of income gap between urban and rural areas, it is concluded that urban bias of fiscal expenditure has expanded the role on the income gap between urban and rural areas, and the degree of influence is bigger.

Through the study of conclusions, we believe that the local fiscal expenditure narrowing the income gap between urban and rural areas has important practical significance. Based on working out the influencing mechanism of local fiscal expenditure on the income gap between urban and rural areas, combining China's practical problems existing in the current local fiscal expenditure, we put forward the reforming scheme of local fiscal expenditure. We believe that the reform of local fiscal expenditure in China requires clear thinking and institutional improvement at both macro and micro levels. The corresponding suggestions are as follows: First, we should clarify the general idea of China's local fiscal expenditure reform, and we should think from the two aspects of institutional reform and specific fiscal expenditure structure adjustment, so as to truly change the imbalance of China's local fiscal expenditure structure, improve the fairness of income distribution of urban and rural residents, and narrow the income gap between urban and rural areas. On one hand, through the reform of government governance concept, political system and fiscal system, we can change the distorted incentives, generated by the current decentralization system, of local government behaviors and change the practical defects of current Chinese local fiscal expenditure bias. On the other hand, we need to reform the scale and structure of local fiscal expenditure, including the establishment of a mechanism for reasonable growth of local fiscal expenditure, a mechanism for dynamic adjustment of fiscal expenditure structure, an evaluation mechanism for fiscal expenditure efficiency and an accountability system, so as to ensure the efficiency of fiscal fund allocation and use. Second, specific suggestions are put forward for the reform of local fiscal expenditure in China, including the establishment of a mechanism for reasonable growth of local fiscal expenditure, a mechanism for balanced distribution of public resources, a reasonable distribution of fiscal expenditure among different projects, and a reasonable distribution of different projects between urban and rural areas. Third, it puts forward suggestions on how to improve the efficiency of China's local fiscal expenditure, and puts forward specific suggestions on the allocation and use of fiscal expenditure.

To sum up, through the study in this book, we hopefully strive to analyze the relationship between China's local fiscal expenditure and the urban-rural income gap systematically. On the basis of clarifying the current situation of China's urban-rural income gap and the current situation of local fiscal expenditure, we will explore the mechanism of the impact of China's local fiscal expenditure on the urban-rural income gap and the transmission mechanism of reality, so as to provide theoretical and practical guidance for China's local fiscal expenditure reform aimed at narrowing the urban-rural income gap. Due to various factors, both theoretical research and empirical research have some defects. However, the study in book only serves as a lead-in for more follow-up researches, and any criticism and correction from peer experts, scholars and readers is greatly welcomed and appreciated.

Key words: Fiscal Decentralization; Local Fiscal Expenditure; Bias; Urban-Rural Income Gap

目　录

1 导论

1.1 选题的背景

改革开放以来，中国经济持续快速增长，自2010年开始已经成为世界第二大经济体，2018年中国的GDP超过了90万亿元，居民收入、生活水平和幸福指数也在不断提高。但与此同时，在市场经济改革过程中，中国也同样存在着多数国家在经济发展中遇到的普遍问题，其中表现最为突出的就是贫富差距越来越大。一些研究机构和学者测算的中国基尼系数已经超过了国际警戒线，贫富差距的不断扩大不但违背了“全面建设小康社会”“中国梦”“和谐社会”等理念，还成为中国社会经济稳定发展的障碍。中国的收入差距体现在多个层面，主要有个体之间收入差距、区域之间收入差距、行业之间收入差距和城乡之间收入差距，其中最为突出的就是城乡收入差距。中国城乡收入差距的形成及扩大对当前中国社会经济发展已产生了诸多不利影响，城乡收入差距亟待缩小。尽管政府以及社会公众在党中央的领导下，积极向着这个目标努力和奋斗，如近年来以习近平同志为核心的党中央以及各地地方政府都非常重视农村贫困问题，制定了“精准扶贫”“乡村振兴”等战略，但是由于历史、制度和现实等各方面因素的影响，在中国实现共同富裕、构建和谐社会的进程中，面临着许多障碍，甚至导致我国经济发展过程中现实情况严重偏离了预期的目标，从而成为经济发展中深层次的社会矛盾和问题。

中国的城乡差距在中华人民共和国成立以前就存在。中华人民共和国成立之初，面对复杂的国际环境，当时中央政府选择了优先发展重工业的战略，并通过一系列制度设计达到将农村剩余转向城市的目的，构成了中国最初城乡差距形成的根源[①]。伴随着中国经济的快速发展,其背后的一些深层次问题也逐渐暴露出来,其中不断扩大的城乡收入差距越来越成为社会各界高度关注的问题。改革开放以后,中国城乡差距在市场经济改革过程中“效率优先兼顾公平”精神的指导下以及城市化发展战略影响下逐渐演变,但是总的趋势是中国当前城乡收入差距日益扩大[②]。根据相关数据对中国城乡收入差距进行测算,中国城乡居民收入比在1978年为2.57,1984年缩小到1.8左右,但2009年持续扩大到3.3的最高值,2013年之前一直维持在3.0以上,此后城乡收入差距开始逐步缩小到2018年的2.69。

城乡收入差距持续扩大,已经成为中国经济发展中的主要障碍,也是社会矛盾不断激化的根源,因此,受到社会各界的高度关注。而找出中国城乡收入差距的主要成因,对于政府制定有效地缩小城乡收入差距的政策具有重要作用。关于城乡收入差距的研究在学术界也是一个热点问题,学者们从不同层面对导致城乡收入差距的主要原因和影响因素进行了定性和定量的研究,并试图提出一些有效可行的措施来缩小城乡收入差距的扩大。关于城乡收入差距形成的原因已成为学术界最为关注的问题,学者们一致认为主要是制度因素,蔡昉(1994、2000、2003)、林毅夫(1994、2003、2013)等认为城乡收入差距的形成根源是政府优先发展重工业的战略并由此形成的城市偏向性政策,改革开放前主要是通过农产品统购统销制度限制农产品价格,以及通过户籍制度限制农村人口向城市流动,进而形成城乡二元结构。蔡昉等(2000、2005)认为改革开放以后,由于城市利益集团压力及传统经济体制遗留的制度障碍,从而形成了城乡二元的金融、财政体系,并且扭曲了劳动力市场,促使城乡收入差距扩大。陆铭和陈钊(2004)也认为城乡分割的行政管理体制和城市偏向性的经济和社会政策是城乡收入扩大的主要原因[③]。另外,也有很多学者对影响城乡收入差距的不同因素进行了具体的实证研究,其中

---

① 蔡昉,杨涛.城乡收入差距的政治经济学[J].中国社会科学,2000(4):16.

② 如蔡昉(2000、2003)、郭剑雄等(2005)、程开明等(2007)、孙宁华等(2009)、陈开斌、林毅夫(2013)等的研究表明,自1978改革开放以后,中国城乡收入差距由于在农村推行家庭联产承包责任制,极大地释放了农村劳动生产率,导致城乡收入差距有所缩小。到1984年,中国城乡收入差距缩小到了最低点,城乡收入比在1.8左右,但是随后的城市化战略以及企业特别是国有企业的市场化改革,自1985年经济改革的重心转移到城市以后,又导致城乡收入差距日益扩大。

③ 陆铭,陈钊.城市化、城市倾向的经济政策和城乡收入差距[J].经济研究,2004(6):57.

部分学者，如蔡继明（1998）、韦伟、傅勇（2004）、郭剑雄（2005）、蔡昉（2009）、陈斌开（2010）、沈坤荣（2011）等对中国农村劳动力流动、劳动力市场扭曲以及城乡人力资本差异对城乡收入差距产生的影响进行了理论和实证研究。还有部分学者对中国城市化发展以及城市偏向的经济政策对城乡收入差距进行了实证研究，如陆铭、陈钊（2004、2005）、程开明、李金昌（2007）、陈斌开、林毅夫（2013）等对由于城市化发展带来的城市偏向性的教育、医疗、人力资本投资、基础设施投资等方面对城乡收入差距的具体影响进行了深入的实证研究，表明中华人民共和国成立以后为了优先发展重工业而建立起来的一系列制度，再加上改革开放以后中国财政分权化改革中伴随的城市化偏向性的财政政策①和金融政策②对城乡社会经济发展产生了深远影响，进而推动了城乡收入差距的不断扩大。

1978 年推行改革开放政策以来，中国实行分权改革，主要表现为在农村实行家庭联产承包责任制、逐步放开私营经济的发展、对国有企业放权让利以及财税体制的分权改革等社会经济多个领域，但是其中财税体制分权改革影响最为深远。由于财税体制的分权改革，地方政府在财政支出上具有非常大的自主权，在地方政府具有独立的利益情况下，地方政府将会把财政资金用于最能满足其自身利益的地方。中国在财政领域实行分权的同时在政治领域却是加强集权，上级政府对下级政府官员具有绝对的任免权，在以经济增长为主要指标的情况下，地方政府官员为了满足自身利益以及晋升的要求，往往会更倾向于将财政资金用于经济领域，与此同时，财政资源在农村和城市之间的分配也更倾向于城市，出现了城市偏向性的财政政策。一方面，农村居民比城市居民负担更重，导致其实际收入不断减少；另一方面，由于在基础教育、医疗卫生和社会保障等基本公共服务方面农民无法享受到与城市居民同等的待遇，而这些基本公共服务的差异导致农村居民在人力资本积累

① 城市偏向性的财政政策中，包括城市偏向的税费政策和财政支出政策，我国农村居民长期承担着比城市居民更重的税费负担，但是在基本公共服务方面，农村居民能够享受到的教育、医疗、社会保障等方面远不及城市居民，而这种基本公共服务的差距又进一步导致城乡居民在人力资本积累等方面与城市居民出现差距，进而导致了城乡居民收入差距的不断扩大。

② 中国城市偏向性的金融政策以及农业生产自身的特殊性，导致城乡金融发展不均衡，银行等金融机构用于农业生产的金融贷款严重不足，并且农村金融资源大部分流入城市，成为城市发展资金的一部分，这就进一步加剧了城乡间金融资源分配的不均衡，从而导致城乡收入差距的不断扩大。

上也落后于城市，导致城乡之间居民人力资本的差异进而带来收入差距的进一步扩大。国内学者，如陶然、刘明兴（2007）、沈坤荣、张璟（2007）、莫亚琳、张志超（2011）、王艺明、雷根强、蔡翔（2012）等研究认为，中国财政分权改革导致地方政府将更多财政资源用于城市，并且在财政资源分配中更多地倾向于经济领域。

中国式财政分权背景下，地方政府拥有了更多财政自主权。地方政府也是一个独立的利益主体，在财政和政治激励作用下，导致地方政府财政行为在城乡之间选择的时候更多地偏向于城市地区，形成了城市偏向性的财政制度，对城乡居民收入产生直接和间接的影响，最终导致城乡收入差距的不断扩大。因此，研究中国式分权背景下地方政府财政支出对城乡收入差距的影响具有非常重要的现实意义。鉴于此，本书基于中国式财政分权的背景，研究财政分权体制下地方政府行为选择的现实逻辑，通过实证研究发现地方政府财政支出对城乡收入差距产生了现实影响，并提出有效可行的政策建议，这便是本书选题研究的背景和缘由。

1.2 选题的意义

本书主要是对中国地方财政支出与城乡收入差距的关系进行理论和实证研究，通过本书的研究希望对两者关系进行理论分析，并对其进行实证检验，最后基于本书研究得出的结论，对中国地方财政支出改革和缩小城乡收入差距提出对策建议。本书的研究既有一定的理论意义也具有重要的现实价值。

1.2.1 理论意义

第一，从理论和现实角度分析了中国式财政分权、地方政府行为、地方财政支出之间的逻辑关系，阐述中国地方财政支出偏向的内在原因。首先，本书基于传统的财政分权理论、发达国家财政分权实践对中国财政分权进行了理论分析和比较分析，对中国式财政分权的基本特征进行了归纳总结，并深入分析了财政分权对地方政府行为的激励机制。其次，本书还对中国地方财政支出偏向性进行了理论分析，从政治和经济两个角度阐述中国地方财政支出偏向性的主要原因和形成机制。

第二,从理论上分析了中国地方财政支出对城乡收入差距产生影响的内在机理。本书就地方财政支出对城乡居民收入分配的影响进行了理论分析,探讨了初次分配和再分配环节地方财政支出对城乡居民收入分配的影响机制。然后,再探讨了地方财政支出对城乡收入差距产生影响的内在机理,并试图构建一个地方财政支出与城乡收入差距关系的基本分析框架。

1.2.2 现实意义

第一,从时间和空间两个层面对中国城乡居民收入差距及其变动趋势进行了实证测度,更全面地揭示了中国城乡收入差距的本质。本书对中国城乡收入差距进行了系统的测度,一是从全国层面对城乡收入差距及其变动趋势进行了测度;二是分区域对中国城乡收入差距进行了测度;三是对城乡居民不同收入来源差距进行了测度,并且从理论角度、现实因素和制度因素三个方面分析了其形成的原因。本书的研究对于更全面准确地理解中国城乡收入差距的本质特征、变动趋势和形成原因,具有重要的现实意义。

第二,对中国地方财政支出偏向性进行了现实描述与实证考察,并深入分析了原因,有利于发现和理解中国地方财政支出的现状及其存在的主要问题。在对中国预算内和预算外地方财政支出的偏向性进行了深入阐述的基础上,对主要的地方财政支出项目进行了城市偏向性的现实考察,然后具体分析了中国地方财政支出偏向性的政治和经济原因。本书的研究对于发现当前中国地方财政支出的现状、存在的主要问题及其原因,具有重要的现实价值。

第三,对中国地方财政支出偏向性对城乡收入差距的现实影响进行了实证分析。本书对财政支出规模、不同的财政支出项目及其城市偏向性对城乡收入差距的影响进行了系统的实证研究,通过本书的实证研究发现了中国地方财政支出与城乡收入差距之间的现实关系和产生影响的机制。本书实证研究得出的结论,对于明确中国地方财政支出与城乡收入差距的关系、地方财政支出城市偏向性对城乡收入差距的现实影响,具有重要的现实意义。

第四,本书基于理论研究、现实研究和实证研究得出的结论,结合中国目前地方财政支出的现实情况,结合缩小城乡收入差距的现实需要,对中国地方财政支出改革的总体思路、基本路径和具体措施进行了系统的分析,并提出了相应的建议。本书的研究对中国当前地方财政支出改革、财政体制改革以及缩小城乡收入差距都具有重要的现实意义。

1.3 文献综述

城乡收入差距无论是在发达国家还是发展中国家都普遍存在,只是不同国家所处的经济发展阶段不一样,其表现形式有所不同;不同国家的政治经济体制存在差异,导致了城乡收入差距产生的原因和影响因素也有所不同。可见,城乡收入差距是社会经济发展过程中必然要经历的一个社会经济问题,并且城乡收入差距的持续扩大也在一定程度上阻碍了一国经济的发展,关于城乡收入差距的研究一直受到许多经济学者的高度关注。本书主要是对中国地方财政支出与城乡收入差距的关系的理论和实证研究。为了给本书研究提供理论和实证支撑,本书对城乡收入差距相关的国内外研究进行了系统梳理。为了研究的需要,本章的文献综述主要包括四个部分:一是国外学者关于城乡收入差距的相关理论的梳理,二是中国城乡收入差距测度;三是中国城乡收入差距产生的原因和影响因素的研究,四是财政支出与城乡收入差距关系的研究。

1.3.1 国外学者关于城乡收入差距的产生及其原因的理论解释

1.3.1.1 城乡收入差距的一般经济学解释

因为收入直接影响着人们的消费能力和心理满足程度,故经济学一直将收入分配问题作为其核心研究内容。著名古典经济学家大卫·李嘉图(DavidRicardo,1817)①就指出,工业部门和农业部门生产方式的不同使得城市和农村的生产效率不同,并且城市和农村存在不同的产品需求方式,这些是导致城乡收入差距的根源。国外学术界关于城乡收入差距的经济学研究主要是以发展经济学为基础。城乡收入差距本身就是发展经济学中一个重要的研究领域,解释城乡收入差距最著名的学者就是美国经济学家西蒙·库兹涅茨(Kuznets,S.,1955)②,他在1955年发表的经典论文《经济增长与收入不平等》中,通过对一些发达国家收入差距的统计资料进行数量研究,探讨了经济

---

① 大卫·李嘉图.政治经济学及税赋原理[M].郭大力,王亚南,译.北京:商务印书馆,1962.

② Kuznets,Simon. Economic Growth and Income Inequality. American Economic Review,1955,45(1):1-28.

增长过程中收入差距的变动趋势,他指出,经济增长的初始阶段会出现收入分配不公平,但随着经济的持续增长,直到经济增长到一定水平出现各部门劳动生产率和收益差别缩小后,收入分配不均的情况会逐渐得到缓解。即在经济长期发展过程中,收入差距有一个先扩大后缩小的过程,这就是著名的"库兹涅茨倒U形曲线"。发展经济学家刘易斯(Lewis,1954)①、费景汉(Fei,1964)等开创的二元经济结构理论,通过理论模型分析得出了与库兹涅茨一样的结论。刘易斯认为在经济发展初级阶段,城市工资提高,农村收入不会与城市同步提高,因而导致城乡收入差距扩大,但由于农村有大量劳动力剩余,随着时间的推移,城市和农村工资的差异会导致农村剩余劳动力转移到城市,最终导致城乡收入差距缩小。缪尔达尔(Myrdal,1957)②的地区不平衡发展理论也得出了与库兹涅茨一致的看法,他利用"回波效应"和"扩散效应"对发展中国家的经济发展状况进行了分析,发现在经济发展早期经济发达地区会像"回波"一样吸引周边地区的资源,从而导致发达地区发展快于落后地区,地区及其居民收入差距扩大,而到了经济发展后期,发达地区经济发展遇到瓶颈导致其资源扩散到周边地区,落后地区发展将快于发达地区,最后赶上发达地区,地区及居民收入差距将缩小。赫希曼(Hirschman,1958)③根据资源稀缺性存在差异这一基本认识,提出了不平衡增长理论。该理论指出,发展道路是一条"不均衡的链条",从主导部门通向其他部门。因而,该理论主张首先发展某一类或几类具有带动作用的部门,通过这几类部门的发展,带动其他部门的发展。

1.3.1.2 马克思主义经典作家对城乡发展与城乡关系的论述

马克思在坚持劳动创造价值的前提下,认为资本主义私有制是导致社会贫富两极分化的根源,分配关系是经济利益关系的现实写照,分配关系中所呈现出的不平等状况,是生产资料和生产条件占有不均衡的结果,消费方式是由生产方式决定的。马克思在《资本论》中对资本主义生产过程进行了分析,把全部资本分为生产生产资料的第Ⅰ部类和生产个人消费资料的第Ⅱ部类,分析了两个部类的产品价值构成,从而区分出了用于支付工资的有酬劳动和用于创造剩余价值的无酬劳动,深刻地揭示了资本家剥削工人、社会贫

---

① Lewis,W.A.Economie Development with Unlimited Supply of Labor.The Manchester School of Economic and Social Studies,1954,(22):139-191.

② Myrdal,Economic Theory and Underdeveloped Regions, Gerald Duckworth, 1957.

③ 赫希曼.经济发展战略[M].曹征海,潘照东,译.北京:经济科学出版社,1991.

富分化严重、阶级矛盾日益尖锐的社会现实。正是在这种情况下，资本主义执政当局为了缓和阶级矛盾，改善产业工人的生活状况，逐步创立了早期的资本主义福利制度①。马克思、恩格斯认为，城乡由"一体"到"分离"再到"融合"是一个自然的历史过程，城乡分离作为资本主义社会分工的基础被固定下来，城乡的对立造成了乡村衰落、城市病态、农村可持续发展遭到破坏、城乡利益冲突尖锐等问题②。当时的一些资产阶级经济学家认为城乡对立是自然的，是历史上形成的，消灭城乡对立的思想是一种"空想"。针对这一错误思想，马克思和恩格斯坚定地指出，"消灭城乡对立并不是空想，正如消除资本家与雇佣工人间的对立不是空想一样。消灭这种对立日益成为工业生产和农业生产的实际要求"③。正如列宁所说的，"马克思和恩格斯的理论在这方面的一个基本原理，即城乡的对立破坏了工农业间必要的适应和相互依存关系，因此随着资本主义转化为更高级的形态，这种对立将会消失"。对于如何促进工农共同发展、协调城乡居民利益，马克思、恩格斯也给出了回答。他们认为，生产力发展和科学技术在消除城乡对立中会发挥非常重要的作用，通过把工业同农业结合起来，促使城乡之间的差别逐步消灭。

1.3.1.3 城市偏向性政策形成的原因及其对城乡收入差距的影响

早期国外学者对库兹涅茨假说的验证大多以跨国数据来进行实证的检验，随着研究的拓展，许多学者开始运用不同国家内部数据进行实证分析，而且主要是以发展中国家为样本。他们通过对城乡收入差距进行测度、分析后发现，发展中国家经济社会发展中一系列的城市偏向制度导致库兹涅茨假说不成立，这些城市偏向性制度是人为选择的，与库兹涅茨假说中的理论假设相悖，所以城乡收入差距没有表现出倒U形曲线的变化轨迹。为什么会出现城市偏向性制度呢？学者们也对其原因进行了分析，比较有代表性的有"城乡居民影响力差异说"和"发展战略说"。"城乡居民影响力差异说"的核心观点是：因为城市居民相对于农村居民更关注其利益且有更强的施压能力，所以政府在政策制定中会讨好城市居民而伤害农村居民。Olson（1965）④在其

---

① 马克思恩格斯全集：第3卷[M].北京：人民出版社，2008.

② 马克思，恩格斯.德意志意识形态[M].北京：人民出版社，1961.

③ 马克思.哲学的贫困[M].北京：人民出版社，1961.

④ M. Olson. The Logic of Collective Action. Cambridge, MA: Harvard University Press, 1965: 53-65.

《集体行动逻辑》一书中分析指出,由于农民居住分散导致其集体行动过程中过高的沟通成本,再加之单个农民的产出所占农业产出份额较小,使得农民缺乏对政府政策影响的政治力量,而更多选择免费“搭便车”,这导致了政府官僚在执政过程中更加关注城市居民。LiPton(1968)首先提出了城市偏向性理论,随后他在其1977年的论文中指出,在许多发展中国家,政府所制定的各类制度和政策都不合理地偏向于城市,他解释这种政策偏向性主要是由于受到城市各阶层的压力所致①。Bates(1981)②从发展中国家的政治结构角度分析城市偏向性制度的形成,他指出正是由于发展中国家现有的政治结构中城乡居民在政治谈判的地位以及对政策的影响力存在严重的不对等,从而导致城市偏向制度的形成。“发展战略说”的核心观点是:发展中国家认为工业相对于农业而言具有更高的发展潜力,因而选择了先发展对城市居民有利的工业的发展战略。Kruegcr(l991)③从发展中国家实行工业化战略的目标和途径的角度,对城市偏向制度进行了解释,他认为发展中国家政策制定者一致认为工业部门才是经济快速发展的催化剂,制定偏向于城市而不利于农业的政策能够在短期内为工业发展提供支持。同时,也有研究者对这种发展战略的负面影响进行了研究。Henderson (2002)④的研究表明一个采取城市优先发展的发展中国家,因为过高的集中度会导致城市承担更多的成本,从中国目前的发展来看就存在着这样的问题,北京、上海等特大城市集中度过高,使得城市承载力受到巨大挑战,必然带来更多的成本。

在明确了城市偏向性制度对城乡收入差距的影响后,学者们也对城市偏向性制度如何影响城乡收入差距进行了研究。比较有代表性的成果从工农业产品交换价格不公平、金融和财政支出的城市偏向性以及由此导致的城乡人力资本差异等角度对这种城市偏向性制度对城乡收入差距的影响进行了

① Mieha L Pton. Why Poor PcoPleStay Poor: Urban Biasin World Develo Pment. Cambridge, MA: Harvard University Press, 1977.

② Bates, Robert. Markets and States in Tropical Afiica. Berkeley Califomia: University of California Press, 1981.

③ Anne Krueger, Maurice Sehiff and Alberto Valdes (eds). The Political Economy of Agrieultural Prieing Poliey Baltimore, Maryland: The Johns HoPkins University Press, 1991.

④ V. Henderson. Urbanization in Developing Countries[J]. The World Bank Research Observer. 2002, 17(1): 89-112.

论述。Schultz(1978)[①]、Anderson(1986)[②]考察工业化过程后发现,城乡之间交换关系的不平等导致工农业价格“剪刀差”,他们指出许多发展中国家工业化过程中,为了积累资金支持工业的发展,往往会出台一些城市偏向性的政策和制度,以此来压低农产品价格和农业生产要素价格,将农村剩余转移到城市以支持工业发展,从而人为地造成城乡收入差距。LiPton(1993)[③]认为城市偏向的公共支出政策弱化了农村居民在价格控制方面的能力,城市集团吸引了大量资本,农村大量存款则成为城市居民的资金来源,从而导致城乡收入差距不断扩大。Aaron、Mcguire(1970)[④]研究发现财政支出扩大了美国收入差距,Dodge(1975)[⑤]和 Gillespie(1976)研究发现加拿大 1970 年的公共支出能够缩小收入差距,但是其财政支出结构还有待改进。Robert J. Barro(1990)[⑥]的研究认为,支援农业的支出对农业经济的影响曲线为倒 U 形,政府的支农支出存在最优的支出水平,超过最优水平的财政支农支出反而可能会不利于缩小城乡收入差距。财政支出尤其是教育和医疗卫生支出的城市偏向性显著地影响到了城乡人力资本的差异,进而对城乡收入差距产生影响。Knight et.al.(1999)[⑦]的研究发现,城乡之间教育水平差异是城乡之间人力资本差异的主要原因,城乡之间的人力资本差异进而拉大了城乡收入差距。城市偏向性制度导致城乡资源分配失衡,而这种城乡资源分配不均衡导致城乡人力资本差异,进而影响到城乡劳动力收入水平的差异。

---

① SchultZ,T.w.ed.Distortions of A cultural Ineentives. Bloomington:Indiana University Press,1978.

② Anderson,Kymand Yujiro Hayami. The Political Economy of Agricultural Proteetion, East Asiain Intemational Pers Pective,Sidney:Allen & Unwininin Association with The Anstralia-Japan Research Center, Australian University, 1986.

③ M. Lipton.Urban bias:of Consequences, Classes and Causality[J].1993.

④ A. Aaron, M.C. Mcguire. Benefits and Burdens of Government Expenditure[J].Econometrica, 1970(5):42-51.

⑤ Dodge DA. Impact of Tax, Transfer and Expenditure Policies of Government on the Distribution of Personal Incomes in Canada[J].Review of Income and Wealth,1975(1):21-52.

⑥ Barro. Government Spending in a Simple Model of Endogenous Growth[J]. Journal of Political Economy,1990(98):103-125.

⑦ Knight, J. & Song, L.: Increasing Wage Inequality in China: Efficiency Versus Equity, Economics Series Working Papers99211, University of Oxford, Department of Economics, 1999.

1.3.2 中国城乡收入差距测度的研究

中国是最大的发展中国家,中国改革开放以来的经济快速发展促进了人民收入的快速增长,但同时也出现了收入差距的不断扩大,特别是城乡收入差距的扩大已经成为中国社会经济发展中突出的问题,在很大程度上已成为中国社会经济持续健康发展的障碍。关于中国城乡收入差距的问题研究也成为国内外学者普遍关注的问题。而关于中国城乡收入差距的问题的研究首先要明确的是,中国是否存在城乡收入差距,城乡收入差距到底有多大?因此,对中国城乡收入差距的测度成为国内外学者普遍关注的问题。

世界银行(World Bank, 1997)①对中国改革开放以后的收入差距进行了研究,发现中国城乡间日益扩大的收入差距对中国目前总的收入差距贡献较大, Khan and Riskin(1998)、Kanbur and Zhang(1999)等对中国的相关研究也证实了世界银行的研究结论。随后,国外学者对中国城乡收入差距形成的原因进行了分析,相关研究主要是从劳动力流动和城市偏向性制度两个视角展开。首先,部分学者就劳动力转移对城乡收入差距影响进行了研究,Denis Taoyang、Haozhou(2001)②认为中国农村人口由于户籍制度限制难以自由流动,再加上城乡之间在教育、医疗、社会保障等方面的不平等,这些是中国城乡收入差距形成的主要原因。Levin、Joshua(2001)③认为市场发育程度影响中国劳动力流动,进而对城乡收入差距产生影响,他们认为中国存在按社会等级的计划分配秩序和按市场上多种所有制并存的混合分配格局,使得收入的初次分配在城乡间极不平衡。其次,还有部分学者从中国城市偏向的经济政策视角对中国城乡收入差距的影响进行研究,其中主要侧重于研究城市偏向的金融和财政政策对城乡收入差距产生的影响。Khan(1998)④和 Kanbur

---

① World Bank, 1997,/Sharing Rising Incomes-Disparities in China, Washington D.C. Xue, Jinjun, 1997,/Urban-Rural Income Disparityand Its Significance in China0,Hitotsubashi Journal of Economics, 38, 1, 45-49.

② Denis Taoyang and Haozhou.Urban and Rural Disparity and Sectoral Labour All Ocation in China[J].The workers's Tate Meets the Market,2001(9):40-42.

③ Levin, Joshua. China's Divisive Development[J]. World in Review, 2001(4):40-42.

④ Khan, Azizur R and Carl Riskin. Income Inequality in China: Composition, Distribution and Growth of Household Income, 1998(4):221-253.

(1995)①的研究发现，地方政府官员为了积累政绩，加快本地区经济快速发展，财政和金融政策都是以支持城市发展为主要目的。Park and Sehrt(2001)②认为中国金融政策偏向于城市，特别是在信贷配置中向国有部门倾斜，影响了城乡居民收入水平。在这两者之间，金融政策的作用对于城乡收入差距的影响是间接作用，而财政政策特别是财政支出偏向于城市对城乡收入差距的影响更直接，并且影响程度更大。Dennis Tao Yang(1999)③和 Kevin(2003)④的研究表明，中国地方政府官员在晋升博弈中形成了“绩效竞争”，地方政府在政策制定特别是财政政策制定过程中，会更倾向于政治力量更强的城市人口的需求，这种城市化倾向的财政政策与城乡收入差距有显著的关系。

国内学者对“中国当前的城乡收入差距到底有多大”这一问题的回答存在一定的争议，原因是不同学者对中国城乡收入差距进行测算时采用的方法和计算口径存在一定的差异。就目前国内学者对中国城乡收入差距测算方式来看，主要采用的测算指标是城镇居民人均可支配收入与农村居民人均纯收入之比。也有部分学者采用基尼系数、泰尔指数、城乡居民人均消费比、结构相对数等指标对中国城乡收入差距进行测算。

较早对中国城乡收入差距进行测度的是国家统计局农调总队课题组，该课题组 1994 年基于《联合国收入统计指南》中关于“可支配收入”的定义，并且在考虑非货币性补贴和福利基础上，以城镇居民人均可支配收入与农村居民人均纯收入之比测算中国改革开放以后的城乡收入差距，研究发现 1980—1993 年中国实际收入差距变化曲线呈 U 形，1980—1985 年收入差距有缩小的迹象，1985 年以后出现了收入差距扩大化问题，并且具有继续扩大的趋

---

① Kanbur, Ravi and Xiaobo Zhang. The Evolution of Rural-Urban and Inland-Coastal Inequalityin China from 1983 to 1995[J]. Journal of Comparative Economics, 1995(27): 686-701.

② Park and Sehrt. China's Poverty Statistics[J]. China Economic Review, 2001(12): 384-398.

③ Yang, Dennis Tao, Urban-Biased Polices and Rising Income Inequality in China[J]. American Economic Review Papers And Proceedings, 1999(3): 306-310.

④ Kevin Honglin Zhang Shunfeng Song. Rural-urban migration and Urbanization in China: Evidence from Time-Series and Cross-Section Analyses[J]. China Economic Review, 2003(14): 386-400.

势[①]。随后,李实、赵人伟(1999)利用中国社会科学院的调查数据,并采用基尼系数对1988—1995年中国农村内部、城市内部以及城乡之间收入差距进行了测算,研究发现20世纪90年代中期的中国居民收入分配不平等已经达到相当高的程度,而其中很大一部分来自城乡收入差距,并且中国城乡收入差距呈继续扩大趋势[②]。蔡昉、杨涛(2000)则对中国城乡居民人均消费比和实际人均收入比进行了计算,发现中国城乡居民人均消费比和实际人均收入比在改革开放以后呈现了惊人的相同形式,呈现周期性变动,但是总体上是逐步扩大的[③]。李实、罗楚亮(2007)根据中国居民收入分配课题组2002年的调查数据(CHIP2002),在考虑城乡居民所获得的隐性补贴差异的基础上,推算出了包含隐性补贴的城乡居民收入差距,研究认为,如果考虑隐性补贴与地区价格差异的影响,中国城乡收入差距将会更大[④]。陈宗胜、周云波(2002)采用基尼系数分步分解法对中国居民收入差距进行测算,研究结果表明中国收入差距中53%是由城乡收入差距造成的,而城镇内部差别解释平均不足12%[⑤]。程永宏(2006)建立了不依赖于"收入分布不重叠"假定的城乡混合基尼系数的新算法,提出了度量城乡收入差距的新指标。王少平、欧阳志刚(2007,2008)测算了1978—2006年中国城乡收入差距的泰尔指数,曹裕、陈晓红、马跃如(2010)测算了1987—2006年中国城乡收入差距的泰尔指数。

尽管不同学者对中国城乡收入差距的测算使用的指标存在差异,但研究结果基本上都表明中国目前城乡收入差距较大,而关于其变化趋势则存在一定的分歧,并且关于中国是否存在"收入差距库兹涅茨倒U形曲线"有较大的争议。陈宗胜(1999)将改革开放以来中国城乡收入差距变动划分为五个阶段,只有改革开放初期的1978—1983年出现缩小[⑥],其他阶段都出现了不断扩大的趋势[⑦]。李实等(1998,2001)实证研究的结论表明,中国不存在库兹涅

---

① 国家统计局农调总队课题组.城乡居民收入差距研究[J].经济研究,1994(12):34-45.

② 李实,赵人伟.中国居民收入再分配研究[J].经济研究,1999(4):3-16.

③ 蔡昉,杨涛.城乡收入差距的政治经济学[J].中国社会科学,2000(4):11-22.

④ 李实,罗楚亮.中国城乡居民收入差距的重新估计[J].北京大学学报(哲学社会科学版),2007(3):111-120.

⑤ 陈宗胜,周云波.再论改革与发展中的收入分配[M].北京:经济科学出版社,2002.

⑥ 这个时期主要是由于农村实行家庭联产承包责任制,使得农村生产效率和农民收入大幅增加导致城乡收入差距有所缩小,但随后的城市化改革又导致差距继续扩大。

⑦ 陈宗胜.改革、发展与收入分配[M].上海:复旦大学出版社,1999.

茨假说，而郭熙保(2002)证明在我国库兹涅茨假说基本成立，并且认为收入分配不平等的扩大是一个低收入国家快速经济增长和结构转变的必经阶段[①]。王小鲁、樊纲(2005)通过计量模型检验中国是否存在库兹涅茨假说，研究发现城乡收入差距变动曲线只近似具有其上升阶段的特征，城乡收入差距还有继续上升的明显趋势[②]。王少平、欧阳志刚(2007,2008)发现中国改革开放以后城乡收入差距的泰尔指数在1978—1994年呈W形波动，在1995—2006年则呈V形波动，但总体上是在波动中呈逐渐扩大的趋势[③]。曹裕、陈晓红、马跃如(2010)测算了1987—2006年中国城乡收入差距的泰尔指数，研究发现1987—2006年中国城乡收入差距呈明显的阶段波动性，1987—1994年城乡收入差距在震荡中呈"N形曲线"上升，1995—2006年城乡收入差距呈明显的"V"形波动变化[④]。

1.3.3 中国城乡收入差距影响因素的研究

针对中国城乡收入差距及其变动趋势，国内学者就其产生的主要原因进行了分析，已有的研究中，无论其关注的重点在哪里，关于我国城乡收入差距的成因分析已经达成了三点共识：一是中华人民共和国成立初期国家选择的优先发展重工业战略是我国城乡收入差距形成的根源，这是研究城乡收入差距的现有成果的共同逻辑起点；二是在城乡收入差距变化的过程中政府的作用和影响比较大；三是城乡二元经济结构既是国家发展战略和城市偏向性政策以及城乡收入差距的一种结果，又是进一步影响城乡收入差距的原因，它与制度和政策相互交织，成为影响城乡收入差距的众多原因最简明的表述。

在此基础上，学者们分别从两个大的方面对城乡收入差距及其变化的原因进行了分析：一是自然因素及市场规律的影响：蔡继明(1998)对城乡比较生产力与城乡收入差别的关系进行了实证分析，他认为，城乡居民人均可支

---

① 郭熙保.从发展经济学观点看待库兹涅茨假说—兼论中国收入不平等扩大的原因[J].管理世界,2002(3):66-73.

② 王小鲁,樊纲.中国收入差距的走势和影响因素分析[J].经济研究,2005(10):24-35.

③ 王少平,欧阳志刚.我国城乡收入差距的度量及其对经济增长的效应[J].经济研究,2007(10):44-54.

④ 曹裕,陈晓红,马跃如.城市化、城乡收入差距与经济增长——基于我国省级面板数据的实证研究[J].统计研究,2010(3):29-36.

配收入可以更客观全面地反映城乡居民实际收入和收入差别程度。计算得出,1995 年中国城镇居民人均可支配收入为 4 057 元,农村居民人均可支配收入为 1 343 元,城乡居民实际相对收入差异为 3. 02,而其中 75. 2%由城乡之间的比较生产力差别决定①。曾国安(2007)在对城乡收入差距扩大的自然因素和制度因素进行分析时,发现中国城乡收入差距的扩大是两类因素共同作用的结果,各种自然因素的作用会导致城乡收入差距扩大,但政府同时推行城市偏向性的制度会进一步拉大城乡收入差距②。二是人为的制度与政策导致的结果。其中从自然因素及市场规律影响方面分析的成果较少,绝大多数成果都是从制度和政策角度进行分析的,而且有限的几篇涉及自然因素的成果中也大都把重点放在制度影响上。

从制度和政策方面分析城乡收入差距的文献较多,具体来说,又可以从以下三个层次进行展开:

一是从政治经济学等角度分析城市偏向性制度形成及固化的原因:蔡昉、杨涛(2000)描述了改革开放前后中国城乡收入不平等的状况,并且考察了造成这种差距的制度和政策,他们认为改革开放前中国城乡差距主要是由于中华人民共和国成立初期采取了优先发展重工业战略,而为了实施这一战略制定了农产品统购统销制度、人民公社制度和户籍制度,利用这“三驾马车”来优先发展重工业,而限制了农村的发展,这构成了改革开放前城乡收入差距的根源;而改革开放后,由于城市利益集团的压力及传统经济体制遗留的制度障碍,从而形成了城市偏向性的政策体系,并且扭曲了劳动力市场,保持和强化了城乡差距③。随后,蔡昉(2003)对中华人民共和国成立以来城乡收入差距变化的几个临界点进行考察,认为城市居民运用其特有的“投票”和“呼声”机制以及城市居民大于农村居民的政治谈判能力导致城乡利益格局在改革开放以后并没有被打破,而且在一定程度上得到了强化④。林光斌(2004)通过对等级制度、市场经济制度与城乡收入差距的研究,认为社会等级关系和市场经济制度相互作用形成的分配关系是城乡收入差距扩大的根本原因。我国社会和经济资源的分配是按照等级序列高低的顺序进行的,城

① 蔡继明. 中国城乡比较生产力与相对收入差别[J]. 经济研究,1998(1):11-19.

② 曾国安. 论工业化过程中导致城乡居民收入差距扩大的自然因素与制度因素[J]. 经济评论,2007(3):41-47.

③ 蔡昉,杨涛. 城乡收入差距的政治经济学[J]. 中国社会科学,2000(4):11-22.

④ 蔡昉. 城乡收入差距与制度变革的临界点[J]. 中国社会科学,2003(5):16-25.

乡居民之间等级关系的差异导致了其生存、发展和收入等各方面的差距①。成德宁(2005)研究认为,相对于城市居民来说,农村居民由于受到交通、区位以及信息获取等因素限制,其对政策制定的政治影响力有限,政府在推行非均衡发展战略时会将更多的成本分摊到农村居民身上,从而使得城乡收入差距扩大②。

二是从阻碍城乡收入趋向均衡的劳动力流动限制角度分析其对城乡收入差距的影响:这些学者的研究主要是从刘易斯模型关于城乡人口基于工资差异进行流动进而达到均衡工资的基本思路出发,分析中国与这一理论假设的"人口自由流动"相冲突的事实及其相应的户籍制度对城乡收入差距的影响,认为中国的户籍制度及劳动力市场制度破坏了市场的自我纠正调节机制。李实(1999)利用有关抽样调查数据,对中国农村流动劳动力规模进行了估计,并对农村劳动力流动的收入分配效应进行了实证分析,认为劳动力转移有利于缩小城乡收入差距③。沈坤荣、余吉祥(2011)从城市化进程中城乡劳动力分工角度解释劳动力流动与城乡收入差距的关系④。孙宁华等(2009)研究认为劳动力市场的扭曲、农业部门和非农业部门的效率差异,再加上城乡的制度性藩篱,这些因素导致了农村劳动力流向城市后城乡收入差距并没有明显缩小⑤。

三是不等价交换和城市偏向性的投资、金融政策等直接影响城乡收入差距。陆铭、陈钊等(2005)就投资、教育、经济增长与城乡收入差距相互影响进行了实证研究,结果表明,短期看投资对经济增长的作用远远超过了教育的影响,投资对城乡收入差距有非常强的负面影响。陆云航(2006)认为城市偏向性的政府政策显著扩大了城乡收入差距,其中特别是基础教育投入、对外开放、政府参与经济程度、财政支出结构等因素的影响最为显著⑥。高彦彦

---

① 林光斌. 等级制度、市场经济与城乡收入差距扩大[J].管理世界,2004(4):30-40.

② 成德宁.论城市偏向与农村贫困[J].武汉大学学报(哲学社会科学版),2005(2):255-260.

③ 李实. 中国农村劳动力流动与收入增长和分配[J].中国社会科学,1999(2):16-33.

④ 沈坤荣,余吉祥. 农村劳动力流动对中国城镇居民收入的影响—— 基于市场化进程中城乡劳动力分工视角的研究[J].管理世界,2011(3):58-65.

⑤ 孙宁华,堵溢,洪永淼. 劳动力市场扭曲、效率差异与城乡收入差距[J].管理世界,2009(9):44-52.

⑥ 陆云航. 要素积累、政府政策与我国城乡收入差距[J].当代财经,2006(4):5-13.

(2010)采用中国1978—2007年省级面板数据进行实证分析，研究认为，城市偏向性长期以来是中国政府的主导性政策选择，对中国农业增长产生了不利影响，不断扩大了城乡收入差距①。唐斯(2011)认为城市化进程强化了中国城乡二元经济结构②。郭剑雄(2005)利用内生增长理论模型并将人力资本、生育率作为考察城乡收入差距的基本变量来进行实证分析，研究表明，中国农村还未走出马尔萨斯理论所描述的贫困陷阱，农民人均收入的增长必然是艰难的③。

1.3.4 财政支出与中国城乡收入差距的关系研究

近年来，随着财政分权改革实践在世界范围内的不断推进，国内学者关于财政分权的理论和实证研究的文献也是汗牛充栋，其成果主要体现在财政分权与经济增长、财政分权对公共产品或公共服务供给影响等方面，但是关于财政分权下地方政府财政支出行为与城乡收入差距之间关系的研究则相对较少。就现有文献来看，主要表现为财政分权、经济增长、财政支出以及公共产品供给与城乡收入差距关系的研究。

第一，财政分权、经济增长与城乡收入差距的研究。国内学者关于财政分权与经济增长之间关系的研究文献相对较多，如林毅夫和刘志强(2000)、陆铭和陈钊(2004)、沈坤荣和付文林(2005)、张宴和龚六堂(2006)、周业安和章泉(2008)等，大多数研究表明，财政分权有利于经济增长，不过也有部分学者的结论认为财政分权不利于经济增长，如周业安和章泉(2008)的研究。但是关于财政分权、经济增长与收入差距之间关系的研究相对较少。殷德生(2004)利用分税制后的省级数据，建立了一个由经济增长方程和地区间收入差距方程组成的联立方程组，研究发现财政分权不但对经济增长作用有限，还加剧了地区间经济发展不平衡④。而王永钦等(2008)从分权的角度对中国经济发展道路进行理论分析和实证检验，他们认为中国经济分权激励了地方政府发展经济，但是在一定程度上，这种经济增长的激励机制拉大了地区之

① 高彦彦.城市偏向、城乡收入差距与中国农业增长[J].中国农村观察,2010(5):2-13.

② 唐斯.我国城乡居民收入差距的实证研究[J].统计与决策,2011(16):75-77.

③ 郭剑雄.人力资本、生育率与城乡收入差距的收敛[J].中国社会科学,2004(3):27-37.

④ 殷德生.最优财政分权与经济增长[J].世界经济,2004 (11):62-71.

间、城乡之间的收入差距①。陈安平(2009)则在殷德生研究的基础上,在联立方程中加入了财政支出方程,并且将地区差距变换为城乡收入差距方程,实证分析财政分权、经济增长与城乡收入差距之间的关系,研究结果表明,尽管财政分权导致地方政府财政支出显著增加,但财政支出的增加并不必然带来经济增长和城乡收入差距的缩小,他们认为财政支出结构对经济增长和城乡收入差距有着重要影响②。赵玉民、汪冲(2014)认为财政分权既有利于经济发展,也有利于缩小城乡收入差距,但同时指出,财政支出结构的不同会导致影响效应的不同③。

第二,财政政策与城乡收入差距。财政分权对城乡收入差距的影响主要还是通过财政收入政策和支出政策实现,财政收入政策主要着眼于调节城乡居民的税费负担,财政支出政策则主要着眼于调节城乡居民的增收能力和收入渠道。国内学者围绕这两个方面展开了相关研究。一是财政收入政策与城乡收入差距。王韬、周建军、陈平路(2000)④模拟我国经济运行构建了以三次产业划分为基础,以增值税、消费税和营业税为重点的税收分析模型。研究结果显示,因为模型假定的征税对象是资本要素,所以文中所讨论的税收政策对城镇居民造成的影响比农村居民要大得多,税收对城镇居民收入和消费的影响为-10.12%,对农村居民的收入和消费影响则只有-2.46%。税收负担过重直接导致城镇居民可支配收入减少。聂海峰、岳希明(2012)⑤参考Scutella(1999)的税收转嫁模型,使用2007年税收等相关截面数据并结合城乡居民收入和消费微观数据,分析了间接税负担的城乡分布情况,考察了间接税负担对城乡收入差距的影响。研究发现,城乡居民的人均间接税负担率分别是10.99%和9.42%,城镇居民的负担率相对较高,间接税负降低了城乡

---

① 王永钦,等.中国的大国发展道路——论分权式改革的得失[J].经济研究,2007(1):4-16.

② 陈安平.财政分权、城乡收入差距与经济增长[J].山西财经大学学报,2009(8):41-46.

③ 赵玉民,汪冲.财政分权、经济发展与城乡居民收入差距——基于省级面板数据的实证分析[J].山东财政学院学报,2014(2):108-114.

④ 王韬,周建军,陈平路.面向三次产业的中国税收CGE模型[J].税务研究,2000(12):64-70.

⑤ 聂海峰,岳希明.间接税归宿对城乡居民收入分配影响研究[J].经济学(季刊),2012(10):287-311.

之间的不平等。陈建东、孙克雅、马骁等(2015)[①]从直接税和间接税两个方面考察了税收对城乡居民收入差距的影响,并对两个类型税收的影响结果及变动趋势进行了对比分析。研究发现,直接税缩小了城乡收入差距,间接税扩大了城乡收入差距,而且直接税的正向调节作用要强于间接税的逆向调节作用,不过两者的影响力呈逐年趋近的态势。

第三,财政支出政策与城乡收入差距。从已有文献来看,国内学者主要从财政支出规模和结构两个方面开展了大量的实证研究。一方面,财政支出总体规模的变化会导致城乡之间财政资源量的变化,进而会影响城乡居民收入差距。寇铁军、金双华(2002)就财政支出与社会公平的关系进行了研究,认为财政支出规模的增长对社会公平有重要影响,而财政支出结构中福利性支出对基尼系数影响较大[②]。冉和光、潘辉(2009)利用 1978—2007 年的时间序列数据,并且构建 VAR 模型来实证分析政府公共支出与全国基尼系数、城乡收入差距的关系,研究发现,增加财政支出规模,并没有缩小城乡收入差距[③]。陈安平、杜金沛(2010)根据 1994—2006 年的年度数据,采用动态面板数据模型和系统广义矩估计方法对财政支出与城乡收入差距进行了实证研究,研究认为,在财政分权背景下,即使财政支出规模增加也未必会缩小城乡收入差距,只有调整财政支出结构使其更多倾向于农村才能有效缩小城乡收入差距[④]。邓旋(2011)采用 1995—2009 年省级面板数据实证考察财政支出对城乡收入差距的影响效应,研究结果表明财政支出规模的扩大不但没有缩小城乡收入差距,反而显著地扩大了城乡间收入差距,但其研究也表明不同项目的财政支出对城乡收入差距的影响各异[⑤]。另一方面,在明确了财政支出规模的增长并没有缩小城乡收入差距的研究结论基础上,财政支出结构与城乡收入差距之间关系的实证研究成为国内学者研究的重点。李永友、沈坤荣(2007)就财政支出与相对贫困进行了实证研究,他们认为中国城乡之间相

① 陈建东,等.直接税和间接税对城乡收入差距的影响分析[J].税务研究,2015(7):43-53.

② 寇铁军,金双华.财政支出规模、结构与社会公平关系的研究[J].上海财经大学学报,2002(12):17-23.

③ 冉光和,潘辉.政府公共支出的收入分配效应研究——基于 VAR 模型的检验[J].重庆大学学报(社会科学版),2009(15):19-23.

④ 陈安平,杜金沛.中国的财政支出与城乡收入差距[J].统计研究.2010(11):34-39.

⑤ 邓旋.财政支出规模、结构与城乡收入不平等——基于中国省级面板数据的实证分析[J].经济评论,2011(4):63-69.

对贫困不断扩大,其产生的原因主要来自财富初始分配环节中劳动力要素价格在不同行业之间存在较大差异,而财政在缓解初始分配造成的相对贫困方面的作用非常有限,而其中财政支出结构偏向经济领域以及城市倾向导致了其调节收入差距尤其是城乡收入差距方面,其作用较为有限①。陶然、刘明兴(2007)认为财政分权下地方财政自主权增加,导致了地方财政体系产生严重的城市性倾向,这种城市倾向性的支出政策导致了城乡收入差距的扩大,但这种影响取决于地方财政的独立程度②。刘建徽等(2012)基于非差数的Malmquist指数估算了中国地方政府财政支出在缩小城乡收入差距方面的效率,研究发现大部分省份财政支出在缩小城乡收入差距方面的效率较低,但是呈现了收敛趋势③。孙宁华、姚燕(2013)在参照新古典增长理论的基础上,构建了一个财政支出与城乡收入差距之间关系的动态一般均衡模型,并利用1996—2010年中国宏观经济统计数据进行实证分析,研究结果表明,财政支出的倾向性在促进城市经济发展的同时,扩大了城乡收入差距④。也有学者具体分析农村财政支出对城乡收入差距的影响,如沈坤荣、张璟(2007)运用1978—2004年的数据,采用多变量回归方法对农村公共支出与城乡收入差距之间的关系进行实证研究,并对研究结果进行Granger因果检验,发现投向农村的财政支出有利于农民增收,但是效果不明显。从农村公共支出结构来看,与农业生产直接相关的生产性支出占比过高,而农业科研和社会福利等方面支出过低,支出结构不合理可能是影响农村公共支出弥合城乡收入差距效果的重要原因⑤。

第四,公共产品供给与城乡收入差距的研究。公共产品和公共服务是财政支出这种货币财富运动过程及结果的一种表现形式,城市偏向的财政支出政策最终要表现在城乡公共产品的供给差异上,“城乡公共品供给差异对城

① 李永友,沈坤荣.财政支出结构、相对贫困与经济增长[J].管理世界,2007(11):14-26.

② 陶然,刘明兴.中国城乡收入差距、地方政府开支与财政自主[J].世界经济文汇,2007(2):1-19.

③ 刘建徽,等.财政支出缩小城乡居民收入差距的效率研究[J].农业技术经济,2012(9):52-59.

④ 孙宁华,姚燕.财政支出倾向、金融市场失衡与城乡收入差距[J].财经问题研究,2013(8):41-49.

⑤ 沈坤荣,张璟.中国农村公共支出及其绩效分析——基于农民收入增长和城乡收入差距的经验研究[J].管理世界,2007(1):30-40.

乡收入差距产生了什么样的影响?”这个问题引起了许多学者的思考。他们从公共产品供给角度,研究了具体的财政支出项目对城乡收入差距的影响。刘乐山、何练成(2005)分析了中华人民共和国成立以来城乡居民在教育、医疗卫生、社会保障等公共产品供给上的差异对城乡收入差距的影响,并且提出了相应的对策建议①。解垩(2007)认为增加农村公共产品供给对缩小城乡收入差距具有显著的作用②。金双华(2008)认为农村基础设施建设、教育、卫生、科技投入等有利于缩小城乡收入差距,从长期来说,应该实行统一的城乡公共产品供给政策才能真正缩小城乡收入差距③。余长林(2011)认为财政分权对缩小我国城乡收入差距没有起到显著作用,但增加农村公共产品供给对于缩小城乡收入差距具有显著影响④。

另外,还有学者就具体的公共产品项目对城乡收入差距的影响进行实证研究。胡宝娣等(2011)研究发现,社会保障支出是影响城乡收入差距的重要原因之一,以国有企业职工和城镇居民为主要对象的社会保障支出的提高,在一定程度上起到了拉高城镇居民收入的作用,从而扩大了城乡居民收入差距⑤。而徐倩、李放(2012)对社会保障支出影响城乡居民收入差距进行了分析,运用1998—2010年的省级面板数据,通过动态系统广义矩方法对其进行实证检验,结果显示,人均财政社会保障支出、社会保障占财政支出的比例与我国的城乡收入差距之间呈现同向变化趋势,且高度显著,政府社会保障支出扩大了城乡收入差距⑥。而杨俊等(2008)、李湘君等(2012)、邢春冰(2013)、吴愈晓(2013)等对教育、医疗卫生等支出与城乡收入差距之间的关系进行了实证研究。

---

① 刘乐山,何练成. 公共产品供给的差异:城乡居民收入差距扩大的一个原因解析[J].人文杂志,2005(1):129-133.

② 解垩. 财政分权、公共品供给与城乡收入差距[J].经济经纬,2007(1):27-30.

③ 金双华. 公共产品供给与城乡收入差距[J].东北财经大学学报,2008(9):46-51.

④ 余长林.财政分权、公共品供给与中国城乡收入差距[J].中国经济问题,2011(9):36-45.

⑤ 胡宝娣,刘伟,刘新. 社会保障支出对城乡居民收入差距影响的实证分析——来自中国的经验证据(1978—2008)[J].江西财经大学学报,2011(2):49-54.

⑥ 徐倩,李放. 财政社会保障支出与中国城乡收入差距——理论分析与计量检验[J].上海经济研究,2012(11):81-88.

1.3.5 文献述评

现有的城乡收入差距文献，无论是规范分析还是实证分析都较为丰富，有的学者从理论角度对城乡收入差距进行了理论分析，有的学者从现实制度角度对城乡收入差距进行了实证检验。这些研究视角、方法以及结论对中国城乡收入差距的研究具有重要的借鉴意义。本书前面已经从理论梳理、现状测度、影响因素分析以及缩小城乡收入差距的建议等方面对其进行了综述。在关于影响中国城乡收入差距的原因研究中，不论是理论和制度分析还是实证分析，都表明城市偏向性的社会经济政策及其相应的制度对城乡收入差距影响较大，具体包括财政政策、金融政策以及户籍制度等，其中财政政策的影响范围更广，传导更快，影响程度也比较大。而且户籍制度主要是影响城乡居民享受教育、医疗、社会保障的数量和质量，而这些最终都是由于财政支出的城乡差异带来的。

本书基于中国式财政分权下地方政府行为变化带来的财政支出变化对城乡收入差距产生的影响进行理论和实证分析，根据目前国内相关研究来看，尽管也有很多学者就财政支出、公共产品供给等对城乡收入差距的影响进行了相应的研究，但大都是关于既得结果的研究。而对于为何会出现财政支出的城市偏向性以及何为形成城乡公共品供给差异的内在原因则缺乏研究，即关于财政分权、地方政府行为及地方财政支出与城乡收入差距之间的互动关系及影响机理的研究还比较薄弱，尤其是在以下三个方面还有待深入或者拓展：一是对中国式财政分权下地方政府行为与城乡收入差距之间的关系的分析还不够深入、系统。很多学者从制度角度分析或实证研究，都得出中国城市偏向性的政策对城乡收入差距产生了重要影响的结论，但是并没有对这种城市偏向性的政策产生的原因以及变化进行系统深入的研究。特别是中国改革开放以后，中国实行分权化改革，对中国社会经济各个领域产生了深远的影响，其中财税体制的变化是最为明显的，也是对社会经济发展产生最大影响的一个领域。而关于中国式财政分权对地方政府行为产生什么样的激励效应，这种影响又会导致地方政府如何制定相关的财政政策，这种财政政策又会对城乡收入差距产生什么样的影响，并没有进行系统分析。二是现有关于财政支出对城乡收入差距影响的研究，大都将城市偏向性作为定性的结论进行使用，并没有对城市偏向性的程度进行具体的衡量，也没有将其作为一个变量引用到计量方程中,导致研究逻辑不完整。三是研究方法有待进一步完善。学者们就财政分权对城乡收入差距的影响进行研究时,所采用的数据的时间跨度、统计口径有差异,设置模型时模型的设计、变量的选择也存在一定的差异,得出的结论也不一致。很多实证分析都简单地将财政分权作为一个变量纳入方程中分析,并没有系统考虑财政分权对地方政府财政支出的变动以及城乡公共产品供给变动的影响,以及这些变动对城乡收入差距变化产生的影响。而这些研究尚不完善的方面正是本书研究中努力进行完善和改进的方向。

1.4 研究的思路与基本框架

本书在对中国城乡收入差距相关研究进行系统梳理的基础上,结合本书研究主题的现实基础,认真剖析了中国式财政分权、地方政府行为、财政支出、城乡收入差距之间的理论逻辑和现实机制,并运用相关数据进行实证分析和检验。在此基础上,形成本书的研究思路和技术路线。本书研究思路如下:首先,从理论和现实角度对中国式财政分权下地方政府行为与城乡收入差距之间的关系进行理论分析;其次,对中国城乡收入差距现状进行测度,并分析主要影响因素,同时对财政因素进行深入分析;再次,对中国式分权背景下地方财政支出城市偏向性进行实证检验,并对中国式财政分权背景下财政支出及其偏向性对城乡收入差距的影响进行实证分析,找到其中的现实原因;最后,在实证分析基础上,提出相应的政策建议。

在本书研究思路的基础上,基于“提出问题→分析问题→解决问题”的逻辑思路,对中国地方财政支出与城乡收入差距的关系进行理论、现实和制度的分析,具体研究基本框架如图 1.1 所示。首先,基于中国现实,明确提出研究的主要问题,即中国地方财政支出与城乡收入差距的关系,并对本书研究的背景、研究意义以及主要相关研究现状进行系统的阐述。其次,从理论、现实和实证角度多层面地分析问题,包括对中国城乡收入差距的测度、中国地方财政支出的现状及偏向性进行现实考察、两者关系的理论分析和实证检验。最后,依据相关理论、借鉴国际经验和基于中国现实需求,从制度变革和具体措施的完善两个层面提出中国地方财政支出改革的总体思路和具体措施建议。

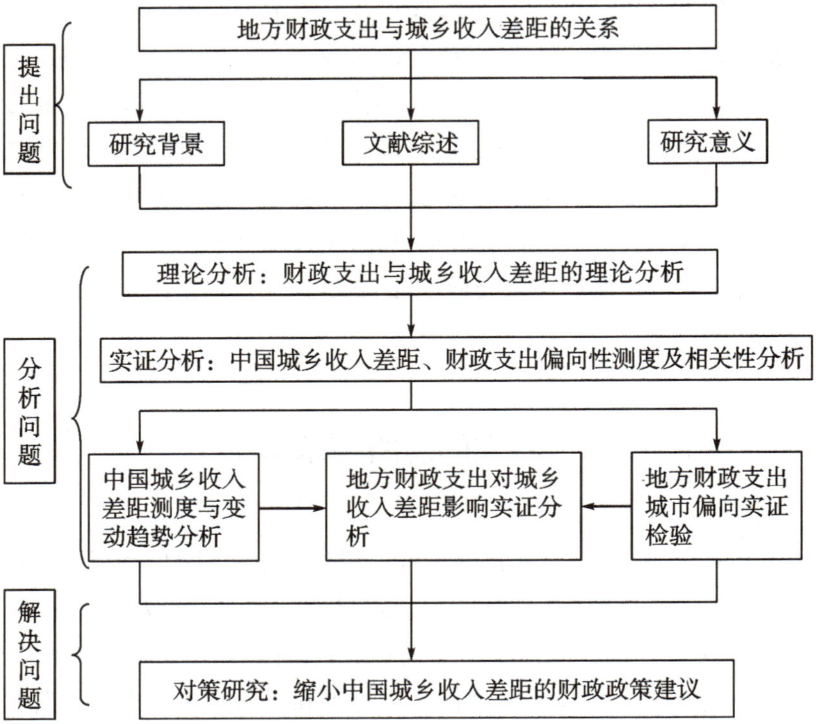

图 1.1　本书研究的基本框架

1.5　研究的主要内容

本书研究的核心问题是“城乡收入差距有多大”“地方财政支出对城乡收入差距产生影响的内在机理”“地方财政支出对城乡收入差距的影响程度”“中国地方财政支出的改革方向与具体措施”。基于研究要解决的主要问题，本书研究的主要内容如下：

第 1 章　导论。首先，对本书选题的背景、理论和现实意义进行了阐述和说明；其次，对与本书研究相关的国内外文献进行了系统的梳理和总结，在吸取已有研究成果基础上，结合本书的研究目的，形成本书研究的逻辑体系和基本结构；最后，阐述了本书每个章节研究的具体内容和主要的研究方法。

第 2 章　城乡居民收入差距与财政支出的基本理论。为了研究的需要，本章对与本书研究问题相关的核心概念和理论进行了深入的阐述，明确了本书研究所需的基本理论。首先,在对与城乡收入差距相关的概念进行界定的基础上,阐述了与城乡收入差距相关的核心理论,并介绍了城乡收入差距的测度指标和方法;其次,对与地方财政支出相关的概念进行了界定,并且阐述了与财政支出相关的基本理论;最后,阐述了财政支出对城乡居民收入分配产生影响的基本理论,并从理论上分析了财政支出对城乡居民收入分配的影响机制。

第3章 中国城乡收入差距测度及其形成原因。首先,对中国城乡居民的收入来源构成进行了现实分析,并探讨了城乡居民收入与国民收入分配的关系;其次,对城乡收入差距总体状况和变化趋势进行了测算和分析,还从空间角度和结构角度对中国城乡收入差距进行了系统的测算;最后,对导致中国城乡收入差距的产生及其扩大的主要原因进行了分析,主要包括理论解释、现实因素分析和制度分析。

第4章 中国地方财政支出偏向性及其成因。首先,基于预算内财政支出和预算外财政支出两个层面对中国地方财政支出的偏向性进行了描述;其次,利用相关数据对中国地方财政支出的偏向性进行了现实考察,验证了中国地方财政支出偏向性的存在并对其偏向程度进行了数量刻画;最后,对中国地方财政支出偏向性的形成原因进行了政治和经济的分析,阐明了导致中国地方财政支出偏向的深层次原因。

第5章 财政分权、地方财政支出与城乡收入差距关系的理论分析。首先,对财政分权理论与实践进行了理论回顾和中国经验阐述,并分析了中国式财政分权对地方政府行为产生影响的机制;其次,从理论角度分析了中国地方财政支出对城乡居民收入分配的影响,主要是从初次分配和再分配两个环节的影响系统阐述它们之间的关系;最后,深入地探讨了中国地方财政支出对城乡收入差距产生影响的内在机理。

第6章 地方财政支出对城乡收入差距影响的实证分析。本章的实证分析是对前面理论和现实分析结论的实证检验。本章主要是在前面理论分析和现实描述的基础上,利用我国省级动态面板数据以及相应的计量方法,对我国地方财政支出与城乡收入差距之间的关系进行实证分析。实证研究中主要是就地方财政支出规模以及支农支出、教育支出、卫生支出和社会保障支出四个对城乡收入差距产生重要影响的项目,分别进行了动态计量分析,以发现我国地方财政支出规模以及不同项目与城乡收入差距之间的关系,并对相关实证研究结果进行了阐释。

第7章　研究结论与对策建议。首先,在本书前面的理论、现实和实证分析及测度的基础上,对我国地方财政支出与城乡收入差距之间的关系、影响程度以及形成的具体结论进行梳理和总结。然后,基于本书研究结论,结合我国现实情况,对我国目前应该如何完善财政支出政策以便缩小城乡收入差距进行系统的分析,并提出了合理可行的政策建议。

1.6　研究的主要方法

(1)文献研究方法。任何研究都需要借鉴前人的研究并作为基础,对于与本书研究主题相关的文献进行梳理,总结前人研究得出的有益结论并把握当前研究动态,既可以避免重复性的研究,也可以对本书研究提供有益的帮助。本书在对国内外相关文献进行归纳、总结的基础上,对财政分权理论、财政支出理论、财政激励理论、收入分配理论等进行了全面的梳理,为本书的研究奠定了基础。

(2)历史与逻辑分析方法。通过对中国地方财政支出与城乡收入差距的现状及其变动趋势进行分析,发现两者演变的规律性,并从历史和现实角度分析其变动的原因,更全面系统地分析两者的变动和相互关系。

(3)理论分析方法。本书研究中将会运用公平正义理论、公共经济理论、博弈论、激励理论、制度经济学、发展经济学等学科基础理论,从理论上对中国式财政分权—地方政府行为—地方财政支出—城乡收入差距之间的理论逻辑和实现机制进行分析,为本书的实证研究提供了思路和逻辑框架。

(4)实证分析方法。本书主要对中国式财政分权下地方政府支出行为对城乡收入差距的影响进行实证研究,主要采用统计分析和计量经济模型,并利用相关数据和stata等计量软件对相关问题进行实证分析和检验。本书实证分析中采用了城乡居民收入比作为城乡收入差距的测度,在财政支出对城乡收入差距影响的研究中运用了固定效应和随机效应模型进行实证分析。

2　城乡居民收入差距与财政支出的基本理论

2.1　城乡居民收入差距的基本理论

2.1.1　城乡居民收入差距相关概念界定

2.1.1.1　城镇居民和农村居民概念的界定

如果要将居民划分为城市居民和农村居民，首先要对城市和农村进行划分和界定，城市和农村之间并没有截然不同的分界线，特别是在发达国家城市和农村之间的界限相对模糊。为了研究和行政管理的方便，现实中往往采用一定的指标将它们划分开来。不同国家对城市和农村划分的标准也不一致，导致了城市和农村的界定也有所差异。就中国而言，根据人口指标、行政指标和经济指标，将国土划分为市、镇和乡村三个层次，通常将市和镇归为城市，而将乡村归为农村。不过从新中国成立至今，市、镇和乡村的划分标准经历了多次变化，再加上中国城镇化战略的推进，城镇和农村无论是行政区划还是统计口径都在不断调整，城镇居民和农村居民的统计也随之发生变化。

一般来说，划分城乡居民有两个标准，一种是根据公安部门的户籍统计，将居民划分为"农业人口"和"非农人口"，另一种是根据经济条件和生活方式，将居民划分为"城镇人口"和"乡村人口"①。根据国家统计局网站对相关指标的解释，关于"城镇人口"和"乡村人口"的相关数据，2000 年、2001 年的人口为当年人口普查推算数。2005 年起各地区人口数据为常住人口口径。各省份统计年鉴关于城乡人口的指标差异也比较大，在有些年份，有些省份

---

① 国家分别在 1955 年、1999 年、2006 年和 2008 年对城乡划分做出了规定。根据 2008 年的《统计上划分城乡的规定》，城镇包括城区和镇区，城镇以外的其他区域为乡村。

把两种口径的指标都列了出来,有些省份则只选择了某一种指标用于说明城乡人口情况,但从 2005 年起,从各省份到全国大都采用常住人口口径,且这种数据的取得大都是按照 1%人口抽样后推算得来的。本书研究中还是优先选择了户籍统计反映出的“农业人口”与“非农人口”,所以在使用此指标的情况下,本书所使用的城乡居民概念还是源于这种划分,在实在无法找到此类数据时,才会用“乡村人口”和“城镇人口”进行替代。这两个指标看起来差异可能有些大,但考虑到中国农业人口流入城市后办理暂住证进行登记的数量不是很多,而且抽样的时候本身是“非农人口”的城镇居民被抽中的可能性更大,所以,用这种方法对数据进行处理也有一定的合理性。

2.1.1.2 城乡居民收入的界定

收入是一个流量概念,居民收入是指个人或家庭从任何来源得到的金钱或其他等价物,它是通过国民收入初次分配和再分配形成的。在研究城乡收入差距时,对城乡居民收入的统计口径将直接影响到城乡收入差距的计量,这就需要明确城镇和农村居民的收入来源和构成,即明确并统一居民收入的口径。在城乡居民收入的统计上,目前用得较多的是家庭可支配收入,Khan 等(1992)定义了城镇居民和农村居民家庭可支配收入的构成。城镇居民家庭收入由八项构成,主要包括工资性收入、非劳动成员的收入(包括退休金和福利津贴)、经营性收入、财产性收入、实物收入和净补贴、租金收入和其他收入;农村居民家庭收入也由八项构成,主要包括工资性收入(包括退休金、其他报酬和实物收入)、经营性收入、除了劳动报酬以外的收入(主要是指从乡、村、合作社、国家和其他企业获得的收入)、自己消费的农村的总价值、财产性收入、房屋租金、转移性收入、其他收入。

在界定中国城乡居民收入时,存在一定的分歧,主要原因在于中国城乡居民收入来源中存在大量的隐性收入和非货币性收入。特别是城镇居民有大量隐性补贴,如果不考虑这类收入将会大大低估城镇居民的收入水平。据相关资料统计,中国城镇居民获得的隐性补贴占到可支配收入的 53%,农村居民享受的补贴只占到了纯收入的 9%,可见其差距之大,必然会影响到对城乡居民收入水平的估计,也会影响到城乡收入差距的统计。另外,有的学者认为城乡居民生活消费存在较大差异,城镇居民生活消费成本更高,仅仅以名义收入来衡量城乡居民收入,会高估城镇居民收入水平,如果考虑物价水平差距,以城镇居民的真实购买力来衡量其收入水平更加合理。因此,在城乡居民收入界定时,基于不同考量会得出不同的统计数据,这对相关问题的研究会有一定的影响，值得注意。

2.1.1.3 收入差距的界定

收入差距是指在一定时期内居民在获得收入数量上所存在的差别，可以分为绝对收入差距和相对收入差距。绝对收入差距是指以货币单位或其他实物指标表示的不同群体和个人之间的收入差距的绝对数额，它能够反映不同群体和个人之间收入差距的大小。相对收入差距是指用收入比重或收入相对份额来表示不同群体或个人之间的收入差别，它能够反映收入差距的相对程度，有利于对收入差距进行纵向和横向的比较。尽管这两类指标都可以衡量收入差距，但绝对收入差距只能反映绝对数额，不能反映相对程度，不利于对收入分配差距进行比较分析，在对收入差距研究中，更多的是使用相对收入差距，本书研究中也主要采用相对收入差距这一指标。

收入差距按照不同的标准可以分为不同类型，具体来说，主要有以下几种划分方法：一是按照区域划分，可以分为城乡收入差距和地区收入差距；二是按照所有制和行业划分，可以分为不同所有制之间的差距和不同行业之间的差距；三是从社会分层角度来划分，可以分为不同阶层之间的收入差距。另外，与收入差距相关的另外一个概念就是贫富差距，贫富差距是指社会成员之间实际占有财富的多少的差距，定义为：某一时点不同社会成员之间由于所处的具体社会政治、经济、文化等方面的地位和环境不同，从而形成的占有社会财富的多与少之间的差距，表现为一定数量的物质财富和精神财富，通常用物质财产和精神财产来表示。

2.1.1.4 城乡收入差距的界定

城乡收入差距是指在一定时期内城镇居民和农村居民获得收入在数量上存在的差别。就我国目前关于城乡居民收入差距的研究来看，关于城乡居民收入的界定，主要采用的是城镇居民可支配收入和农村居民纯收入，这是国家统计局对城乡居民收入的界定，在《中国统计年鉴》中也是以其为标准向社会公众提供年度数据的。城镇居民家庭可支配收入是指家庭成员得到可用于最终消费支出和其他非义务性支出及储蓄的总和，即居民家庭可以用来自由支配的收入，它是家庭总收入扣除缴纳的个人所得税、缴纳的社会保障费用以及记账补贴后的收入。农村居民家庭纯收入是指农村住户当年从各个来源得到的总收入相应扣除所发生的费用后的收入总和。

根据国家统计局公布的城镇居民家庭可支配收入和农村居民人均纯收入的来源构成来看，目前我国城镇居民和农村居民的收入主要包括工资性收入、经营性收入、财产性收入和转移性收入。尽管从统计口径上城镇居民和农村居民的四类收入的具体内容存在差异,但大体内容相似,能够较好地反映中国目前城乡居民的收入来源,而被广泛接受和使用。鉴于此,本书在研究过程中也采用国家统计局对城乡居民收入的界定和收入来源的划分。

2.1.2 收入差距形成及扩大的相关理论

2.1.2.1 马克思的城乡收入差距理论

马克思在《哲学的贫困》中曾写道:“城乡关系的面貌一改变,整个社会的面貌就跟着改变。”他在《资本论》中写道:“一切发达的、以商品交换为媒介的分工基础,都是城乡的分离。可以说,社会的全部经济史,都概括为这种对立的运动。”马克思基于全人类自由发展,提出了城乡一体的理论,消灭城乡差距、工农差别、脑力与体力劳动差别,废除生产资料的私有制,实现生产者联合的社会占有。马克思和恩格斯提出了消灭城乡差别和工农差别的途径,就是“把农业和工业结合起来,促使城乡对立逐步消灭”。恩格斯在1888年出版的《共产党宣言》中指出:“把农业和工业结合起来,通过把人口更平均地分布于全国的办法逐步消灭城乡差别,消灭城乡之间对立是社会统一的首要条件。”列宁基于马克思和恩格斯的城市优越论对本国进行分析,他指出“城市优于农村是有了商品生产和资本主义的一切国家的必然现象,社会一般规律规定了资本主义的未来及其给社会带来的后果,包括城市对农村的完全统治”。列宁提出了无产阶级为了自己革命目的,需要建立工农联盟,由农民来代替软弱无能的城市自由资产阶级。斯大林在《苏联社会主义经济问题》一书中专门论述了消灭城市和农村之间、工业和农业之间、脑力劳动和体力劳动之间的对立问题,以及消灭他们之间的差别问题。

中国的马克思主义理论研究也非常关注城乡差别与对立问题,主要从工农分离和城乡分离产生的条件和过程、工农对立与城乡对立的性质与作用、消灭工农对立和城乡对立以及消除工农差别、城乡差别的途径与条件等方面论述城乡差距问题。毛泽东等第一代领导人非常重视城乡关系,毛泽东根据城市与农村在中华人民共和国成立前后的发展现状,特别强调“我们的经济政策是要处理好‘四面八方’的关系,实行公私兼顾、劳资两利、城乡互助、内外交流的政策”。毛泽东注意汲取苏联和东欧国家工业化进程中的经验教训,明确指出中国的工业化道路可以与苏联的工业化道路有所区别,“我国是一个大农业国,农村人口占全国人口的80%以上,发展工业必须和发展农业同时并举,工业才有原料和市场,才有可能为建立强大的重工业积累较多的资金”。

邓小平和第二代党中央领导集体也十分关注农业在国民经济中的地位,他强调“农业是根本,不要忘掉”。邓小平还指出,真正的社会主义道路就是要逐步缩小城乡差别。他说:“即使我们的工业更发达,国家收入更多,也要照顾城乡关系,不能相差太多,当然差距总还是会有的,要按劳分配,要有差别,但差别不能太大。”为了提高农民收入,邓小平强调要通过发展多种经营和乡镇企业渠道来增加农民收入。他认为增加农民收入“不能只靠种粮食,要多种经营,农工商结合”,同时,邓小平十分重视乡镇企业的作用,认为乡镇企业有利于转移农村剩余劳动力,增加农民收入,“乡镇企业很重要,要发展,要提高”。江泽民从中国实际出发,高度重视农业与工业平衡发展,提出了统筹城乡经济社会发展的战略思想,对工农关系、城乡发展进行了更为深入的论述和探索。他在党的十五大报告中再次强调要坚持把农业放在经济工作首位,并且提出要搞好小城镇建设。在强调加强农业的基础上,进一步提出了统筹城乡发展,引导贫苦农民走上富裕之路的根本途径。他随后更加明确地指出:“发展小城镇是一个大战略。城乡差距大,农业人口多,是长期制约我国经济良性循环和社会协调发展的重要因素。加快小城镇建设,不仅有利于转移农业富余劳动力,解决农村经济发展深层次的一系列矛盾,而且有利于启动民间资本,带动最终消费,为下世纪国民经济发展提供广阔的市场空间和持续的增长动力。”

党的十六大以来,以胡锦涛同志为总书记的新一届中央领导集体把“三农”工作从“基础地位”提升到全党工作“重中之重”的突出位置,明确提出“两个趋向”的重要论断(也就是在工业化初始阶段,农业支持工业是普遍趋向,工业化达到相当程度后,工业反哺农业也是普遍趋向),并做出我国总体上已进入以工促农、以城带乡阶段的基本判断,制定和实行了工业反哺农业、城市支持农村的方针。党的十六届五中全会通过的《中共中央关于制定国民经济和社会发展第“十一个”五年规划的建议》,明确提出了建设社会主义新农村的重大历史任务,对建设社会主义新农村进行了全面部署,明确了“生产发展、生活宽裕、乡风文明、村容整洁、管理民主”的建设要求。

党的十八大以来,以习近平同志为核心的党中央领导集体,一如既往地高度重视“三农”工作,多次强调农业和农村问题的重要意义,并将其视为全党工作的“重中之重”。在 2013 年中央农村工作会议上,习近平总书记指出,

“中国要强,农业必须强;中国要美,农村必须美;中国要富,农民必须富”。2013年11月28日,在山东农科院召开座谈会时,习近平总书记指出,“小康不小康,关键看老乡……要大力促进农民增加收入,不要用平均数掩盖了大多数,要看大多数农民收入水平是否得到了提高”。在2016年4月25日安徽凤阳县小岗村召开的农村改革座谈会上,习近平总书记强调,“增加农民收入,要构建长效政策机制,通过发展农村经济、组织农民外出务工经商、增加农民财产性收入等多种途径,不断缩小城乡居民收入差距,让广大农民尽快富裕起来”。在习近平总书记“三农”思想的指导下,通过农村集体产权制度改革,保障农民财产权利和财产收益权,通过“三权分置”盘活农村土地要素,提高农民积极性;着力推进城乡一体化,从城乡基本公共服务均等化着眼,不断提高农村基础设施和福利保障水平;实施农业供给侧结构性改革,提高农业供给结构的质量和效率;促进一、二、三产业融合发展,大力提升农业经营效益,为农民增收注入新的活力;按照全面建成小康社会目标全力推进脱贫攻坚;在党的十九大提出了乡村振兴战略,并制定了五级书记抓乡村振兴的领导责任制和工作机制。党的十八大以来,农业、农村和农民得到了更好的发展机遇,关于如何缩小城乡差距的各种理论、政策和实践经验也越来越成熟和丰富,这些政策的实施和理论的实践都为缩小城乡收入差距的研究提供了指导和实践基础。

2.1.2.2 古典二元经济理论

发展经济学的主要代表人物刘易斯在《劳动无限供给条件下的经济发展》中提出了关于发展中国家经济二元结构的理论模型,该模型指出发展中国家在经济发展过程中存在两个部门,一个部门是以传统农业为代表的维持生计的部门,一个部门是以城市现代工业为代表的资本主义部门,两个部门的性质和成熟度不一样。在发展中国家,传统部门规模大且占有较多劳动力,现代部门规模小但生产率高,传统部门的劳动边际生产率低、使用的技术少,现代部门使用资本和技术较多,导致了传统部门工资低于现代部门,并且随着经济的不断发展,传统部门积累的资本和劳动力逐渐转移到现代部门,现代部门规模越来越大。刘易斯的二元经济理论在发展中国家也普遍适用,经济的发展就是要通过工业部门的扩张,吸纳农业中的过剩劳动力,从而消除经济发展过程中工农业之间存在的各种结构失衡。

刘易斯认为现代工业部门要扩张,需要通过高于农业部门的工资来不断地将农业劳动力转移到工业部门,这个过程将一直持续下去,一直到农业过剩劳动力全部被工业部门吸尽为止。由于农业部门和工业部门生产率和工资水平的差异,导致了城乡二元经济结构的出现,刘易斯的二元经济理论就是强调在二元经济结构转变过程中,资本积累是经济发展的关键,剩余劳动力转移是重要途径,通过源源不断的劳动力转移来实现工业资本的加速积累,最终导致二元经济变为一元经济。刘易斯的二元经济结构理论为发展中国家解决经济发展过程中农业剩余劳动力向工业部门转移提供了理论依据,但该理论也存在一定的局限性,如他只强调了工业部门的扩张,而忽视了农业部门的发展,他认为农民作为被动的要素,只能消极等待流出农业部门,忽视了工业化过程中对劳动力的技术选择、人口增长对城市和工业部门就业的影响等现实问题。

鉴于刘易斯二元经济理论的局限性,拉尼斯和费景汉对刘易斯模型进行了修正,将农业部门也纳入模型中来分析,从动态的角度来研究农业和工业均衡增长的二元经济结构理论,提出了工农业均衡发展概念,建立了拉尼斯—费景汉模型。该模型强调了农业剩余对工业资本积累的重要作用,突出了农业发展对二元经济结构转换的意义,主张避免片面的工业化。他们认为农业可以为工业提供农产品和廉价劳动力供给,农业劳动生产率的提高和农业剩余是劳动力从农业转移到城市的前提。他们进一步认为,农业生产率的提高是工业部门扩张和农业劳动力转移的前提,但还必须实现农业和工业部门的均衡增长,才能使劳动力持续得以转移,并最终消化农业中的剩余劳动力。拉尼斯—费景汉模型肯定了农业在发展中国家经济发展中的重要性,并认为农业部门生产率的提高和工农业部门之间均衡发展至关重要,使得二元经济理论更接近于发展中国家的现实。

2.1.2.3 新古典二元经济理论

古典二元经济理论由于部分假设条件与发展中国家存在较大差距,其模型存在较大缺陷,后来一些学者不断对二元经济理论进行修正和完善,形成了新古典二元经济理论。乔根森是新古典二元经济理论的代表人物,他抛弃了古典二元经济模型中所坚持的农村存在边际产品为零的剩余劳动力和不变工资的基本假定,从农业剩余和农业技术的角度来研究二元经济结构的转换与劳动力转移问题。他认为农业部门的发展是工业部门乃至整个国民经济的基础,传统农业部门产品供给能力的大小直接决定和影响工业部门的发展水平和劳动力转移程度,在农业部门产品供给能力满足人口增长需要之前,劳动力主要在农业部门就业,只有当这种供给大于人口增长对农产品需求之后,农业部门才能为工业部门就业者提供食物支持,有了农业剩余才能发展工业和进行农业劳动力的转移,乔根森将其称为“农业剩余”。

农业剩余是工业部门发展的前提条件,农业剩余越大,向工业部门转移劳动力的规模就越大,再加上工业资本的逐渐积累,工业部门的增长就越迅速。在农业生产剩余的前提下,他又提出了总产出与人口增长相一致的重要假设,在这一假设下,他认为农业技术提高不但决定了工业部门发展,而且也决定了农业剩余劳动力向工业转移的规模。乔根森模型强调了农业发展和农业技术进步对工业部门发展的影响,加深了对农业在国民经济发展中的作用的深刻认识,但该模型也存在一定的缺陷,忽视了对农业物质资本投入的研究、城市可能存在失业问题、劳动力回流问题等。20 世纪 60~70 年代,许多发展中国家开始出现了严重的城市失业问题,但同时又有越来越多的农民流向城市,人口流动不但没有促进工业和城市发展,反而成为城市和工业发展的障碍。传统的人口流动理论无法解释城市失业和农业人口向城市转移并存的现象,托达罗对此进行了研究,并形成了托达罗模型。

托达罗模型认为农村劳动力向城市的转移受到城乡经济结构差异和迁移劳动力对迁移成本和收益的制衡,农村劳动者迁移的决定因素取决于城乡收入差距和就业率水平。当预期城市就业工资水平超过农村收入水平时,农村劳动力就会向城市转移;当城市工资水平下降后失业率上升时,劳动力就会停止转移。托达罗同时也指出,尽管城市的高失业率会对农村劳动力向城市转移产生负面影响,但随着农民在城市逗留时间延长,会增加其找工作的机会,导致了城市失业率高的同时仍有农村劳动力不断涌向城市。托达罗模型的政策含义在于,政府应该控制农村劳动力向城市流动的规模和速度,以缓解日益严重的城市失业问题,大力发展农村经济是解决城市失业问题的根本出路。

托达罗模型对城市高失业率和农村劳动力向城市转移并存的问题作出了令人信服的解释,托达罗强调了工业与农业、城市和农村在经济发展过程中具有同等重要的地位,指出了不能将农业作为工业发展的一个工具,而是把农业发展本身作为一个目标。但托达罗模型也存在一定的缺陷:一是假定发展中国家农村部门不存在剩余劳动力,这与现实不符;二是假定流入城市的劳动者必定在城市找到工作,即便找不到工作也不愿意回流农村;三是没有看到第三产业的发展对劳动力的大量需求。综上所述,新古典二元经济结构理论认为,要想缩小城乡收入差距,重视农业并实现农业和工业平衡发展是核心,转移农村剩余劳动力是关键。

2.1.2.4 区域经济发展理论的非均衡增长理论

区域经济发展理论中的非均衡增长理论是许多国家制定区域发展政策的理论基础,该理论曾经成功指导了很多发展中国家的区域经济发展,对缩小城乡收入差距也具有重要的启迪作用。该理论主要包括发展极理论和地理上的二元经济理论。

发展极理论是由法国经济学家弗朗索瓦·佩鲁(F.Perroux)在1955年提出的,该理论认为经济增长中由于某些主导部门或创新能力强的行业主要在大城市聚集,形成资本与技术高度集中,具有规模经济效益、自身增长迅速并能对临近地区产生强大辐射作用的"发展极",通过"发展极"地区的优先增长,可以带动相邻地区的共同发展。这些"发展极"地区具有生产中心、贸易中心、金融中心、信息中心、服务中心、决策中心等多种职能,就像一个"磁场极",能够产生吸引和辐射作用。佩鲁认为经济增长不是每个部门或地区以同一速度平衡增长,有一些经济单位或者地区具有向心力和离心力,这些主导部门和有创新力的企业集中于大城市,以较快的速度得到优先发展,从而形成"发展极"。

佩鲁认为"发展极"的形成应具备三个方面的条件:一是必须存在有创新能力的企业和企业家群体;二是必须具有规模经济效益;三是需要适当的周边环境。"发展极"能够形成一定势力范围的"经济空间",对周围区域发生支配作用,其作用主要体现在四个方面:一是资本集中与输出作用;二是技术创新与扩散作用;三是获取巨大规模经济效益;四是产生"凝聚经济效果"作用。"发展极"理论的政策含义在于,发展中国家要实现工业化和现代化发展,必须要通过"发展极"带动相邻地区共同发展。建立"发展极"有两个途径,一种途径是通过市场机制自发调节,自动产生"发展极";另一种途径是由政府通过重点投资主动建成"发展极"。"发展极"理论对于缓解城乡收入差距的指导作用在于,采取积极措施,在有条件的地区建立"发展极",通过区域经济协调发展,努力缩小地区发展差距和城乡收入差距。

"发展极"理论存在两个大的缺陷:一是过分强调"发展极"的积极作用,而忽视了其消极作用;二是"发展极"主要是在抽象的经济空间构筑,忽视了发展的地理空间。基于"发展极"理论存在的缺陷,瑞典经济学家G.缪尔达尔(G.Myrdal)在《经济理论和不发达地区》一书中提出了地理上的二元经济理论,丰富和发展了"发展极"理论。该理论运用动态的非均衡分析和结构主义分析方法,并利用回波效应和扩散效应来说明经济发达地区优先发展对落后地区的积极与消极作用,认为既要发挥发达地区的带头作用,又要对落后地区进行激励以促进其经济发展,以消除发达地区与落后地区并存的二元经济结构。缪尔达尔认为市场机制作用一般倾向于增加而非减少地区的不平衡,地区经济发展不平衡会引起"累积性因果循环",使得发达地区发展更快,落后地区发展更慢,地区之间发展差距不断被拉大,形成地区性二元结构。

缪尔达尔运用循环累积因果关系解释了"地理上二元经济"的消除问题,他认为循环累积因果关系将对地区经济发展产生两种效应:一是回波效应,即资本、技术、劳动力与资源等受要素收益率差异的影响,由落后地区向发达地区流动。二是扩散效应,是指当发达地区发展到一定程度后,由于资本过剩、人口稠密、交通拥挤、污染严重和自然资源相对不足等原因,会导致该地区物质资本、人力资本等要素报酬不断降低,生产成本将逐渐上升。发达地区如果再扩大生产规模,就会变得相对不经济,这样会使资本、技术、劳动力等生产要素由发达地区向落后地区逆转,从而促进落后地区的发展,这就形成了一个上升的循环累积过程。根据缪尔达尔的理论,城乡收入差距可以被看作是区域发展差距,通过减少城乡间的"回波效应",扩大其"扩散效应",可以防止城乡收入差距的进一步恶化。

2.1.2.5 个人收入差距理论

城乡收入差距的产生源于个人收入差距,个人收入差距的产生主要源于就业机会的不平等和人力资本差距,基于个人收入差距产生的原因,理论上有两个解释,即机会不平等理论和人力资本理论。发展中国家普遍存在机会不平等,而这种机会的不平等又直接决定了个人收入差距。在城乡二元经济结构下,任何一个人由于其处于城市或农村而导致其接受教育或者获得收入的差距很大。这种不平等会导致经济上的差距,经济上的差距又会引起制度上的差距,制度上的差距反过来还会固化经济上的差距,导致了个人收入差距。在发展中国家的劳动力存在机会不平等,这种由于外生原因导致的不平等超过了内在的自身努力。由于发展不平衡导致了劳动力市场上的严重不平等,主要表现为工业部门发展的不均衡导致了就业机会的不平等,这一不平等还表现在区域间就业机会的不平等和社会福利制度上的机会不平等,必然会导致收入出现两极分化。

美国经济学家西奥多·W·舒尔茨提出了现代人力资本理论,他认为单纯从自然资源、实物资本和劳动力角度不能解释生产力提高的全部原因,还有一个重要因素必须考虑,即人力资本。舒尔茨认为人力资本可以看作是对劳动者投资的一部分,可以通过提高劳动者自身素质,增加劳动价值。人力资本理论的核心在于,对于现代经济而言,人的知识、能力、健康等人力资本水平的提高对经济增长的贡献远高于生产要素数量的增加。舒尔茨用人力资本理论来分析贫穷国家和落后地区时,认为这些国家或地区之所以落后,其根本原因是对人力资本投资理念的缺乏或者轻视。舒尔茨人力资本理论的贡献主要在于宏观理论基础,加里·S.贝克尔(Gary·S.Becker)则主要对人力资本理论的微观经济分析作出了贡献,使人力资本理论数学化、精细化和一般化,他从微观经济角度建立了人力资本投资—收益的均衡模型,系统地阐述了人力资本形成的投资与收益问题。

20世纪80年代以来,现代人力资本理论的发展转向了研究其与经济增长的关系,以罗默、斯科特为代表的学者将人力资本投入因素加入新古典的生产函数,形成内生经济增长理论,即新经济增长理论。这时期的人力资本理论构建了人力资本投资收益和技术内生化增长计量模型,提出了人力资本的外部效应和外溢效应。人力资本理论对城乡收入差距的影响,主要是基于人力资本对劳动者就业和工资水平的影响角度来说,人力资本影响城乡居民的就业能力和收入水平。另外,人力资本对经济增长的影响,也会间接影响到城乡居民收入水平。

2.1.2.6 收入再分配理论

市场经济条件下的收入分配方式更注重的是效率,基于生产要素所有者对生产要素的所有权来进行收入分配,分配机制是以生产要素的贡献率来进行分配,由于不同主体拥有的生产要素数量和质量的差异,必然会产生收入分配差距。为了实现收入分配的公平,政府干预收入分配是必要的。在不损害市场机制有效分配的前提下,政府可以通过税收制度和转移支付来进行再分配,尽量避免或减少市场经济中的不平等状况发生,从而在保证效率的基础上促进更为公平的收入分配。

政府对市场分配结果进行再分配,可以在一定程度上缓解收入分配的不公平,但其作用有时是有限的。一是政府收入再分配不可能达到完全的平等,市场经济条件下必须允许某种程度的不平等存在。如果要提高经济效率,收入上的差别是必不可少的,通过收入差距来激励劳动者。二是实行收入再分配政策来实现收入的平等,在一定程度上要以牺牲效率作为代价。政府通过对高收入群体征税并转移给低收入群体,会对高收入者产生负激励,低收入者获得转移收入也会产生依赖性,同样也会产生负激励,必须会产生效率损失。三是收入再分配还可能导致政府官员的腐败和官僚主义。对城乡收入差距而言,政府对城乡收入分配进行干预具有重要的作用,主要应该通过缩小城乡基本公共服务供给差距和社会保障制度差距等再分配手段来缓解城乡收入差距的扩大。

2.1.3 城乡居民收入差距测度的理论及方法

关于城乡收入差距的测度和估计是研究城乡收入差距及相关问题的基础,国内外学者对城乡收入差距测度理论和方法进行了广泛研究,就现有研究来说,使用较为普遍的主要有三个测度城乡收入差距的指标,即基尼系数、泰尔指数和城乡居民收入比,除此之外,还有分位数法、比值法等。另外,还有针对城乡居民收入分布进行测度的方法,主要有参数统计测度方法、非参数统计测度方法以及核密度估计方法等。为了更好地理解城乡收入差距的测度结果,对城乡收入差距的测度理论和方法进行系统的阐述,掌握这些方法的构建思路、测算过程、数据要求和解释途径等,具有重要的理论意义。

2.1.3.1 洛伦茨曲线与基尼系数

1907年美国统计学家M.O.洛伦茨在对国家收入分配不平等程度的研究中,提出了洛伦茨曲线的表示方法,通过将一个国家人口按照收入水平从低到高排列,将人口累计百分比和这些人口对应的收入百分比的对应关系描绘在图形上,来反映一国收入不平等程度。洛伦茨曲线是分布函数的一种变形,如图2.1所示,横轴和纵轴分别是人口的累计百分比和收入的累计百分比,弧线为洛伦茨曲线表示居民收入分配的不平等程度。对角线OA表示收入绝对平等的分配状况即平均分配,对角线下三角形的两个直角边则是收入完全不平等分配状况即所有收入都集中在一个人手中,而洛伦茨曲线则处于两种分配状态之间。如果洛伦茨曲线越接近于对角线,说明收入分配越平均,即收入差距越小;如果洛伦茨曲线越接近于直角线,说明收入分配越不平等,即收入差距越大。可见,洛伦茨曲线只是表明了收入差距的一种状态,无法具体测度出收入差距的具体数值。

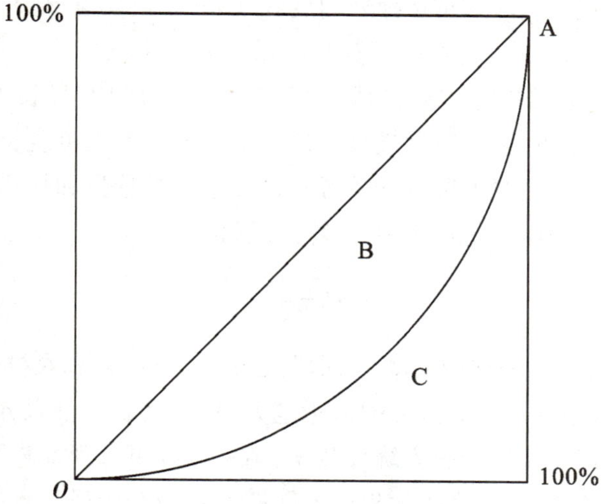

图 2.1 洛伦茨曲线

为了更具体地测度收入不平等程度,1912 年意大利经济学家基尼在洛伦茨曲线的基础上提出了基尼系数的计算方法,基尼系数逐步成为被经济学界普遍认同的一种衡量收入不平等程度的方法,也被大多数国际组织和国家作为衡量收入分配的一个尺度。在实证研究中,基尼系数的计算公式为:

$$GN = \frac{1}{2n^2 y} \sum_{j=1}^{m} \sum_{i=1}^{m} n_j n_i |y_j - y_i| \quad 2-1$$

上式中,m 表示 m 种不同的收入登记,n 表示人口数,相应的 n_i 和 n_j 分别表示第 i 和第 j 个收入等级里的人口数,y 表示人均收入,相应的 y_i 和 y_j 分别表示第 i 和第 j 个收入等级里的人均收入。

基尼系数由洛伦茨曲线生成,是衡量收入差距的加权指标,该指标介于 0~1,该指标越高说明收入越不平等,越低则说明收入越平等。目前国际上利用基尼系数来衡量一个国家的收入差距,在具体基尼系数测度过程中,通过设定不同标准来界定收入不平等程度,通用的标准为:基尼系数小于 0.2 表明收入分配绝对平均,0.2~0.3 表明收入分配比较平均,0.3~0.4 表明收入分配基本合理,0.4~0.5 表明收入分配差距较大且收入出现了两极分化,0.6 以上表明收入差距悬殊,说明一国收入及财富集中到少数人手中。

2.1.3.2 城乡居民人均收入类指标的测度方法

由于基尼系数在对城乡收入差距测算时,需要大量微观数据来支撑,受到数据可获得性或者数据质量的影响,其测度的结果相对误差较大。有学者提出了通过居民人均收入类指标来测度收入差距，就现有该类方法的应用来看，主要有居民人均收入、人均消费支出以及人均生活费收入等指标来反映居民收入差距，这类指标主要是依据官方每年公布的宏观收入数据进行测度，计算起来简单方便，是一种最直观最简洁的收入差距测度指标，因而在许多研究中被使用。就目前国内外学者对该类指标的选择和使用上来看，主要采取城乡居民人均收入比值为主，计算公式为：

$$SI = \frac{y_c}{y_n} \qquad 2\text{-}2$$

上式中，y_c 和 y_n 分别表示城镇居民人均可支配收入和农村居民人均纯收入，该指标越大表明城乡收入分配差距越大，相反则表示收入分配差距越小。该指标在计算时直接依托官方统计数据，结果可以更直观地表明城乡居民人均收入之间的倍数关系，在很大程度上能够反映城乡居民收入差距的现实情况。但这类指标也存在一些缺陷，部分学者在实证研究中对该指标进行了调整和改进，就目前国内学者的研究来看，主要有黄泰岩等（1999）采用城乡居民人均实际可支配收入比①、蔡昉等（2003）采用城镇居民的人均实际可支配收入与农村居民的人均实际纯收入的比率②、李实等（2007）采用城镇居民人均生活费收入与农村居民人均纯收入的名义比率③。

另外，基于城乡居民人均收入指标，有学者提出了结构相对系数指标，其计算公式为：

$$\mu_u = \frac{I_u}{I_u + I_r} \times 100\%, \mu_r = \frac{I_r}{I_u + I_r} \times 100\% \qquad 2\text{-}3$$

上式中，μ_u 和 μ_r 分别表示城镇居民收入的相对系数和农村居民收入的相对系数，I_u 和 I_r 分别表示城镇人均可支配收入和农村居民人均纯收入。如果 $\mu_u = \mu_r = 0.5$，表明城乡居民不存在收入差距，如果偏离 0.5 表明城乡居民收入出现了差距，偏离程度越大，表明收入差距越大，偏离越小，表明收入差距越小。

---

① 黄泰岩，王检贵.从城乡收入差距看扩大内需的政策选择［J］.宏观经济研究，1999（6）：47-50.

② 蔡昉.城乡收入差距与制度变革的临界点［J］.中国社会科学，2003（9）：16-26.

③ 李实、罗楚亮.中国城乡居民收入差距的重新估计［J］.北京大学学报（哲学社会科学版），2007（3）：111-120.

2.1.3.3 泰尔指数的测度方法

泰尔指数来源于统计学上的熵，泰尔（1979年）利用信息理论中的熵概念来测算收入不平等，它是衡量个人或地区之间收入差距的指标，计算公式为：

$$TR = \sum_{i=1}^{m} \frac{y_i n_i}{yn} \ln \frac{y_i}{y} \quad 2-4$$

上式中，TR 表示泰尔指数，m 表示分组的数目，y_i 表示第 i 组的人均收入，y 表示 y_i 的 平均值。TR 介于0到 $\ln(m)$ 之间，其数值越大表明收入不平等程度越大。

泰尔指数作为统计指标，在对城乡收入差距测度中，可以较好地分解，将居民按照区域、教育水平或职业等人群特征进行分组考察，不但可以测算出总收入差距还可以测算出分组的组内收入差距，并且还可以测算出不同组别之间的收入差距，能够更全面和详尽地反映出收入差距的状况，在目前相关的研究中得到广泛使用。如果进行分组，泰尔指数可以分解为：

$$TR = \sum_{k=1}^{n} \frac{n_k}{n} TR^k + \sum_{k=1}^{K} \frac{n_k}{n} \ln \frac{y}{y_k} \quad 2-5$$

上式中，TR^k 表示第 k 组的泰尔指数，上式第一项为每个组内的差异，第二项为组间差异。

上述三类指标是城乡收入差距的传统测度方法，在反映居民收入分配状况和测度收入差距方面有着各自的特点，在学术研究中得到了广泛的应用。基尼系数是最早也是最常用的测度收入差距的指数，它给出了反映收入分配差距程度的数量界限，可以有效预警两极分化的质变临界值，是当前衡量贫富差距的可行办法。但基尼系数在具体运用中，由于各国和不同学者在研究中考虑的因素存在差异，导致了其标准和界限存在争议，基尼系数成为衡量一国收入差距的参考标准而不是量化的指标。另外，基尼系数在分解中仅限于要素分解，对于样本分组的分解不是很完善，而且无法反映组间的差距，这些缺陷导致了其使用逐渐受到制约。泰尔指数则可以对基尼系数形成一定的互补性，它能够对不同收入水平的变化在度量上更加的敏感，具有良好的样本分组的可分解性，可以衡量组内差距和组间差距对总差距的贡献，目前泰尔指数在研究中得到越来越多的关注和更广泛的使用。由于基尼系数和泰尔指数在对收入差距进行测度时，更多的依据微观数据，其测算结果受到数据可获得性和数据质量的影响，有的学者则采用城乡居民收入比作为指标来衡量城乡收入差距，由于这类指标依据宏观数据，具有指标定义明确、计算简单、没有歧义等优点，而被广泛接受和使用。但由于城乡居民收入受到收入来源结构和定义的影响，官方公布的城乡居民收入并不一定就是居民全部的收入，如隐性收入和非货币性收入在官方统计中没有纳入居民收入中来，可能在一定程度上低估了居民收入水平，并且该指标在计算时也没有考虑城乡消费水平的差异产生的影响，导致了最终测度的结果不够准确。

可见，目前常用的三类关于城乡收入差距测度的指标有各自的特点，不同学者从不同的角度或者从研究的需要来选择不同指标进行收入差距测算，尽管可能具体结果存在一定的差异，但最终得出的结论大体上是一致的。所以，目前三种指标在实际应用上并没有完全的优劣之分，只是不同的研究根据其需要以及数据可获得性选择其中某一个或多个指标。本书的研究也是基于这种考虑来进行指标选择的。

2.1.3.4 城乡居民收入分布的测度方法

传统的收入差距测度方法被广泛使用，但主要是从宏观角度来反映居民收入分配的公平性，提供的信息量有限且指标的精确性不够。另外，仅仅有居民收入差距测度的指标，无法反映出居民收入分布及其对居民收入差距的影响，在居民收入水平变动越来越大，其分布越来越复杂的情况下，传统指标衡量的结果对深入理解居民收入分配存在较大的局限性。因此，在城乡收入差距的测度中，对城乡居民收入分布的合理估计，再据此构建测度城乡收入差距的方法指标，可以更加详细地掌握城乡居民收入分配的全部信息，并且可以比较任何阶层收入差距或收入水平上的城乡人口比重变动，能够更清晰地描述城乡居民收入差距的状况及演变过程。当前，有部分学者通过利用各机构对城乡居民收入调查的微观数据，通过估计居民收入分布来测度城乡收入差距，其中主要有参数统计测度方法、非参数统计测度方法和核密度估计方法。

参数统计测度方法较早出现的是帕累托分布，是帕累托在 1885 年和 1887 年的论文中提出的，随后莱德尔（Lydall，1968）、赛伦（Salem，1974）、科威尔（Cowell，1995）等人将其应用于研究。参数统计方法在对居民收入分布估计时，假定城乡居民收入数据从一个已知的参数分布族中抽取，先利用样本数据给出均值和方差的估计值，再将其带入正态密度函数公式，估计得到总体的密度函数。传统的参数统计方法在估计城乡居民收入分布时，直接假定城乡居民收入分布服从某种形式，再通过微观调查数据估计收入分布中的参数,最终得到城乡居民收入分布的一种方法。参数统计测度方法在对城乡收入差距进行测度时,是从参数估计方法中得到城乡居民收入分布,通过城乡居民收入密度函数直接计算并比较城乡居民不同收入水平人口比重差异,估计城乡居民的基尼系数和其他测度指标。这种测度方法对统计数据的要求不高,只要能够估计出特定形式收入分布的参数即可。但这种参数统计测度方法在收入分布与假定分布有很大偏离的时候,收入分布的参数估计方法及基于此构建的城乡居民收入差距的参数测度方法则显得无能为力。

鉴于传统参数统计测度方法存在的缺陷,20 世纪 30 年代以来,部分学者特别是统计学家使用非参数统计方法估计城乡居民收入分布,以克服参数统计测度方法存在的不足。城乡居民收入分布的非参数估计方法主要分为传统非参数估计方法和现代非参数估计方法,前者主要是基于秩和以检验为主的非参数统计推断,它需要先假定城乡居民收入服从某些分布形式,再通过非参数检验进行判断和选择,来确定是否接受收入分布服从某种形式。由于传统非参数估计方法需要假定居民收入符合某些假定的分布形式,如果现实中碰到一种不知道的居民收入分布形式,当非参数检验对那些已知分布形式拒绝时,就很难对要检验的居民收入分布做进一步的具体界定,而现代非参数估计方法则可以克服其存在的不足。现代非参数估计方法主要包括非参数回归、非参数核密度估计等方法,这些方法能够在城乡居民收入分布未知的情况下,从数据本身获得所需的信息,来估计城乡居民收入分布。

现代非参数统计测度方法按其演变顺序,主要有直方图法、罗森布拉特法和帕尔逊核密度估计方法等,其中核密度估计方法的使用较为广泛。现代非参数统计方法在对城乡居民收入分布估计时,大样本理论是其依据,只使用城乡居民收入样本的一般信息即可。另外,现代非参数统计方法估计模型对城乡居民总体收入分布行为限定较少,通过一般方式使用居民收入样本中的信息,并且估计模型中包含了众多性质不同的收入分布。由于其对居民收入的真实分布没有任何限定,具有稳健性特点。可见,现代非参数统计方法由于不对城乡居民收入分布模型做任何限定,即使在城乡居民收入分布没有任何信息的情况下,也能得到可靠的结论。但由于其计算过程较为复杂,对数据要求高,导致其效率低,使用范围相对较窄。

在多种现代非参数统计方法中,居民收入分布核密度估计方法是被广泛使用的方法。核密度函数是帕尔逊于 1962 年提出来的测度方法,其函数形式为:

$$w(x) = I_{[-\frac{1}{2},\frac{1}{2}]}(x) = \{_0^1 \quad 2\text{-}6$$

则收入密度函数$f(x)$可以写为：

$$f_n(x) = \frac{1}{nh_n}\sum_{i=1}^{n} W(\frac{x - X_i}{h_n}) \quad 2\text{-}7$$

根据2-7式,帕尔逊核密度估计可以定义为：

$$f_n(x) = \frac{1}{nh_n}\sum_{i=1}^{n} K(\frac{x - X_i}{h_n}) \quad 2\text{-}8$$

上式中,$f_n(x)$为总体未知密度函数$f(x)$的核密度函数,$K(\cdot)$是给定的概率密度函数,h_n是一个与n有关的常数,称为带宽。核函数用于称呼任意的光滑函数$K(\cdot)$,主要用于取局部平均,为了保证$f_n(x)$作为$K(\cdot)$的合理性,既要保证其非负性又要保证积分结果为1。为此,$K(\cdot)$要满足四个基本性质：

$$k(x) \geqslant 0 \quad 2\text{-}9$$

$$\int K(x)dx = 1 \quad 2\text{-}10$$

$$\int xK(x)dx = 0 \quad 2\text{-}11$$

$$\sigma_K^2 \equiv \int x^2K(x)dx > 0 \quad 2\text{-}12$$

2.2 财政支出的基本理论

2.2.1 财政支出相关概念的界定

财政支出是指政府从私人部门集中起来的以货币形式表示的社会资源的支配和使用,通常是指国家为实现其各种职能,由财政部门按照预算计划,将国家集中的财政资金向有关部门和方面进行支付的活动,因此也称预算支出。从公共财政角度来界定,财政支出是指在市场经济条件下,政府为提供公共产品和服务,满足社会共同需要而进行的财政资金的支付。财政支出的方式和途径,分为无偿拨款和有偿使用两种。无偿拨款指财政资金在上下级财政之间的无偿调拨以及财政资金从财政部门向付款单位的无偿调拨以及财政资金从财政部门向用款单位的无偿转移,是财政支出的最基本方式。有偿使用指以借出财政周转金和财政周转金放款的方式供应财政资金,用于有偿使用的财政周转金除来源于财政周转金收入外，主要以列支财政支出的方式设置和增补。

与财政支出相关的两个重要概念，一个是财政支出规模，一个是财政支出结构。财政支出规模是指在一定时期内（预算年度）政府通过财政渠道安排和使用财政资金的绝对数量及相对比率，即财政支出的绝对量和相对量，它反映了政府参与分配的状况，体现了政府的职能和政府的活动范围，是研究和确定财政分配规模的重要指标。衡量财政支出规模的指标有绝对指标、相对指标和动态指标三种，绝对指标是以一国货币单位表示的财政年度内政府实际安排和使用的财政资金的数额，绝对指标与有关指标的比率，如财政支出占 GDP 的比例就是相对指标，动态指标是考察财政支出变化发展趋势的指标，主要有财政支出的边际系数（财政支出的边际系数＝财政支出增加额/国民生产总值增加额）和财政支出的弹性系数（财政支出的弹性系数＝财政支出增长率/国民生产总值增长率）。

财政支出结构是各类财政支出占总支出的比重，从社会资源的配置角度来说，财政支出结构直接关系到政府动员社会资源的程度，从而对市场经济运行的影响可能比财政支出规模的影响更大。不仅如此，一国财政支出结构的现状及其变化，表明了该国政府正在履行的重点职能以及变化趋势。从某种程度上说，财政支出是政府活动的资金来源，也是政府活动的直接成本。因此，政府职能的大小及其侧重点，决定了财政支出结构。财政支出结构优化是指在一定时期内，在财政支出总规模占国民生产总值比重合理的前提下，财政支出内部各构成要素符合社会共同需要且各构成要素占财政支出总量的比例相对协调、合理的状态。

2.2.2 财政支出的分类

将财政分支出的内容进行合理的归纳，以便准确反映和科学分析财政支出活动的性质、结构、规模以及支出的效益和产生的时间。分类方法有下列四种：

（1）按经济性质将财政支出分为生产性支出和非生产性支出。生产性支出指与社会物质生产直接相关的支出，如支持农村生产支出、农业部门基金支出、企业挖潜改造支出等，非生产性支出指与社会物质生产无直接关系的支出，如国防支出、武装警察部队支出、文教卫生事业支出、抚恤和社会福利救济支出等。按财政支出的经济性质,即按照财政支出是否能直接得到等价的补偿进行分类,可以把财政支出分为购买性支出和转移性支出。购买性支出又称消耗性支出,是指政府购买商品和劳务,包括购买进行日常政务活动所需要的或者进行政府投资所需要的各种物品和劳务的支出,即由社会消费性支出和财政投资支出组成。它是政府的市场性再分配活动,对社会生产和就业的直接影响较大,执行资源配置的能力较强。在市场上遵循等价交换的原则,因此购买性支出体现的财政活动对政府能形成较强的效益约束,对与购买性支出发生关系的微观经济主体的预算约束是刚性的。转移性支出是指政府按照一定方式,将一部分财政资金无偿地、单方面转移给居民和其他受益者,主要由社会保障支出和财政补贴组成。它是政府的非市场性再分配活动,对收入分配的直接影响较大,执行收入分配的职能较强。

(2)按最终用途分类,从静态的价值构成上财政支出分为补偿性支出、积累性支出与消费性支出。补偿性支出主要是对在生产过程中固定资产的耗费部分进行弥补的支出,如:挖潜改造资金。积累性支出指最终用于社会扩大再生产和增加社会储备的支出,如基本建设支出、工业交通部门基金支出、企业挖潜改造支出等,这部分支出是社会扩大再生产的保证;消费性支出指用于社会福利救济费等,这部分支出对提高整个社会的物质文化生活水平起着重大的作用。

(3)按财政支出与国家职能关系划分,可将财政支出分为:①经济建设费支出,包括基本建设支出、流动资金支出、地质勘探支出、国家物资储备支出、工业交通部门基金支出、商贸部门基金支出等;②社会文教费支出,包括科学事业费和卫生事业费支出等;③行政管理费支出,包括公检法支出、武警部队支出等;④其他支出,包括国防支出、债务支出、政策性补贴支出等。

(4)按财政支出产生效益的时间分类可以分为经常性支出和资本性支出。经常性支出是维持公共部门正常运转或保障人们基本生活所必需的支出,主要包括人员经费、公用经费和社会保障支出。其特点是它的消耗会使社会直接受益或当期受益,直接构成了当期公共物品的成本,按照公平原则中当期公共物品受益与当期公共物品成本相对应的原则,经常性支出的弥补方式是税收。资本性支出是用于购买或生产使用年限在一年以上的耐久品所需的支出,它们的耗费的结果将形成供一年以上长期使用的固定资产。它的补偿方式有两种:一是税收,二是国债。

2.2.3 财政支出增长理论

世界各国的经济发展阶段各异，经济发展水平相差较大，再加上各国的政治经济制度的差异，各国的财政支出水平和增长速度的差别也很大。具体而言，发达国家的财政支出规模相对较高，发展中国家财政支出规模相对较低，不过随着发展中国家的经济转型发展，其财政支出规模也在不断提高，只是相对发达国家而言，财政支出规模和增长速度没有那么快。财政支出规模的不断扩张是世界各国的一个普遍现象，也引起了政治家和经济学家的关注，许多经济学家针对财政支出增长的原因进行了研究，形成了许多富有见地的实证理论解释。

(1)政府活动扩展论，也称瓦格拉法则。19 世纪 80 年代，德国经济学家瓦格拉考察了英国产业革命和当时的美、法、德、日等发达国家的工业化状况之后，认为一国工业化经济的发展与本国财政支出之间存在着一种函数关系，即随着现代工业社会的发展，对社会进步的政治压力增大以及在工业经营方面因社会考虑而要求增加政府支出。简单来说，瓦格拉法则可以表述为：随着人均国民生产总值的提高，财政支出占国民生产总值的比率会相应提高。瓦格拉认为，财政支出规模增长最基本的原因是工业化，工业化提高生产率——劳动者收入增加——政府活动扩张——财政支出规模增长。瓦格拉将财政支出增长的原因归为以下几个方面：一是市场失灵的存在需要政府活动增加，瓦格拉认为工业化发展会导致市场不断扩大，并且市场中的行为主体之间的关系更加复杂，需要建立司法体系和管理制度，以规范行为主体的社会经济活动。二是政府对经济活动的干预以及从事生产性活动也会随着经济的工业化而不断扩大。因为随着工业化经济的发展，不完全竞争市场结构更加突出，市场机制不能完全有效地配置社会资源，需要政府对资源进行再配置，实现资源的优化配置。三是城市化以及高居住密度会导致外部性和拥挤现象，这些都需要政府来加以干预和管制。四是随着人均收入的增加，社会公众的需求在逐渐升级，对教育、文化、娱乐、福利等公共产品和服务的需求不断增加，这些都需要政府来提供，财政支出规模会因此而增加。

(2)梯度渐进增长论，也称内外因素论。英国经济学家皮库克和威斯曼在 20 世纪 60 年代对英国 1890 年以后的财政支出历史数据进行经验分析，研究发现，在正常年份财政支出呈现一种渐进的上升趋势，但在社会经历激变时，如战争、经济大萧条或者严重自然灾害等，财政支出会急剧上升，但这种激变过后，财政支出水平将下降，但不会低于原来的趋势水平。后来人们把其称之为梯度渐进增长论，该理论强调的是财政支出增长趋势的时间格局，并将财政支出增长的原因归为内在因素和外在因素两类，其中外在因素是财政支出突然猛增的根本原因，内在因素是正常年份财政支出水平居高不下的主要原因。财政支出增长的内在因素是指公民可以忍受的税收水平的提高，在正常条件下，随着经济的发展和人均收入水平的提高，即使税率不变税收收入也会随之增加，政府财政支出的增加与 GDP 增长呈线性关系。财政支出的外在因素是指社会动荡对财政支出造成的压力，在特殊时期，私人部门无法解决战争、经济危机、自然灾害等所造成的社会经济问题，只有政府采取相应的措施才能应对这些灾难或危机，政府财政支出会因此而呈阶梯式上升。

(3)经济发展阶段论。美国财政学家马斯格雷夫认为，在一国经济发展的不同阶段，财政支出在经济发展中的作用不同，政府与市场的关系的演变对财政支出规模和结构都会产生影响，但总体而言，在经济发展由初级阶段向成熟阶段转变的过程中，财政支出规模会不断增加。在经济发展的初级阶段，需要大力发展基础设施来促进经济发展，在社会总投资中政府投资所占比重较高；在经济发展的中期阶段，由于私人部门的资本积累增加，私人投资在社会总投资中占主导，政府投资只是对私人投资的补充；经济发展到了成熟阶段，政府的财政支出逐渐退出了投资领域，以教育、医疗卫生和社会福利支出为主，这方面的支出增长大大超过了其他类型的支出增长，也快于 GDP 增长，导致了财政支出规模的膨胀。

(4)官僚行为增长论。根据公共选择理论，官僚是指负责执行通过政治制度作出的集体选择的代理集团，或者更明确地说就是负责提供公共产品和服务的部门。尼斯坎南认为，官僚也是“经济人”，以自身效用最大化作为其目标，官僚的效用函数变量包括薪金、为他工作的职员人数和公众声誉、权力与社会地位、额外收入、公费活动等，为了实现效用最大化，官僚以追求预算最大化为目标，机构规模越大预算越多，官僚们的权力就越大。为了实现预算最大化，官僚主要有两种方式：一是千方百计让政府相信他们确定的生产水平是必要的；二是利用低效率的生产技术来增加生产既定的产出量所必需的投入量。官僚的行为从产出和投资两个方面迫使财政支出规模不断膨胀。

2.3 财政支出与城乡居民收入分配关系的理论分析

2.3.1 财政支出对居民收入分配影响的理论

财政支出是政府进行收入分配和再分配的重要财政政策工具,它主要通过社会保障支出、公共教育支出等转移性支出和购买性支出来调节居民的收入分配差距。随着社会经济发展过程中居民收入分配差距的不断扩大,政府在不断地通过财政支出政策来进行收入分配调节。而关于财政支出对收入分配的影响以及调节的理论研究也得到西方经济学家的普遍关注,逐渐形成了以不同流派理论为基础的关于财政支出与收入分配关系的理论,成为研究财政支出与收入分配差距关系的理论基础,本书在研究过程中也要借鉴这些理论。

(1)庇古的收入分配理论。庇古在福利经济学中利用边际效用理论分析了国民收入分配与经济福利之间的关系,并认为政府可以采取收入均等化的政策,把富人收入的一部分转移给穷人,可以使社会福利增大。庇古认为,在收入分配调节中,需要将富人的收入转移给穷人,有自愿性转移和强制性转移两种方式,但现实中,自愿性转移数量往往小于社会所需的收入转移数量,无法有效调节收入分配差距,主要还是要依靠政府实施强制性的转移。在收入转移方式上,庇古认为可以有直接转移和间接转移两种途径。直接转移是通过提供一系列社会保障和社会服务来进行直接转移,如养老金、失业补助、免费的教育医疗服务等。间接转移是对低收入群体所消费产品的生产部门进行补贴,降低这些部门的生产成本从而降低居民在一些日常必需品上的消费成本,从而使穷人受益。庇古同时也指出,在收入转移过程中,无论是哪种形式的转移,都应该防止无效的转移,防止这类财政支出的最终受益者非政府目标群体而致使政府收入分配政策失效。

(2)凯恩斯的收入分配理论。凯恩斯的收入分配理论被称为“有效需求不足”理论,他认为社会有效需求不足的出现主要是由于国民收入分配不公,财富过度集中和收入分配差距过大,导致了社会总供给和总需求的不平衡,因而出现了经济危机。他认为政府应该解决收入分配不公的问题,并对收入分配差距进行调节。他指出财政政策在收入分配不公的问题方面具有重要的作用,可以通过个人所得税和社会福利制度的财政支出政策来调节收入分配的差距。通过社会保障支出来调节收入分配不公意味着政府财政支出的扩大,这类财政支出直接对低收入群体进行收入的转移,可以直接增加低收入群体的收入,扩大社会有效需求从而弥补市场中有效需求的不足。

(3)米德的收入分配理论。米德认为政府调节收入分配的财政支出政策可以从两个方面来实现,一是提供教育、医疗卫生、就业等公共产品,提高居民受教育的程度和保障居民有健康的身体可以提高其获得收入的能力,提供公平的就业机会能够让居民更容易获得工作并取得收入;二是通过社会福利支出来调节收入分配,通过这种直接的收入转移保证居民最低生活需要,降低社会收入分配不公平程度。两种收入分配调节的财政支出政策,其途径和功能不同,一个是输血功能,一个是造血功能,输血和造血兼备才能真正缓解社会收入分配的不公平。

(4)贝弗里奇计划。贝弗里奇是福利国家和现代社会保障制度建立的主要理论构建者和推动者,他认为社会贫困问题是阻碍社会进步的最大障碍,必须要将其消除。贝弗里奇在英国社会保障制度发展的历史、自身的调查工作和借鉴其他国家成功经验的基础上,1942 年提交了题为《社会保险及有关服务》的报告,被称为《贝弗里奇计划》,该报告提出“未来社会保障发展计划包括覆盖社会的失业保险金、残疾保险金和退休金等社会保险”,也提出了“为特殊人群提供补贴”,并在此基础上主张建立“福利国家”。他提出了社会保障支出上,应该由国家财政支出、雇主和个人三方共同缴费的方案,并对各方应承担的比例做了具体分析,明确了社会保障由国家和个人共同合作来实现。他也明确了国家财政支出提供福利的原则,是基于国家利益而不是某些阶层的局部利益,明确把社会保险作为提供收入保障、消除贫困、弥补社会收入分配不公和减少收入分配差距的一项基本社会政策。

2.3.2 财政支出规模对城乡居民收入分配的影响机制

古典经济学崇尚自由主义,倡导市场机制是万能的,并且认为政府财政支出是非生产性的,政府支出是对私人资本的侵蚀,不利于国家经济增长。古典经济学家认为政府职能越小越好,亚当·斯密指出最小的政府就是最好的政府,但同时也承认存在市场无法解决的问题,应该由政府做,他在《国富论》中将政府职能界定为国防、司法和公共工程,从而引入了公共产品的概念。基于古典经济学对政府职能的界定,西方发达国家在市场经济发展过程中,政府职能范围较小,政府财政支出规模也较小。相关资料显示,1870 年前后，工业化国家公共支出都处于最低水平，没经加权的平均公共支出仅占国内生产总值的10%左右，美国政府财政支出规模最小，约为GDP的7%，德国、英国及荷兰财政支出规模为GDP的10%左右，澳大利亚、意大利、瑞士和法国财政支出为GDP的12%～18%①。

但随着社会经济的发展，在市场机制的分配规则下，国民收入分配出现了较大的收入差距，贫富差距越来越大，已经成为社会经济发展过程中的一个突出问题。19世纪末，德国经济学家施莫勒和瓦格拉就指出了政府在收入分配方面应该发挥的作用，并把财富再分配视为政府的一项合法的和一般的职能。庇古开创了福利经济学，在经济学研究中引入公平问题，并强调了政府在收入分配中的重要作用，推动了政府财政支出与收入分配关系的研究。与此同时，由于市场失灵的存在，在没有政府干预经济的情况下，西方发达国家在社会经济发展过程中的矛盾和问题的不断积累，再加上第一次世界大战的影响，20世纪30年代西方国家爆发了严重的经济危机，对西方国家社会经济产生了深远影响，同时也促使学者对政府职能重新思考，并对政府财政支出理论产生了重要影响。一方面，这次经济危机导致了西方国家意识到市场失灵的存在，市场失灵成为政府干预经济和界定政府职能的重要依据；另一方面，这次经济危机的根源在于市场机制的分配导致了收入分配差距过大，贫富过于悬殊严重影响经济发展和社会稳定，需要政府来进行再分配并予以调节。在庇古福利经济学和凯恩斯的经济理论影响下，西方国家开启了政府大力干预经济的新时期，自20世纪40年代"罗斯福新政"以来，西方国家政府干预经济的力度越来越大，政府职能的扩大导致了政府财政支出规模的快速增长。凯恩斯经济理论付诸实践以来，政府财政支出规模快速增长，对西方发达国家的经济增长有着重要的推动作用，经济增长使得居民收入水平大幅度增长。另外，由于政府财政支出规模增长的同时财政支出更多地向社会保障与就业、教育医疗等基本公共服务领域倾斜，通过再分配措施影响居民的收入分配，使得收入分配差距得到有效控制。

西方国家财政支出规模的演变和发展历程表明，政府财政支出规模在很大程度上代表着政府对市场干预的规模，政府职能的扩展必然带来财政支出规模的增加，在不同时期政府财政支出规模增加的原因有所不同，对城乡居

---

① 维托·坦齐，卢德格尔·舒克内希特．20世纪的公共支出[M].胡家勇，译.北京：商务印书馆，2005.

民收入分配的影响机制也有所差异。根据马斯格雷夫对政府财政职能界定，主要是资源配置、收入分配和经济稳定的三大职能，政府财政支出在实现政府财政职能方面具有重要的作用，政府财政支出规模的增长，通过对经济增长、收入再分配以及公共产品的供给等来影响居民收入分配。政府财政支出体现在投资支出和消费支出两个层面，投资支出增加社会资本投资总额，有利于经济增长，经济增长通过初次分配能够提高居民收入水平，消费支出能够增加社会总需求，消费的增加刺激了私人部门的投资和供给的增加，又会增加就业，最终也会提高居民收入水平。如果政府将财政资金用于教育、医疗、社会保障等基本公共服务领域，会提高居民的人力资本积累，使得劳动者能够获得更多的工作机会和更高的收入水平。

财政支出对城乡居民收入分配的影响有直接影响和间接影响两个方面，财政支出规模的增长对经济增长与就业产生影响，经济增长水平和就业水平又会影响到城乡居民的就业机会和收入水平，最终必然传导到对城乡居民收入差距的影响。首先，财政支出规模对经济增长产生重要影响，财政支出通过影响经济增长来对城乡收入差距产生影响，其传导机制为：财政支出规模增加——城乡经济增长不一致——城乡居民就业机会和收入水平差异——城乡居民收入差距形成。根据巴罗（Barro，1990）宏观生产函数模型，他认为政府财政支出对经济增长的作用机制在于，财政支出对私人资本增长率有积极的促进作用，财政支出规模越大，资本的边际收益率就越高，经济增长率就越高，居民收入水平会提高。但由于政府财政支出对城市和农村在经济增长中的影响效应可能会存在差异，不同的经济增长水平导致城乡居民之间的收入出现差距。如果财政支出规模的增长对城市经济增长的促进作用大于农村，财政支出就会对城乡收入差距产生扩大的效应；如果财政支出规模的增长对农村经济增长的促进作用大于城市，财政支出就会对城乡收入差距产生缩小的效应；如果财政支出规模的增长对城市和农村经济增长的促进作用是一致的，财政支出对城乡收入差距可能没有明显的影响。

其次，财政支出规模会影响投资和消费需求，进而对社会总供给产生影响，最终通过对就业的影响来影响城乡收入差距，其传导机制为：财政支出规模增加——社会总供给增加——城乡居民就业机会和收入水平不一致——城乡收入差距扩大。政府支出规模的增加具体反映在不同的支出项目上，经济建设型支出和公共服务性支出对就业的影响有着显著的区别，城乡居民在这两大类财政支出的规模不一样，必然对城乡居民就业产生不同的影响。政府经济建设领域的财政支出增加可以刺激就业,该类支出可以直接拉动就业,影响更为直接和明显,如果城乡居民在经济建设方面的财政支出规模存在差距,必然会影响城乡居民的就业水平,最终传导到城乡居民收入水平差距的产生及扩大。公共服务类的财政支出主要是通过影响城乡居民人力资本积累、就业的意愿、劳动力市场结构等,间接影响城乡居民的就业机会以及工资水平,如果城乡之间公共服务领域的财政支出规模差距较大,必然也会导致城乡收入差距的产生及扩大。

2.3.3 财政支出结构对城乡居民收入分配的影响机制

财政支出结构反映的是一国政府在社会公共资源分配上的偏好,也是政府政策目标和政府职能的具体体现,不同国家由于经济发展阶段或者政治经济体制的差异,财政支出结构存在较大差异。财政支出结构会随着社会经济发展和政府职能的演变而发生结构变动,一国财政支出结构的现状及其变化,表明了该国政府正在履行的重点职能以及变化趋势。从西方发达国家政府财政支出结构的演变来看,政府职能的演变是财政支出结构变化的重要原因,一国政府在不同时期面临的社会经济问题不同,政府职能范围和目标也有所差异,具体也反映在政府的财政支出结构上。西方国家在市场经济发展的初级阶段,古典经济学家将政府职能范围界定得非常小,这一时期的财政支出主要是维护国家安全、社会稳定以及提供公共工程等方面,财政支出既没有涉及经济建设也没有涉及收入分配等方面的财政职能的履行,这时期的财政支出规模小且结构较为单一。随着社会经济的发展,自由竞争的市场经济逐渐过渡到垄断资本主义,市场失灵愈发严重,政府职能开始扩展,促使财政支出结构也由单一的模式逐渐开始出现多功能的结构,但这一阶段的财政支出结构由于政府规模较小还是相对比较简单。

政府财政职能的演变主要源于现实问题的凸显和理论的发展,财政职能的扩大和演变最终促使了财政支出结构的多元化和复杂化。一方面,由于市场失灵的存在,西方国家在经济发展过程中逐渐暴露出一些严重的社会经济问题,如垄断问题、外部性问题、收入分配差距过大问题、经济波动问题等,这些问题是市场无法解决的,需要政府来解决,这就为政府职能的延伸与扩展提供了现实基础。由于古典经济理论对政府职能的制约,现实问题的凸显并没有迅速地促进政府职能的转变,直到 20 世纪 30 年代严重的经济危机的出现,才真正推动了政府职能的转变。另一方面,源于对社会经济发展过程中现实问题和矛盾的思考,经济理论也出现了非常大的突破和发展,为政府职能的演变提供了坚实的理论基础。庇古的福利经济学和凯恩斯的经济理论,发现了现实经济中的两个重大问题,即收入分配问题和经济发展不稳定问题,这些都是市场无法解决的,需要政府加以干预,政府职能由原来的单一职能逐渐扩展到经济发展与稳定方面的职能和收入分配职能。著名的财政学家马斯格雷夫将政府财政职能界定为三个主要职能,即资源配置职能、收入分配职能和经济稳定职能。这一时期的政府职能主要体现在经济稳定职能和收入分配职能,财政支出结构也反映了政府在经济建设方面投入的增长和收入分配方面支出的增加,如政府对企业投资的补助和社会保障制度的财政支出。另外,由于经济发展和居民收入水平的提高,公共产品也在不断地演变升级,社会对政府提供的公共产品的需求也在不断地增加,这就要求政府为社会提供更多元化的公共产品和服务。公共产品理论的发展和公共财政理念的影响,政府职能逐渐由社会管理转向了社会服务,20 世纪 80 年代以来西方发达国家的政府职能发生了转变,转向了建立服务型政府,政府的主要职能是要为社会公众提供所需的公共产品和服务,财政支出结构则更多地表现为公共服务领域的财政支出规模较大,其他领域的财政支出规模相对缩小的变动趋势。

具体而言,财政支出结构主要有经济建设支出、基本公共服务支出和一般公共服务支出(社会管理)三大类,不同类型的支出项目在社会经济发展中具有不同的功能,也将对居民收入分配产生不同程度的影响。政府对财政资源在城乡之间的不同配置,对城乡居民的收入所产生的作用不同,并最终会对城乡居民收入差距产生影响。基于三大类财政支出对居民收入产生影响的路径差异,其对城乡收入差距的影响机制如下:

一是经济建设支出对城乡收入差距的影响机制。政府经济建设支出主要表现为政府公共投资行为,主要包括城乡基础设施建设、农业发展方面的财政投入和城市企业发展方面的财政投入。政府公共投资与私人投资有所不同,私人投资主要是考虑经济效益,政府公共投资需要更加重视对区域经济或国民经济发展的效益或社会效益,公共投资的增加既可能促进经济增长也可能提高社会福利水平。首先,政府扩大经济建设支出的规模主要表现为增加基础设施建设的投入,这在很大程度上应该有助于增加城乡居民的就业机会,还有助于城乡居民收入的增加,当城乡居民就业机会和收入分配的公平增加,城乡收入差距将会缩小。另外,由于基础设施建设是社会经济发展过程中的中间投入品,基础设施的完善有利于降低生产和消费成本,企业利润增加会导致居民收入增长,居民消费成本的降低有利于居民可支配收入增加,这些都有利于增加居民收入,城乡收入差距也会缩小。当然,也应该注意到,如果政府在城乡基础设施投资上存在城市偏向,导致了城乡基础设施差距过大,反而不利于缩小城乡收入差距。其次,政府的经济建设支出还包括政府在农业发展和城市企业发展方面的财政投入,对城乡居民收入会产生不同的影响,其投资规模的差距也会影响到城乡收入差距。政府在农业发展和农业经营方面的财政投入,如农业科技投入和农产品补贴等,有利于促进农业发展增加农民收入,可以缩小城乡收入差距。政府对国有企业的投入和对私营企业的补贴,有利于城市企业发展。由于城市企业主要是吸纳城市劳动力,有利于城市居民收入的增加,不利于缩小城乡收入差距。

二是基本公共服务支出对城乡收入差距的影响机制。基本公共服务支出主要是指社会经济发展过程中居民最基本的公共需求,主要包括教育、医疗卫生、社会保障等方面。基本公共服务支出对居民收入分配有直接影响也有间接影响。一方面,有些基本公共服务支出直接构成了居民的收入来源,对居民收入分配有直接影响,如社会保障支出。社会保障支出具有再分配功能,政府通过税收筹集一部分财政收入,然后通过社会保障制度转移给低收入群体,可以增加低收入群体的收入水平,进而对收入差距进行有效调节。社会保障支出的投入增加,既可以降低城市和农村居民内部的收入差距,也可以降低城乡之间居民的收入差距。另一方面,有些基本公共服务支出对居民收入分配产生间接影响,如教育和医疗卫生等基本公共服务支出,可以提高劳动力的人力资本积累,有利于居民获得更多的就业机会和提高收入水平。城乡居民拥有均等化的教育医疗卫生水平和公平的就业机会,城乡居民具有平等的竞争条件和竞争机会,有利于缩小居民之间的收入差距,也有利于缩小城乡收入差距。当然,这是需要建立在城乡基本公共服务均等化的基础上,如果城乡之间基本公共服务出现了城市偏向,同样会导致城乡收入差距的扩大,而不利于缩小城乡收入差距。

三是一般公共服务支出对城乡收入差距的影响机制。一般公共服务支出是政府为了实现管理职能而发生的支出,是国家为保证各级政府管理机构正常运转的财政支出。从公共支出的用途来看,一般公共服务支出主要是一种消耗性支出,不会带来经济效应也不会对城乡居民收入产生影响,并且其受益对象主要是城市居民,农村居民难以受益或者受益很小。所以,从一般公共服务对城乡居民收入分配的影响来看，其产生的影响效应非常小，并且城市居民受益远高于农村居民，这类支出的增加在一定程度上有利于城市居民收入的增加，会扩大城乡收入差距。但从资源配置角度来看，一般公共服务支出的增加可以保障政府机构的有效运转和政府职能的有效实现，可以促进经济的平稳运行和城乡的均衡发展，可以提升公共资源在城乡之间的配置效率，特别是经济建设支出和基本公共服务支出在城乡之间的有效配置，可以对城乡居民收入分配起到调节作用，有利于缩小城乡收入差距。

综上所述，财政支出规模的增长和财政支出结构的调整，都会对城乡居民收入分配产生影响，不同的支出项目对城乡居民收入分配影响机制存在一定的差异，对城乡收入差距的作用也不一样。但同时也要注意到，无论是财政支出规模还是财政支出结构的调整，如果要有利于缩小城乡收入差距，都需要建立城乡公共资源的均衡配置。如果出现了财政支出的城市偏向，就会对城乡居民收入分配产生不利影响，会扩大城乡收入差距。

3 中国城乡收入差距测度及其形成原因

3.1 引言

城乡收入差距是各国工业化或城市化发展过程中普遍存在的一个现实问题,由于工业化的发展导致了城市和农村的生产效率差异,随着农业部门在整个国家经济中地位的逐渐下降,城乡劳动者的工资水平差异将进一步扩大。与工业化伴随的城市化发展,城乡居民的经营性和财产性收入也会随之增加,各种因素的综合影响导致了城乡居民收入差距的扩大成为工业化和城市化进程中的一个普遍现象。当然,也有部分国家或地区没有出现较大的城乡收入差距,如日本、韩国、中国台湾①。有学者对这些国家或地区的城乡收入差距进行了测算,发现城乡收入比一般在 1.5~2(邵琍玲,1992)②,后来学术界也一般把城乡收入比在 1.5 以内视为正常的、合理的差距比例。就中国而言,自中华人民共和国成立以来中国就存在城乡收入差距,改革开放以后中国城乡收入差距则出现了持续扩大的变动趋势,中国的城乡收入比在 2009 年最高峰时高达 3.33,近几年在国家采取了一系列缩小城乡收入差距的措施之后,尽管收入差距已有所缩小,但效果还不明显,2013 年的城乡收入比为 3.03,超过了合理水平的两倍以上,2018 年降到了 2.69,但与城乡收入差距的理想水平还有较大的差距。尽管各国在工业化和城市化过程中都会出现城乡收入差距,但由于不同国家在政治经济制度、自然环境和历史发展轨迹等方面存在较大的差异,不同国家城乡收入差距的程度、演变趋势以及形成的

---

① 日本、韩国、中国台湾在经济发展中注重发展劳动密集型企业和中小企业,经济增长过程伴随着劳动需求的增加,增强了低端人群的经济增长收益性,因而实现了高速经济增长过程中的收入差距缩小或基本稳定。

② 蔡继明.中国城乡比较生产力与相对收入差别[J].经济研究,1998(1):12.

原因都有所不同。在对城乡收入差距进行研究和制定相关政策的过程中，对城乡收入差距的测度、变动趋势的分析以及形成原因的解析具有重要的理论和现实意义。

中华人民共和国成立以来，由于优先发展重工业的战略选择导致了城乡分割的二元结构，最终导致了中国城乡收入差距的形成。但城乡收入差距程度不断地扩大却是在改革开放以后。由于中国实行分权化改革始于农村家庭联产承包责任制，在改革开放初期农村生产率大幅度提升，从而导致了城乡收入差距一度出现了缩小的趋势，但随后的城市化改革又使得城市发展远快于农村发展，进一步导致了城乡收入差距的扩大。从改革开放40多年的历程来看，经济持续快速增长的同时伴随的是城乡收入差距不断扩大，并且成为阻碍中国社会经济发展的主要障碍之一。而城乡收入差距程度、变化趋势及形成原因在不同阶段也有所不同，关于中国城乡收入差距测度以及变化趋势的把握对于理解中国城乡收入差距形成以及制定缩小城乡收入差距的政策具有重要的意义，也成为国内学者广泛关注和研究的问题。

国内学者关于城乡收入差距的估计和测算采用了不同的指标，所选择的数据的时间、范围等也有所差异，尽管得到的结论大体上都表明中国城乡收入差距加大，但具体结果以及形成机制等分析还是存在一定的差异。最早对中国城乡收入差距测度的是国家统计局农调总队课题组，他们在对城乡居民人均可支配收入测度中扣除物价因素，并且考虑了非货币性收入、享受的基本公共服务以及财政价格暗补等城乡差异的影响，他们认为改革开放以后中国城乡收入差距经历了一个由逐步缩小到逐步扩大的过程，其变化轨迹呈U形①。由于国家统计局农调队的估计参考的数据相对较早而且没有考虑城乡之间生活费用差异等问题，国内学者对其关于城乡收入差距的估计结果产生了激烈的争论，其中有人认为高估也有人认为低估。李实、罗楚亮（2007）针对近年来关于城乡收入差距估计产生争论的主要分歧，在充分考虑城乡之间的生活费用差异以及各类隐性补贴后，在考虑了地区价格差异情况下对中国城乡收入差距进行了重新估计，其结论表明中国城乡收入差距有进一步扩大的趋势②。

---

① 国家统计局农调总队课题组.城乡居民收入差距研究[J].经济研究，1994(12)：37.

② 李实，罗楚亮.中国城乡居民收入差距的重新估计[J].北京大学学报（哲学社会科学版），2007(3)：119.

关于中国城乡收入差距影响因素的分析也是国内学者在这一领域研究的重点问题,主要研究视角从制度和政策差异、人力资本差异两个方面来分析和解释中国城乡收入差距产生的原因或影响因素。林毅夫(1999,2002,2013)、林光斌(2004)等从制度和城乡二元结构的角度详尽深入地分析了中国城乡收入差距形成的原因,陆铭、陈钊等(2004,2005)、程开明等(2007,2008)、林毅夫(2013)等从城市化以及城市偏向的政策角度分析了中国城乡收入差距产生的原因,还有学者,如韦伟和傅勇(2004)、郭剑雄(2005)、沈坤荣(2011)、李宾(2013)等从农村劳动力流动以及人力资本差异等角度分析影响城乡收入差距的因素。从国内学者对城乡收入差距影响因素的研究文献来看,最终都要归结于城市偏向的政策和制度带来的影响,关于这方面的分析本书在前面已进行了详细阐述,在此不再赘述。在中国城市偏向性的政策中包括财政、金融、就业、教育、社会保障、医疗等多个方面,而其中财政政策对城乡居民的影响相对更大,因为实际上教育、医疗卫生、社会保障、基础设施建设等都依赖于财政支出,所以,对改革开放以来中国财政政策特别是财政支出政策在城乡之间的规模和结构的测度对于理解中国城乡收入差距的形成具有重要的意义。

鉴于此,本章基于理论和现实来对中国城乡收入差距进行系统的测度和原因分析,主要研究内容包括三个部分:一是对中国城乡居民收入来源过程进行现实分析;二是对中国城乡收入差距进行测度并分析其变动趋势;三是对中国城乡收入差距扩大的原因进行系统深入的分析。通过本章的研究,能够清晰把握中国城乡收入差距的现状及其产生的原因,为本书后续研究提供现实的依据。

3.2 中国城乡居民收入来源构成分析

3.2.1 中国城乡居民收入与国民收入的分配关系

一个国家的居民收入与国民收入的分配机制有着重要关系,参与国民收入分配的主体主要有企业、居民和政府,这些主体通过国民收入的初次分配和再分配占有一定的资源或取得相应的收入,从而形成一个国家总体的收入分配格局。一方面,各部门在经济活动中通过投入各种生产要素,并依据对生产要素的所有权来参与经济活动创造价值的分配,形成各部门初次分配的总收入，即国民总收入。市场机制下的分配更注重效率和激励作用，不同主体按照生产要素的贡献率进行初次分配，由于不同的主体拥有的生产要素数量和质量的差异，导致了初次分配中不同主体获得的收入不同。拥有的生产要素数量越多质量越好，获得的回报越高，市场机制的分配方式决定了居民收入分配差距必然逐渐扩大。计划经济体制下的分配更注重的是公平，国家将所有资源集中起来进行生产活动，再按照以公平为主导的分配方式将社会资源在不同主体之间进行公平甚至平均的分配，这种分配方式下居民收入分配差距相对较小。另一方面，在初次分配格局形成的基础上，政府再通过收入再分配活动，如政府通过税收和财政支出等进行再分配，形成各部门最终的可支配收入，各部门可支配总收入之和成为国民可支配总收入。由于市场机制的分配方式导致了居民收入分配不合理，政府通过具有再分配功能的所得税和财产税等来对国民收入进行再分配，当然政府也可以通过商品流通环节的税收来参与国民收入的初次分配，政府获得财政收入后，再通过转移支付的方式将部分收入转移给低收入群体，从而改变初次分配不合理的格局，影响不同主体最终的收入水平。可见，居民的收入直接取决于一个国家初次分配和再分配的方式，城乡居民收入也同样取决于两次分配的方式。除此之外，城乡居民收入水平还受到城乡经济发展水平和城乡社会经济政策的影响。许多发展中国和转型国家在国家发展过程中，制定的各类城乡分割的社会经济政策，导致了生产要素市场、商品市场的扭曲，影响了居民收入初次分配的公平性，城乡有别的社会福利制度又进一步导致了居民收入的再分配的公平性，最终导致了城乡居民收入差距的形成及扩大。

中华人民共和国成立以来，中国城乡居民在初次分配和再分配中的地位存在着较大差异，导致了城乡居民收入在国民收入分配中的比例差距较大，最终导致了中国城乡收入差距的产生。中华人民共和国成立初期，中国选择了"优先发展重工业"的战略，在以农业经济为主的中国要发展资本密集型的重工业，所需资本主要来源于农业剩余，当时为了积累重工业发展所需资本，需要将大量的农村剩余转移到城市工业部门。在高度集中的计划经济体制下，中央政府制定了一系列的社会经济制度导致了城乡分割，将农业剩余转移到工业，其中最具代表性的就是人民公社制度、农产品统购统销制度和户籍制度，这些制度对城乡居民收入产生了重要的影响。计划经济体制下的人民公社制度，将农村的土地和劳动两种生产要素捆绑在一起，将农业生产出来的产品集体所有再进行分配，通过生产要素的初次分配来汲取农村剩余。

农村生产出来的产品除满足自身需要之外，剩余产品主要转移到工业和城市，为了降低工业发展所需物资成本，国家通过农产品统购统销制度来限定农产品的销售，通过压低价格在农产品流通过程中进一步汲取农村剩余。户籍制度则通过初次分配和再分配两个环节影响城乡居民收入，一方面，户籍制度限制了农村劳动力向城市流动，随着工业发展和生产效率的提高，工业部门就业的工资水平高于农村，在没有劳动力流动限制的情况下，劳动力必然从收入水平低的农业部门流向工业部门。户籍制度通过对劳动这一生产要素流动的限制，在初次分配中导致了城乡居民劳动收入的差距。另一方面，国家根据户籍来制定相应的社会福利政策，在城市偏向性的福利政策下，城镇居民和农村居民社会福利存在较大的差距，进一步通过再分配环节导致了城乡居民收入水平差距的产生。

改革开放以后，中国逐渐由计划经济转向了市场经济，在经济改革过程中，各部门参与国民收入分配的方式也在发生改变，城乡居民在初次分配和再分配中的地位也有所改变，对城乡居民收入也产生了不同程度的影响，城乡收入差距也在发生深刻变化。为了促进市场经济的发展，计划经济时期的诸多影响生产要素和商品流动的制度逐渐被取消，城乡之间生产要素和商品市场逐渐统一，城乡居民在初次分配中的地位相对计划经济时期更平等，初次分配中由于地位不平等所产生的收入差距在逐渐缩小。但由于城乡居民拥有的生产要素数量和质量存在一定的差距，城市居民教育和健康水平比农村居民更高，拥有的资本等生产要素数量更多，导致了城乡居民参与初次分配所获得的收入水平存在一定的差距。另外，随着社会经济的发展，城乡居民的收入来源构成多元化，不同生产要素在城市和农村的投资回报率也存在差异，如同样是房产，城市和农村居民通过其获得的回报则存在较大的差距，这又进一步影响到了城乡居民在初次分配中的收入水平。初次分配的不公平可以通过再分配来进行调节，如果再分配政策更有利于农村居民，也可以缓解中国城乡居民初次分配中的不合理，但中国改革开放以后的再分配政策，特别是财政支出方面的再分配是城市偏向性较严重的，导致了城乡二元的社会福利制度。中国在教育、医疗卫生、社会保障与就业等方面城乡差距较大，城市居民获得的福利水平远高于农村居民，城市居民获得良好的教育和健康的身体以及更多的就业机会，这些因素传递到初次分配中使得城市居民具有更大的优势，进一步强化了初次分配的不公平性。

3.2.2 中国城乡居民主要收入来源构成分析

随着中国经济的发展,生产要素市场发育越来越成熟,市场经济的发展也促进了私人经济活动的多元化,居民通过市场和政府经济活动获得收入的渠道也呈多元化,中国城乡居民收入来源由单一化逐渐演变为多元化。在对中国城乡居民收入差距的研究中,需要对当前中国城乡居民收入来源构成、演变趋势及其变化的原因进行深入的分析,更有利于理解中国城乡收入差距。根据国家统计局对城乡居民收入来源的界定,中国城乡居民总收入主要来源于工资性收入、经营性收入、财产性收入和转移性收入四大类,如表3.1所示。近年来,部分学者基于城乡居民收入来源结构对城乡收入差距的演变进行了实证研究,如杨灿明等(2007)、温涛等(2012)、孙华臣等(2014)、殷金朋等(2015),也有学者对城乡居民收入来源结构与城乡收入差距之间的关联性进行了实证研究,如白素霞等(2013)①和殷金朋等(2015)②分别采用了基尼系数及其分解方法和省级数据的面板向量自回归模型,实证分析了不同收入来源与城乡收入差距之间的动态关系。

表3.1 城乡居民收入来源构成

城镇居民收入	农村居民收入
工资性收入	工资性收入
经营净收入	家庭经营收入
财产性收入	财产性收入
转移性收入	转移性收入

资料来源:《中国统计年鉴》。

具体而言,中国城乡居民不同的收入来源在城镇居民和农村居民总收入中所占的比重存在较大差别,并且随着中国经济的发展,不同的收入来源在城乡居民收入中所占的比重也在不断地变动,如表3.2所示。由表3.2可知,城镇居民在四项收入来源中,工资性收入占绝对比重,高达70%左右,排在第二位的是转移性收入,所占比重为20%左右,经营性收入和财产性收入比重

① 白素霞,陈井安.收入来源视角下我国城乡收入差距研究[J].社会科学研究,2013(1):27-31.

② 殷金朋,倪志良,邹洋.农民收入来源结构与中国城乡收入差距——基于PVAR模型的经验分析[J].财经论丛,2015(6):3-9.

表 3.2　　1994—2017 年城乡居民各项收入来源所占比重

年份	城镇居民各项收入来源所占比重(%)				农村居民各项收入来源所占比重(%)			
	工资性收入	经营性收入	财产性收入	转移性收入	工资性收入	经营性收入	财产性收入	转移性收入
1994	81.6	1.9	2.1	14.4	21.5	72.2	2.3	3.9
1995	79.2	1.7	2.1	16.9	22.4	71.4	2.6	3.6
1996	80.5	2.5	2.5	14.5	23.4	70.7	2.2	3.6
1997	78.3	3.5	2.6	15.6	24.6	70.5	1.1	3.8
1998	76.4	3.7	2.6	17.3	26.5	67.8	1.4	4.3
1999	71.8	3.8	2.3	22.1	28.5	65.5	1.4	4.5
2000	71.2	3.9	2.0	22.9	31.2	63.3	2.0	3.5
2001	70.3	4.0	2.0	23.7	32.6	61.7	2.0	3.7
2002	70.2	4.1	1.2	24.5	33.9	60.0	2.1	4.0
2003	70.7	4.5	1.5	23.3	35.0	58.8	2.5	3.7
2004	70.6	4.9	1.6	22.9	34.0	59.5	2.6	3.9
2005	68.9	6.0	1.7	23.4	36.1	56.7	2.7	4.5
2006	68.9	6.4	1.9	22.8	38.3	53.8	2.8	5.1
2007	68.7	6.3	2.3	22.7	38.6	53.0	3.1	5.4
2008	66.2	8.5	2.3	23.0	38.9	51.2	3.1	6.8
2009	65.7	8.1	2.3	23.9	43.3	49.0	3.2	7.7
2010	65.2	8.1	2.5	24.2	41.1	47.9	3.4	7.6
2011	64.3	9.2	2.7	23.8	42.5	46.2	3.3	8.1
2012	64.3	9.5	2.6	23.6	43.5	44.6	3.1	8.7
2013	64.1	9.5	2.7	23.7	45.3	42.6	3.3	8.8
2014	62.2	11.4	9.7	16.7	39.6	40.4	2.1	17.9
2015	62	11.1	9.8	17.1	40.3	39.4	2.2	18.1
2016	61.5	11.2	9.7	17.6	40.6	38.3	2.2	18.8
2017	61	11.2	9.9	17.9	40.9	37.4	2.3	19.4

资料来源：历年《中国统计年鉴》数据整理计算而来①。

---

① 因为计算中使用的是保留 1 位小数点，在四舍五入中计算得到的结果，有部分年份四种收入来源比例之和不是 100%，而有少许出入。为了保持计算结果的真实性，本书在此未对数据做进一步处理，特此说明。

相对较低，但其比重在逐渐地增长，城镇居民收入来源比重及变动在一定程度上反映了中国经济体制及经济改革对城镇居民收入所产生的深刻影响。首先，城镇居民主要提供的生产要素是劳动，大多数劳动者从事的都是非独立劳动，决定了城镇居民收入来源中工资性收入占了绝对比重。其次，由于在计划经济时期没有私营经济，城镇居民也不可能从事经营性活动取得收入，改革开放以后私营经济逐渐发展，部分城镇居民开始从事经营性活动，城镇居民才开始有了经营性收入，但所占比重非常低，不过随着中国对私营经济发展的激励，有越来越多的城镇居民从事这种经营活动，经营性收入在城镇居民收入中所占比重在快速增长。再次，城镇居民财产性收入比重最低，主要是由于中国居民的收入水平较低，财产积累非常有限，再加上财产投资意识薄弱和渠道窄，导致了城镇居民财产性收入比重低。但随着中国房地产市场的发展和资本市场的完善，城镇居民的投资意识的增强和投资渠道越来越多，城镇居民的财产积累增加以及投资回报率的提高，使得财产性收入也出现了快速增长。最后，转移性收入成为城镇居民的重要收入来源，这主要是因为中国财政逐渐向公共财政体制转变，财政在民生领域的投入越来越大，在中国目前城市偏向性社会福利制度下，城镇居民在国民收入再分配过程中获得的转移性收入大幅度增加，既有直接的转移支付收入，如社会保障和社会福利方面的财政补贴等，也有间接的转移支付收入，如政府在教育、医疗卫生方面的投入增加也间接地对城镇居民获得转移性收入产生了影响。

农村居民在四项收入来源中，经营性收入和工资性收入两项收入占了绝对比重，财产性收入和转移性收入所占比重较低，但农村居民的工资性收入、经营性收入和转移性收入所占比重变动较大，这也在一定程度上反映了中国经济改革对农村居民收入来源产生的深刻影响。首先，经营性收入在农村居民收入中占绝对比重，中国农村实行家庭联产承包责任制以后，农村居民成为土地的承包经营者，农村居民主要依靠土地经营活动取得收入，这是中国农村居民经营性收入比重高的重要原因。但随着中国改革开放，对农村劳动力流动限制的取消，再加上工业和城市化过程中对劳动力需求的增加，城市就业取得的收入远高于从事农业生产经营的收入，大量的农村劳动力放弃农业生产经营活动进入城市务工，导致了农村居民经营性收入大幅度下降。农村劳动力流动到城市，但主要从事的是雇佣劳动，收入主要来源于工资收入，工资性收入在农村居民收入中所占的比重越来越大。一方面，进城务工的农民工越来越多，导致了工资性收入比重的增加；另一方面，农民工的工资水平在不断增长，而农村经营活动的收入增长较为有限，也进一步增加了农村居民工资性收入的比重。其次，农村居民转移性收入比重较低，但增长速度较快。中华人民共和国成立以来，中国城乡居民在社会福利方面一直存在较大的差距，城市偏向性的社会福利制度导致了农村居民更多的是靠家庭保障为主，农村居民获得的政府财政补助非常少，转移性收入所占比重一直非常低。但近年来，农村居民转移性收入比重在快速增长，主要是源于国家对农村社会福利政策的倾斜，如新农合、农村社会保障制度的建立、精准扶贫战略等，使得农村居民享受到更多的政府福利，转移性收入也在快速增长。随着中国城乡统筹发展、城乡基本公共服务均等化战略的推进，未来农村居民将会从政府民生财政中获得更多收益，转移性收入比重将会进一步增加。最后，虽然农村居民的财产性收入比重较低，但也在逐渐增长。一方面，是由于农村居民从事农业生产经营活动的收入相对较低，再加上没有良好的社会保障制度，农村居民应对风险能力较弱，这在一定程度上导致了其财产积累相对较慢，财产规模较小必然其收入也相对较低。另一方面，农村居民的财产相对城市居民而言，不动产的增值速度较慢，财产的投资渠道和投资回报率也相对较低，最终导致了农村居民通过财产取得的收入非常有限，财产性收入所占比重较低。

可见，在中国经济发展过程中，城乡居民参与国民收入的初次分配和再分配的方式在不断地演变，城乡居民收入来源呈现多元化。城乡居民在收入来源呈现多元化的同时，不同来源收入在城乡居民总收入中所占比重也在不断变化，进一步反映了中国社会经济体制的变革以及国家发展战略的调整，在不断地对城乡居民收入来源的渠道和收入增长的方式产生深刻影响。在对中国城乡居民收入差距的研究过程中，本书从时间、空间和收入结构等不同角度来对中国城乡收入差距进行系统的分析，才能更深刻地理解中国城乡收入差距的形成及其演变。

3.3　中国城乡收入差距现状及变动趋势分析

3.3.1　中国城乡收入差距总体状况分析

在对中国城乡收入差距进行研究的过程中，关于中国城乡收入差距总体状况的测度是首先要明确的问题，城乡收入差距的测度指标较多，不同指标都具有自身的特点和一定的片面性。目前，城乡收入差距测度的指标主要有两类，一是绝对指标，如城乡居民人均收入的绝对差额；一类是相对指标，如城乡居民人均收入的比值、基尼系数、泰尔指数等。根据研究的需要，本书以城镇居民人均可支配收入与农村居民人均纯收入作为测度城乡收入差距的数据来源，同时，选择了相对指标来测量城乡居民收入差距，即城镇居民人均可支配收入与农村居民人均纯收入的比值以及泰尔指数，对中国城乡收入差距总体状况的测度结果，如表 3. 3 所示。

根据表 3. 3 可知，1978 年中国改革开放以来，从城乡居民收入水平来看，都有了较大幅度的提高。按照名义价格计算，城镇居民人均可支配收入从 1978 年的 343. 4 元增加到 2018 年的 39 251 元，增长了 114. 3 倍，农村居民人均纯收入从 1978 年的 133. 6 元增加到 2018 年的 14 617 元，增加了 109. 4 倍。另外，无论是从名义收入数额还是从收入增长速度来看，城镇居民收入的增长幅度和速度都明显高于农村居民；从城乡收入差距比值来看，城镇人均可支配收入与农村居民人均纯收入比总体上也是呈现长期扩大的趋势。从变动趋势来看，改革开放以来，中国城乡收入差距总体的变动趋势都经历了一个下降——→上升——→下降的过程，这种变动趋势主要是受到了中国市场经济改革对城乡居民获取收入的能力和机会的影响，不同时期中国收入差距变动的原因有所不同。

首先，在中国改革开放初期，1978—1984 年，中国城乡收入差距呈缩小状态，主要原因在于，中国农村实施家庭联产承包责任制，极大地释放了农村生产力并对农民产生了激励作用，再加上国家逐渐放开了对农产品销售价格的管制，农副产品价格逐渐趋于市场价格，农村产品产量的增加和农产品价格的上涨，使得农民收入增长迅速，并且在这一时期超过了城镇居民收入的增长幅度，城乡收入差距得到有效的缩小，根据表 3. 3 可知，城乡收入比由 1978 年的 2. 57 下降到 1984 年的 1. 83。

其次，1985—2009 年，中国城乡收入差距持续地扩大，这一阶段的前期城乡收入差距逐步扩大，随后有过短暂的缩小，1998—2009 年则出现加速扩大。尽管中国改革开放始于农村家庭联产承包责任制的改革，但随后中国改革的重心迅速转移到城市，特别是国有企业改革和促进私营企业与外资企业发展成为中国改革开放的重点以来，城市成为中国改革开放的核心阵地，城市经济取得快速发展，城镇居民的收入水平也大幅度增加，城镇居民的收入来源也更加多元化，这一时期城镇居民收入增长快于农村居民，导致了城乡收入

表 3.3　　1978—2018 年中国城乡居民收入及差距测算

年份	城镇居民人均可支配收入		农村居民人均纯收入		城乡收入差距
	绝对数（元）	指数（1978=100）	绝对数（元）	指数（1978=100）	比值
1978	343.4	100	133.6	100	2.57
1979	405.0	115.7	160.2	119.2	2.52
1980	477.6	127.0	191.3	139.0	2.49
1981	500.4	129.9	223.4	160.4	2.23
1982	535.3	136.3	270.1	192.3	1.98
1983	564.6	141.5	309.8	219.6	1.82
1984	652.1	158.7	355.3	249.5	1.83
1985	739.1	160.4	397.6	268.9	1.86
1986	900.9	182.7	423.8	277.6	2.13
1987	1 002.1	186.8	462.6	292.0	2.17
1988	1 180.2	182.3	544.9	310.7	2.17
1989	1 373.9	182.5	601.5	305.7	2.28
1990	1 510.2	198.1	686.3	311.2	2.20
1991	1 700.6	212.4	708.6	317.4	2.39
1992	2 026.6	232.9	784.0	336.2	2.58
1993	2 577.4	255.1	921.6	346.9	2.80
1994	3 496.2	276.8	1 221.0	364.3	2.86
1995	4 283.0	290.3	1 577.7	383.6	2.71
1996	4 838.9	301.6	1 926.1	418.1	2.51
1997	5 160.3	311.9	2 090.1	437.3	2.47
1998	5 425.1	329.9	2 162.0	456.1	2.51
1999	5 854.0	360.6	2 210.3	473.5	2.65
2000	6 280.0	383.7	2 253.4	483.4	2.79
2001	6 859.6	416.3	2 366.4	503.7	2.90
2002	7 702.8	472.1	2 476.6	527.9	3.11
2003	8 472.2	514.6	2 622.2	550.6	3.23
2004	9 421.6	554.2	2 936.4	588.0	3.21
2005	10 493.0	607.4	3 254.9	624.5	3.22
2006	11 759.5	670.7	3 587.0	670.7	3.28

表3.3(续)

年份	城镇居民人均可支配收入		农村居民人均纯收入		城乡收入差距
	绝对数(元)	指数(1978=100)	绝对数(元)	指数(1978=100)	比值
2007	13 785.8	752.5	4 140.4	734.4	3.30
2008	15 780.8	815.7	4 760.6	793.2	3.31
2009	17 174.7	895.4	5 153.2	860.6	3.33
2010	19 109.45	965.2	5 919.0	954.4	3.23
2011	21 809.8	1 046.3	6 977.3	1 063.2	3.13
2012	24 564.7	1 146.7	7 916.6	1 176.9	3.10
2013	26 955.1	1 227.0	8 895.9	1 286.4	3.03
2014	28 844	1 310.5	9 892.0	1 404.7	2.97
2015	31 195		11 422		2.73
2016	33 616		12 363		2.72
2017	36 396		13 432		2.71
2018	39 251		14 617		2.69

数据来源:根据历年《中国统计年鉴》整理计算得来。

差距逐渐扩大。根据表3.3可知,这一阶段城乡收入比由1985年的1.86增加到1994年的2.86。但在随后的1995—1997年中国城乡收入差距出现了一个短暂的小幅下降,城乡收入比由1995年的2.71缩小到了1997年的2.47。这一阶段城乡收入差距的小幅下降与中国市场经济深化改革有着重要关系。一方面,由于这一时期各地为了促进本地经济发展,大力发展私营经济,特别是乡镇企业得到了快速发展,吸纳了大量农村劳动力就业,沿海地区的快速发展大大增加了对劳动力的需求,大量农民工到沿海地区打工,农村劳动力向城市流动增加了其工资性收入,农村居民的收入得到了快速增长。另一方面,由于对国有企业进行改革,大量国有企业破产倒闭导致了在国有企业就业的大量城市工人下岗失业,影响了城镇居民工作的稳定性和收入的增长,部分城镇居民收入增长缓慢甚至出现下降。

根据表3.3可知,1998—2009年,中国城乡收入差距又呈加速扩大的趋势,中国城乡居民收入比由1998年的2.51扩大到2009年的3.33,2009年是中国城乡收入差距最大的一年,其中城镇居民收入年均增长5.3%,农村居民收入年均增长2.7%,城镇居民收入增长率是农村居民的2倍左右。这一时期中国城乡收入差距快速扩大的原因在于,一是中国乡镇企业发展遇到瓶颈而逐渐衰落，对农村劳动力就业以及工资性收入增长产生了不利影响，再加上农产品价格增长缓慢不利于农业经营收入的增长，农村居民的经营性和工资性收入来源增长缓慢。二是随着国家针对城镇居民的社会保障与就业制度的完善，国有企业改革给城市居民带来的影响逐渐减弱，市场经济快速发展促进了城镇居民从事经营活动，城镇居民收入来源出现多元化，城镇居民收入水平出现了快速增长。

最后，2010 年以来，中国城乡收入差距出现了逐渐缩小的趋势。截至 2018 年，中国城乡收入比由 2009 年的最高值 3. 33 下降到 2018 年的 2. 69。这一时期中国城乡收入差距的逐渐缩小，在很大程度上与国家制定的有关“三农”问题的政策相关，国家逐渐加大了对农村发展的各种财政投入，如中国城乡一体化战略发展过程中城乡基本公共服务均等化、精准扶贫政策和乡村振兴战略的实施等，都有利于农村居民收入的增长。另外，近年来，农村居民外出打工的劳动收入也出现了快速增长，农村居民在城市从事经营活动的比例也在大幅度增加，也促进了农村居民收入的快速增长。随着中国城镇化战略的实施，城乡逐渐融合，未来中国城乡居民取得收入的渠道和机会将会更加公平，各种制度限制所带来的收入差距将会缩小，城乡收入差距也将会进一步缩小。

3. 3. 2　中国城乡收入差距的空间分析

从全国层面来看，中国城乡收入差距总体上呈逐渐扩大的趋势，但由于中国改革开放以来，采取的是地区优先发展战略，中国区域经济发展的差距较大，地区间居民的收入水平也存在较大差异，这也必然会导致不同地区城乡收入差距的不同。为了更全面地反映中国城乡收入差距的现状，有必要对中国城乡收入差距进行分地区的测度。通过对东、中、西部地区内部城乡收入差距进行测度，并进行地区之间的比较分析，可以更深刻地揭示中国城乡收入差距的空间分布。对全国空间区域进行东、中、西部的划分始于 1986 年，本部分选择了 1986—2015 年中国城乡收入差距在东、中、西三大区域内的城乡收入比作为指标，来测度中国不同地区城乡收入差距的现状及变动趋势，如表 3. 4 所示。

根据表 3. 4 可知，1986 年以来中国东、中、西部地区城乡收入差距均呈不断扩大的趋势，但存在区域差异，其中西部地区城乡收入差距最大、中部地区次之、东部地区最小。从区域之间的比较来看，东部和中部地区城乡收入差距

表 3.4　　1986—2015 年中国分区域的城乡居民收入差距比值

年份	东部地区	中部地区	西部地区
1986	1. 69	1. 91	2. 49
1987	1. 68	1. 97	2. 61
1988	1. 67	2. 04	2. 53
1989	1. 76	2. 20	2. 71
1990	1. 74	1. 97	2. 44
1991	1. 83	2. 30	2. 72
1992	2. 01	2. 41	3. 03
1993	2. 18	2. 61	3. 33
1994	2. 30	2. 61	3. 55
1995	2. 17	2. 51	3. 39
1996	2. 07	2. 25	3. 25
1997	2. 05	2. 18	3. 00
1998	2. 05	2. 19	2. 96
1999	2. 18	2. 35	3. 29
2000	2. 26	2. 49	3. 46
2001	2. 34	2. 60	3. 65
2002	2. 39	2. 78	3. 73
2003	2. 49	2. 92	3. 77
2004	2. 52	2. 83	3. 74
2005	2. 51	2. 89	3. 69
2006	2. 56	2. 92	3. 71
2007	2. 58	2. 91	3. 71
2008	2. 60	2. 85	3. 66
2009	2. 61	2. 88	3. 67
2010	2. 55	2. 76	3. 50
2011	2. 47	2. 66	3. 36
2012	2. 51	2. 67	3. 35
2013	2. 47	2. 61	3. 26
2014	2. 37	2. 41	2. 97
2015	2. 35	2. 41	2. 96

数据来源：根据历年《中国统计年鉴》整理计算得来①。

---

① 从 2014 年开始，《中国统计年鉴》开始公布“城镇居民按东、中、西部及东北地区分组的人均可支配收入”和“农村居民按东、中、西部及东北地区分组的人均可支配收入”两个项目，根据其中数据计算所得的城乡收入比与以往年份的略有不同，考虑到数据可比性和区域划分的一致性，本书在计算中还是使用各省份城乡居民收入基础数据计算城乡收入比，进而计算东、中、西三个区域的城乡收入差距平均值的方法。

远低于西部地区，与全国平均水平相比，东部和中部地区城乡收入差距都低于全国平均水平，但西部地区则远高于全国平均水平，说明中国城乡收入差距主要是西部地区城乡收入差距过大所致。另外，从城乡收入差距的变动趋势来看，三大区域城乡收入差距的变动与全国城乡收入差距的变动大体相似，也经历了一个扩大——缩小——再扩大——再缩小的变化过程，不过在这个变动过程中，西部地区一直是城乡收入差距最大的区域，中部地区次之，东部地区最小。

具体而言，由于原来计划经济时期中国城乡收入差距相对较低，改革开放初期中国城乡收入差距的总体水平并不高，1986 年三大区域城乡收入差距相对较小，但其中、西部地区就已经达到了 2.49。可见，中国一直以来西部地区就存在着严重的城乡收入差距，可能越是落后地区，城市和农村之间的经济发展差距越大，城乡居民的收入水平差距越大。1986—1994 年，与全国城乡收入差距变动趋势相似，三大区域内的城乡收入差距呈逐渐扩大的趋势，东部地区由 1986 年的 1.69 扩大到 1994 年的 2.30，中部地区由 1986 年的 1.91 扩大到 1994 年的 2.61，西部地区由 1986 年的 2.49 扩大到 1994 年的 3.55，无论是从绝对增加额还是增长率来看，西部地区仍然是城乡收入差距扩大最快的地区。1995—1998 年，三大区域城乡收入差距也同样出现了短暂的缩小，东部地区由 1995 年的 2.17 缩小到 1998 年的 2.05，中部地区由 1995 年的 2.51 缩小到 1998 年的 2.19，西部地区由 1995 年的 3.39 缩小到 1998 年的 2.96。1998—2009 年，三大区域城乡收入差距又开始逐渐扩大，东部地区由 1998 年的 2.05 扩大到 2009 年的 2.61，中部地区由 1998 年的 2.19 扩大到 2009 年的 2.88，西部地区由 1998 年的 2.96 扩大到 2009 年的 3.67。值得注意的是，西部地区城乡收入差距在 2003 年达到最大值为 3.77，之后在 3.70 左右徘徊，说明自 2003 年前后，西部地区城乡收入差距开始呈稳定并略有下降的趋势。究其原因，可能有两方面的原因，一是由于西部大开发战略的实施，对西部地区经济发展有很大的促进作用，西部地区在经济发展的同时城乡居民收入也快速增长，特别是农村居民收入水平快速增加，有利于缩小城乡收入差距。二是由于我国财政体制逐渐转向公共财政，国家对民生领域的投入大大增加，再加上 2002 年以来的农村税费改革等政策的实施，大大减轻了农民负担，农民收入也有所增加，也有利于缩小城乡收入差距。自 2010 年以来，三大区域的城乡收入差距开始出现逐级下降的趋势，东部地区由 2010 年的 2.55 缩小到 2015 年的 2.35，中部地区由 2010 年的 2.76 缩小到 2015 年的

2.41,西部地区由2010年的3.5缩小到2015年的2.96。

3.3.3 中国城乡收入差距的结构分析

根据本章前面所述,中国城乡居民收入来源主要有工资性收入、经营性收入、财产性收入和转移性收入四大类,通过对中国城乡收入差距总体状况和区域分布的分析,还不能完全反映中国城乡收入差距的全部信息,还需要从不同收入来源的角度来对中国城乡收入差距进行结构分析,本书在这里给出了中国城乡居民分项收入来源情况、中国城乡居民不同收入来源占比和中国城乡居民不同收入来源差距三个方面的信息,如表3.5、表3.6、表3.7所示。

根据表3.5和表3.6可知,无论是从城乡居民不同收入来源的绝对数额还是占比来看,工资性收入都是中国城乡居民最主要的收入来源,财产性收入所占比重较低,但经营性收入和转移性收入在城镇居民和农村居民收入中的地位存在差异,这与城乡居民参与经济活动方式不同有着直接的关系。就城镇居民而言,工资性收入是其最为主要的收入来源,1994年高达81%,尽管随后在逐渐下降,但其比重仍然高达60%以上,由于中国城镇居民大多数都是在企业和行政事业单位就业,其收入来源主要就是工资性收入。但也发现,工资收入比重的变动趋势是逐渐下降,与此同时城镇居民经营性收入的比重大幅度增加,由1994年的1.9%增加到10%左右。随着中国市场经济的发展,私营经济在中国经济中的地位不断提升,城镇居民从事各类经营活动的比重在快速增大,大大拓展了城镇居民收入来源,这种收入来源结构的变动必然也会影响到城乡收入差距。城镇居民的第二大收入来源则是转移性收入,自中华人民共和国成立以来,我国就建立了针对城市居民和国有企业的良好的社会福利制度,城镇居民通过不同途径从政府获得各种转移性收入在总的收入中所占比重较大,并且远高于农村居民。根据表3.6可知,中国城镇居民转移性收入占总的收入比重从1994年的14.4%上升到1999年的22.1%,随着公共财政制度的建立,国家进一步加大了对民生领域的财政投入,城镇居民福利水平则不断提升,城镇居民转移性收入比重也在快速增长,而且这一超过20%的高比例一直维持到了2013年,此后因为其他收入来源的增加,转移性收入的比重才下降到了20%以下,但到2017年转移性收入占城镇居民总收入的比重仍高达17.9%。如果民生领域的财政投入在城乡之间不均衡,将有可能扩大城乡收入差距。财产性收入在城镇居民收入中所占比

表 3.5　　1994—2017 年中国城乡居民分项收入来源情况表　　单位:元

年份	工资性收入		经营性收入		财产性收入		转移性收入	
	城镇	农村	城镇	农村	城镇	农村	城镇	农村
1994	2 853.4	263	65.5	881.9	73.3	28.6	504	47.6
1995	3 394.2	353.7	72.6	1 125.8	90.4	41	725.8	57.3
1996	3 859.6	450.8	123.3	1 362.5	119	42.6	701	70.2
1997	4 042.7	514.6	179.2	1 472.7	132.5	23.6	805.9	79.3
1998	4 143.7	573.6	199.3	1 466	142.1	30.4	940	92
1999	4 206	630.3	221.2	1 448.4	133.6	31.6	1 293.2	100.2
2000	4 480.5	702.3	246.2	1 427.3	128.4	45	1 440.8	78.8
2001	4 829.9	771.9	274.1	1 459.6	134.6	47	1 668.6	87.9
2002	5 740	840.2	332.2	1 486.5	102.1	50.7	2 003.2	98.2
2003	6 410.2	918.4	403.8	1 541.3	135	65.8	2 112.2	96.8
2004	7 152.8	998.5	493.9	1 745.8	161.2	76.6	2 320.7	115.5
2005	7 797.5	1 174.5	679.6	1 844.5	192.9	88.5	2 650.7	147.4
2006	8 767	1 374.8	809.6	1 931	244	100.5	2 898.7	180.8
2007	10 234.8	1 596.2	940.7	2 193.7	348.5	128.2	3 384.6	222.3
2008	11 299	1 853.7	1 453.6	2 435.6	387	148.1	3 928.2	323.2
2009	12 382.1	2 061.3	1 528.7	2 526.8	431.8	167.2	4 515.5	398
2010	13 707.7	2 431.1	1 713.5	2 832.8	520.3	202.3	5 091.9	452.9
2011	15 411.9	2 963.4	2 209.7	3 222	649	228.6	5 708.6	563.3
2012	17 335.6	3 447.5	2 548.3	3 533.4	707	249.1	6 368.1	686.7
2013	18 929.8	4 025.4	2 797.1	3 793.2	809.9	293	7 010.3	784.3
2014	17 937	4 152	3 279	4 237	2 812	222	4 816	1 877
2015	19 337	4 600	3 476	4 504	3 042	252	5 340	2 066
2016	20 665	5 022	3 770	4 741	3 271	272	5 910	2 328
2017	22 201	5 498	4 065	5 028	3 607	303	6 524	2 603

数据来源:根据历年《中国统计年鉴》整理计算得来。

表 3.6　　1994—2017 年中国城乡居民不同收入来源占比　　单位：%

年份	工资性收入		经营性收入		财产性收入		转移性收入	
	城镇	农村	城镇	农村	城镇	农村	城镇	农村
1994	81.6	22	1.9	72	2.1	2	14.4	4
1995	79.2	22	1.7	71	2.1	3	16.9	4
1996	80.5	23	2.5	71	2.5	2	14.5	4
1997	78.3	25	3.5	70	2.6	1	15.6	4
1998	76.4	27	3.7	68	2.6	1	17.3	4
1999	71.8	29	3.8	66	2.3	1	22.1	5
2000	71.2	31	3.9	63	2.0	2	22.9	3
2001	69.9	33	4.0	62	1.9	2	24.2	4
2002	70.2	34	4.1	60	1.2	2	24.5	4
2003	70.7	35	4.5	59	1.5	3	23.3	4
2004	70.6	34	4.9	59	1.6	3	22.9	4
2005	68.9	36	6.0	57	1.7	3	23.4	5
2006	68.9	38	6.4	54	1.9	3	22.8	5
2007	68.7	39	6.3	53	2.3	3	22.7	5
2008	66.2	39	8.5	51	2.3	3	23.0	7
2009	65.7	40	8.1	49	2.3	3	23.9	8
2010	65.2	41	8.1	48	2.5	3	24.2	8
2011	64.3	42	9.2	46	2.7	3	23.8	8
2012	64.3	44	9.5	45	2.6	3	23.6	9
2013	64.1	45	9.5	43	2.7	3	23.7	9
2014	62.2	39.6	11.4	40.4	9.7	2.1	16.7	17.9
2015	62.0	40.3	11.1	39.4	9.8	2.2	17.1	18.1
2016	61.5	40.6	11.2	38.3	9.7	2.2	17.6	18.8
2017	61	40.9	11.2	37.4	9.9	2.3	17.9	19.4

数据来源：根据历年《中国统计年鉴》整理计算得来。

重最低，并且变动不大，这与中国国情有着直接的关系，一是中国居民收入水平相对较低，财富集中度高，大多数居民拥有的财产规模较小，二是居民财产投资渠道有限，并且投资回报率相对较低，导致了通过财产获得的收入较少。随着中国居民收入水平的不断增长，居民投资渠道越来越多，未来中国城镇居民财产性收入将会出现快速增长。

农村居民的收入来源中，经营性收入和工资性收入是其最主要的来源，其中经营性收入和工资性收入所占比重最高，其次是转移性收入，最低的是财产性收入。经营性收入是农村居民最主要的收入来源，与中国国情基本相符，长期以来中国农村居民主要靠土地谋生，收入来源主要是土地经营，其他收入来源微乎其微。根据表 3.5 和表 3.6 可知，从农村居民收入来源结构的变化及其变动趋势来看，农村居民的工资性收入快速增长，经营收入比重大幅下降，其中经营性收入比重由 1994 年的 72%下降到 2017 年的 37.4%，但工资性收入比重从 1994 年的 22%增加到 2017 年的 40.9%，与经营性收入比重相当。在农村居民收入来源结构中，经营性收入和工资性收入的变化与中国当前经济发展过程中对农村经营活动和劳动力流动的影响直接相关，一方面，随着中国市场经济的发展，城市和工业化不断增加对劳动力的需求，再加上城市就业的收入水平远高于农村经营活动的收入，大量的农村劳动力转移到城市就业而放弃了农村土地经营活动，农村居民的工资性收入快速增长。由表 3.5 和表 3.6 可知，农村居民的转移性收入在总收入中排第三，但总体来说其比重相对较低，远低于城市居民转移性收入在总收入中所占比重。由于中国长期以来实行的是城市偏向性的社会经济政策，农村居民的社会福利水平远低于城市，社会福利在农村的覆盖面窄且保障水平低，导致了转移性收入所占比重低，并且无论是绝对数额还是相对数额都远低于城市居民。由表 3.6 可知，农村居民转移性收入也在快速增长，在总收入中所占比重从 1994 年的 4%增加到 2017 年的 19.4%，这主要与中央和各级政府开始建立针对农村的各种社会福利政策有关，随着农村社会保障体系逐渐完善，财政不断加大对农村的资金投入，将会进一步提高转移性收入在农村居民收入中所占的比重，这将有利于缩小城乡收入差距。财产性收入一直是农村居民收入来源中占比最小的，并且无论是从绝对数额还是所占比重来看，其变动都非常小。一方面，由于农村居民收入水平较低，财产积累少，财产规模小导致其取得的收入低；另一方面，农村居民利用财产进行投资的渠道少，并且财产的增值能力也较差，也导致了其通过财产取得的收入较低。

根据表 3.7 可知，城乡居民不同收入来源的差距有较大差异，主要表现为转移性收入和工资性收入差距最大，成为引致中国城乡收入差距的最主要因素，财产性收入差距相对较小，经营性收入则是农村居民远高于城市居民。首先，城乡居民转移性收入比最大，但从其变动趋势来看，在 2003 年

表 3.7　　1994—2017 年中国城乡居民不同收入来源差距测算

年份	城乡居民工资性收入比	城乡居民家庭经营性收入比	城乡居民财产性收入比	城乡居民转移性收入比
1994	10.85	0.07	2.56	10.59
1995	9.6	0.06	2.2	12.67
1996	8.64	0.09	2.79	9.99
1997	7.86	0.12	5.61	10.16
1998	7.22	0.14	4.67	10.22
1999	6.67	0.15	4.23	12.91
2000	6.38	0.17	2.85	18.28
2001	6.26	0.19	2.86	18.98
2002	6.83	0.22	2.01	20.40
2003	6.98	0.26	2.05	21.82
2004	7.16	0.28	2.10	20.09
2005	6.64	0.37	2.18	17.98
2006	6.38	0.42	2.43	16.03
2007	6.41	0.43	2.72	15.23
2008	6.10	0.60	2.61	12.15
2009	6.01	0.60	2.58	11.35
2010	5.64	0.60	2.57	11.24
2011	5.20	0.69	2.84	10.13
2012	5.03	0.72	2.84	9.27
2013	4.54	0.76	13.09	2.62
2014	4.32	0.77	12.67	2.57
2015	4.20	0.77	12.07	2.58
2016	4.11	0.80	12.03	2.54
2017	4.04	0.81	11.9	2.51

数据来源：根据历年《中国统计年鉴》整理计算得来①。

之前处于上升阶段，2003 年之后则开始下降，并且下降幅度较大，主要是由于 2003 年以来，中央和各级政府开始针对“三农”问题出台了很多有倾斜的政策，并且逐渐完善了农村的社会福利制度，随着城乡一体化战略的

① 因为国家统计局在 2013 年采用了新的统计口径，所以在财产性收入和转移性收入方面，数据与以往相比变化较大。

实施，城乡社会福利差距逐渐缩小，城乡居民转移性收入差距也在不断缩小。其次，城乡居民工资性收入差距较大，但其呈不断下降的趋势，如前所述，随着大量农村劳动力进入城市就业，工资性收入逐渐成为诸多农村居民的主要收入来源，随着农村居民工资性收入的不断增长，城乡居民工资性收入的差距必然逐渐地缩小，这有利于缩小城乡收入差距。最后，就城乡居民经营性收入而言，城镇居民与农村居民之间的差距也在呈逐渐缩小的趋势，主要是因为农村居民由原来从事土地经营活动转变为进城就业，农村居民的经营性收入来源大幅减少，而城市居民打破了在企业和政府等部门就业取得工资收入的单一渠道，越来越多的城市居民从事经营活动，经营活动的收入在城市居民收入中所占比重快速增大。

3.3.4 中国城乡收入差距演变的基本特征

通过对中国城乡收入差距的现状进行了深入全面的分析，可以从总体状况、空间分布和来源结构来理解中国城乡收入差距的形成及其演变，总结出中国城乡收入差距演变的基本特征。具体而言，中国城乡收入差距演变的基本特征如下：

第一，从总体上来说，中国城乡收入差距呈现扩大的趋势，其变动存在明显的阶段性。一方面，无论是从绝对数额还是从城乡收入比来衡量，所反映出来的现实是，中国城乡收入差距在不断地扩大，尽管在某些时段有所缩小，但变动的方向是呈不断扩大的趋势；另一方面，改革开放以来，中国城乡收入差距的演变过程呈现了明显的阶段性，这种阶段性的变动与中国经济改革有着紧密的关系，中国在不同阶段的改革目标不同，实施的政策也存在较大差异，这在一定程度上影响了中国城乡居民的收入水平，中国城乡居民收入差距的这种阶段性在城乡居民收入差距的各项指标的变化中均有所体现。

第二，从空间角度来看，中国城乡收入差距在不同区域也呈现扩大的趋势，并且空间演变存在明显的阶段性的梯度特征。首先，与全国城乡收入差距相似，东、中、西部地区的城乡收入差距也是逐渐扩大的，只是不同地区城乡收入差距增加的速度不一样，其中东部地区相对增加幅度较小，中西部地区幅度相对较大。其次，不同区域的城乡收入差距演变过程也具有明显的阶段性，也是经历了一个扩大——→缩小——→再扩大——→再缩小的M形变化过程。最后，东、中、西部地区城乡收入差距存在明显的梯度特征，其中东部和中部地区城乡收入差距远小于西部地区，说明城乡收入差距与经济发展水平有着非常重要的关系。

第三，从收入来源结构来看，不同收入来源对中国城乡收入差距有着不同程度的影响，并且城乡居民收入来源结构的变动较大。一方面，中国城乡收入差距的主要贡献在于工资性收入和转移性收入差距，财产性收入差距的贡献非常小，经营性收入则对城乡收入差距有着负影响；另一方面，中国经济改革导致了城镇居民和农村居民收入来源出现了较大的变动，城市居民经营性收入快速增长，农村居民工资性收入快速增长，反映在城乡收入差距上，就是城乡居民工资性收入差距和经营性收入差距都在快速缩小，只是一个是正向影响一个是负向影响。另外，转移性收入差距比重较高且变动较大，特别是近年来，城乡居民转移性收入开始出现大幅的缩小，城乡之间社会福利制度更加公平，有利于缩小由于转移性收入差距所带来的城乡收入差距。

3.4 中国城乡收入差距的形成及扩大的原因分析

发展经济学和新经济增长理论认为资本存量是影响收入增长的主要因素，通常所说的资本包括物质资本和人力资本两个方面，城乡之间物质资本和人力资本存量差异将会导致城乡居民的收入出现差异，而对于很多发展中国家来说，由于城乡分割的社会经济结构带来的城乡二元的社会经济政策或者制度也必然会影响到城乡之间资本存量的差异，进而成为影响城乡居民收入差距的因素。因此，本部分对中国城乡收入差距的产生及扩大的原因将从理论角度进行解释并具体分析中国城乡收入差距形成的现实影响因素。

3.4.1 中国城乡收入差距形成的理论解释

首先，城乡之间物质资本存量差异会导致城乡居民收入差距产生。美国发展经济学家罗格纳·纳克斯在其 1953 年出版的《不发达国家的资本形成》一书中提出了“贫困恶性循环”理论，并得出一个国家穷是因为它穷的命题，实际上主要是指一个国家穷会导致其物质资本积累缺乏，物质资本不足会导致低生产率和低经济增长，进而导致新一轮的低收入。此理论可以用于解释中国城乡收入差距的问题，中国城乡收入差距不断扩大的一个重要因素就是城乡之间不断扩大的物质资本积累，农村物质资本形成存在一个恶性循环，即农民收入低会导致其绝大部分收入用于消费而储蓄水平较低，这会导致其物质资本形成不足，会导致农村和农民生产效率低下经济增长缓慢，进而使得其收入低，这样周而复始会形成一种恶性循环，最终导致城乡收入差距不断扩大。可见，城乡之间物质资本存量差异会导致城乡收入差距的产生以及不断扩大，本章在前面关于中国城乡居民收入来源差异数据也对此有很好的印证。

其次，人力资本积累差异会导致城乡收入差距产生。个人取得收入的途径有两种，一种是通过提供劳动获得收入，一种是通过拥有资本获得收益，而绝大多数人主要是通过劳动获得收入，而劳动收入的多少又与人力资本积累有着重要关系。人力资本存量的增加会导致劳动者生产技能、获取信息的能力等增加，可以提高人力资源的配置效率和生产效率，让劳动者获得更好的就业机会和收入水平。另外，个人收入水平的增加会导致其对人力资本投资的激励，会增加人力资本存量，进而进一步提高收入水平。对于中国而言，城乡居民之间教育水平、医疗卫生水平以及环境保护等方面存在的差异，会直接导致城乡居民之间人力资本的存量差异，进而会影响城乡收入差距的产生和扩大。

可见，城乡之间在物质资本和人力资本存量方面存在差异，进而影响城乡收入差距的形成，这是许多发展中国家普遍存在的一个现实因素。为了深入分析城乡之间收入差距与物质资本、人力资本以及二元经济结构之间的关系，可以根据柯布—道格拉斯函数进行简单的数理分析。假定城镇和农村居民收入函数形式如下：

$$Y_1 = A_1 K_1^{\alpha_1} L_1^{\beta 1} \quad 3\text{-}1$$

$$Y_2 = A_2 K_2^{\alpha 2} L_2^{\beta 2} \quad 3\text{-}2$$

上式中，Y_1、Y_2 分别表示城镇人均可支配收入和农村人均纯收入，A_1、A_2 分别表示城镇和农村技术进步，K_1、K_2 分别表示城镇和农村人均物质资本存量，L_1、L_2 分别表示城镇和农村人均人力资本存量。α_1、α_2、β_1、β_2 为参数，并且 $\alpha_1 + \beta_1 = 1$，$\alpha_2 + \beta_2 = 1$。

将上述 3-1 式除以 3-2 式后两边取对数可得：

$$\ln Y_1 - \ln Y_2 = \ln A_1 - \ln A_2 + \alpha_1 \ln K_1 - \alpha_2 \ln K_2 + \beta_1 \ln L_1 - \beta_2 \ln L_2 \quad 3\text{-}3$$

当物质资本和人力资本可以在城乡之间自由流动的情况下，$\alpha_1 = \alpha_2$，

$\beta_1=\beta_2$；但是由于我国是城乡二元经济结构，户籍制度等阻碍了资本在城乡之间流动，则会有 $\alpha_1\neq\alpha_2$，$\beta_1\neq\beta_2$。3-3 式可以变换为：

$$\ln Y_1-\ln Y_2=\ln A_1-\ln A_2+\alpha\ln K_1-\alpha\ln K_2+[(\alpha_1-\alpha)\ln K_1-(\alpha_2-\alpha)\ln K_2]+\beta\ln L_1-\beta\ln L_2+[(\beta_1-\beta)\ln L_1-(\beta_2-\beta)\ln L_2] \quad 3\text{-}4$$

$$\ln\frac{Y_1}{Y_2}=\ln\frac{A_1}{A_2}+\alpha\ln\frac{K_1}{K_2}+\beta\ln\frac{L_1}{L_2}+[(\alpha_1-\alpha)\ln K_1-(\alpha_2-\alpha)\ln K_2]+[(\beta_1-\beta)\ln L_1-(\beta_2-\beta)\ln L_2] \quad 3\text{-}5$$

由于城乡之间的二元经济结构导致城乡之间物质资本和人力资本存量的边际收益不同，根据 3-4 式和 3-5 式可知，城乡二元经济结构导致城乡资本边际收益不同的影响大小可用 $[(\alpha_1-\alpha)\ln K_1-(\alpha_2-\alpha)\ln K_2]+[(\beta_1-\beta)\ln L_1-(\beta_2-\beta)\ln L_2]$ 来表示。因此，如果再加入反映二元经济结构的变量 D，则可以将上式变化为：

$$\ln\frac{Y_1}{Y_2}=\ln\frac{A_1}{A_2}+\alpha\ln\frac{K_1}{K_2}+\beta\ln\frac{L_1}{L_2}+\sum_j\lambda_j\ln D \quad 3\text{-}6$$

通过数理分析可知，物质资本和人力资本差异是导致城乡收入差距最根本的因素，其他的各类因素对城乡收入差距产生的影响最终都是通过影响城乡之间物质资本和人力资本存量以及收入能力，进而影响城乡居民之间的收入水平，导致了城乡收入差异。在发展中国家普遍存在二元经济结构的情况下，城市偏向的社会经济政策会导致城乡之间在物质资本和人力资本积累方面产生较大的差异，进而影响城乡居民资本收入、经营性收入、劳动收入、转移性收入等不同收入来源，最终导致城乡收入差距的形成及扩大。

3.4.2 中国城乡收入差距的形成及扩大的现实影响因素

3.4.2.1 中国的城乡二元经济结构是导致城乡收入差距扩大的主要原因

中华人民共和国成立初期，我国为了迅速发展经济选择了优先发展重工业的战略，国家实施了城乡分割的二元经济结构，将农村剩余转移到工业和城市，通过价格规制、票证制度、户籍制度等将农民束缚在土地上，直接导致了城乡居民在取得收入上的起点不公平，必然形成城乡收入差距的扩大。另外，城乡二元经济结构伴随的是城乡有别的社会经济政策，如教育、医疗卫生、社会保障等基本公共服务、财政金融投入、收入分配制度等，这又导致城乡之间人力资本和物质资本积累的差异，导致城乡收入差距进一步扩大。

3.4.2.2　工业化和城市快速发展是城乡收入差距扩大的一个重要因素

首先，一方面，工业化的发展会导致城市和农村的相对生产力发生变化。由于工业化使得城市工业部门技术和制度进步快于农村部门，城市居民的劳动生产力和收入水平将高于农村居民，会导致城乡居民收入差距的扩大。另一方面，由于农产品的收入需求弹性较低，工业化的发展会导致农产品相对于工业产品价格趋于下降，使得农产品贸易条件不断恶化，不利于农民收入的增长，促进了城乡收入差距的扩大。而中国的工业化是城市和农村工业化的结合，特别是农村工业化是一种“离土不离乡”的劳动力转移模式，无法从根本上解决人多地少的矛盾，也无法真正缩小城乡收入差距。其次，中国的城市化发展对中国城乡收入差距产生了深远的影响，由于在中国城市化进程中，政府将大量的财政金融资源投入到城市建设，并且我国城乡制度安排具有明显的城市偏向性特征，而政府在城乡居民经济生活中的作用不断增强的情况下，这种城市偏向性的政策和制度会导致城乡之间人力资本和物质资本的差异进一步扩大，导致城乡收入持续扩大。另外，中国城市化还会导致对城乡收入差距统计上的一些负面影响。在我国实行户籍制度限制城乡居民自由流动的现实下，农村居民可以通过户籍买卖“农转非”、征地农民转为城镇居民、通过考上大学成为城镇居民以及通过城乡联姻等方式转变为城镇居民，而这里的每一个渠道都主要是农村中富裕居民才能借此转变为城市居民，富裕农民进城必然导致城乡收入差距的扩大①。当然，工业化和城市化也在一定程度上有助于缩小城乡收入差距，主要在于农村居民可以进城务工。中国自20世纪90年代以来的农民工进城打工，让农民除了依靠土地获得收入外，还能通过在城市就业获得工资性收入，使得农民收入大幅度增加。特别是近年来农民工就业机会的不断扩大以及工资水平的提高，农民依靠进城就业获得的收入成为其主要收入，在一定程度上缩小了城乡收入差距。

---

① 陆铭，陈钊. 城市化、城市倾向的经济政策与城乡收入差距［J］. 经济研究，2004（6）：52.

3.4.2.3 体制的变动对城乡收入差距产生根本性影响

从中华人民共和国成立以来至改革开放以后的每一次体制变动都会对城乡收入差距产生深刻影响，中华人民共和国成立初期为了优先发展工业而制定价格制度、户籍制度等一些制度，是城乡收入差距形成的初始根源。而改革开放初期我国改革重点在农村，进行了以家庭联产承包责任制为基础的一系列体制变革，极大地激发了农村居民的劳动积极性，提高了生产率带动了农民收入的增长，这个时期城乡居民收入差距呈缩小的趋势。在1985年后我国改革的重心由农村转移到城市，中国城市化进程中，财政、金融、收入分配等一系列体制变革倾向于城市和城市居民，导致了城市发展速度远超过农村，城市居民的收入水平大幅度提高，并且获得了更多的福利，城乡收入差距又呈不断扩大的趋势。而随后因农村劳动力流动限制的有关政策被逐渐消除，农村劳动力可以进城务工取得工资收入，这又使得农民收入快速增长，城乡收入差距又有缩小的趋势。特别是近年来政府加大对农村、农业和农民的各类投入和支持，使得农村居民的收入进一步增长，城乡收入差距又呈缩小的趋势。可见，在中国社会经济发展过程中，体制变革对于城乡居民的收入产生了重要的影响，进而成为影响中国城乡收入差距的根本性因素。

3.4.3 中国城乡收入差距的形成及扩大的制度分析

尽管中国城乡收入差距产生的影响因素有诸多方面，但无论是限制人口流动的户籍制度还是城乡差异性的基本公共服务及基础设施建设方面的财政金融投入，大多都与中国城市偏向性制度相关。因此，对中国城乡收入差距产生的制度因素及其变迁进行系统梳理和分析，对于理解中国城乡收入差距的产生以及当前的变化趋势具有重要的意义。从中华人民共和国成立以来城乡之间制度及政策差异形成的历史看，中国改革开放前后存在一定的差异，中华人民共和国成立初期选择优先发展重工业就开始逐渐形成了城乡有别的制度并将中国城乡隔离开来，而改革开放以后并没有完全消除中国城乡分割的现状，在某些方面甚至导致中国城市偏向性的政策更为突出，并进一步扩大了中国城乡收入差距。但改革开放前后中国关于城乡的制度和政策发生了很大变化，而这种变化对中国城乡收入差距的影响存在较大的差异。

新中国成立之初，我国经济基础薄弱工业较为落后，并且受到西方发达国家的经济封锁和政治孤立，面对中国现实情况和复杂的国际环境，当时中国选择了优先发展重工业的战略，为中国工业化和经济发展奠定了坚实的基础，但这种优先发展重工业的战略选择却同时带来了中国城乡分割的局面。由于重工业优先发展对资本需求大而对劳动需求少，而中华人民共和国成立初期却是劳动力富裕而资本缺乏，与中国现实不符，必须通过政府干预的方式优先发展重工业。一方面，要通过政府干预的方式吸收农业剩余为工业发展提供资本积累和对城市进行补贴，快速实现工业化；另一方面，由于重工业吸纳劳动力有限，城市就业压力大，为了缓解城市就业压力维护社会稳定，要控制农村劳动力向城市流动。为了达到这两个方面的目的，保障重工业优先发展战略的有效实施，当时中央政府采取了“三套马车”的实施机制，即农产品统购统销制度、人民公社制度和户籍制度①。农产品统购统销和人民公社制度主要是为了将农业剩余转移到工业和城市，在新中国成立以后，国家就以低价从市场上获得农产品，直至1953年国家以低价收购农产品越来越困难，才开始实施农产品统购统销政策，并于1958年完成这一制度安排。基于这一制度，政府对农产品实行了全部垄断收购，并通过票证制度来控制食品和其他农产品销售，从而将农村剩余转移到工业和城市，这种制度安排实际上就是“剪刀差”的政策，即通过政府扭曲产品和生产要素价格，创造一种不利于农业、农村和农民的政策，获取农业剩余补贴工业化②。这一制度主要通过以下三个方面的作用实现农村剩余的转移：一是扭曲工业和农业的交换关系，政府通过统购统销和票证制度垄断产品流通，提高工业产品价格和压低农产品价格，制造了不利于农业的贸易条件；二是扭曲了农业经营活动中的激励机制，通过人民公社制度对直接从事农业生产的农民采取强制性手段，从而抑制了其劳动积极性，形成了低效率的劳动制度；三是扭曲了工农业之间的产业关系，主要表现为人为阻碍产业发展规律以形成工农业和城乡之间不同的发展机会、通过制度障碍阻碍农村剩余劳动力向城市流动等。

在优先发展重工业战略过程中，由于重工业是高度资本密集型产业，吸纳就业能力极为有限，不仅无法带动农村劳动力向城市转移，甚至城市

---

① 蔡昉，杨涛. 城乡收入差距的政治经济学［J］. 中国社会科学，2000（4）：16.
② 蔡昉. 城乡收入差距与制度变革的临界点［J］. 中国社会科学，2003（5）：18.

居民就业都无法保证①，为了缓解城市的就业压力，阻碍农村剩余劳动力向城市转移是非常关键的，政府通过建立城乡隔绝的户籍制度以阻止农村人口向城市转移。尽管1954年颁布的《宪法》中规定公民有“迁徙和居住的自由”，但由于优先发展重工业战略的推行，1955年6月国务院颁布了《关于建立经常户口登记制度的指示》，规定全国城市、集镇、乡村都要建立户口登记制度，开始统一全国城乡的户口登记工作。随后，1956年和1957年，国务院连续颁布了9个限制和控制农民流入城市的文件，而1958年开始“大跃进”后，又颁布了《中华人民共和国户口登记条例》，政府明确将居民分为“农业户口”和“非农业户口”两种不同户籍，开始对人口自由流动实行严格管制，而1975年修改宪法时，正式取消了关于公民自由迁徙的规定，建立了城乡分割的户籍制度。这种城乡分割的户籍制度，不仅使得农村劳动力无法向城市流动，而且在此基础上建立了城市偏向性的政策，特别是城乡之间不公平的福利体系，导致了城乡之间不同的收入水平和生活条件。

另外，重工业优先发展战略阻碍了城市化进程，导致中国城市化水平严重滞后于工业化水平，城市化水平滞后影响农村人口向城市转移，大量劳动力留在农村，由于土地有限，土地的边际和平均产出必然下降，农村的收入水平也因此下降，形成了城乡收入差距，这正是刘易斯二元经济的基本逻辑②。刘易斯模型表明随着经济增长，城乡之间将会重新配置劳动力资源，如图3.2所示，图中横轴表示全部劳动力，劳动力在农村和城市之间分配，纵轴表示工资水平。在初始状态下，城市和农村劳动力需求曲线分别为Da和Du，两者相交决定了城市和农村劳动力数量分别为LaOu和OaLa，并且决定了城乡相等的工资水平（Wa=Wu）。根据该模型，随着城市经济规模的扩大，对劳动力需求的提高使得城市劳动需求趋势上移到D′u，而如果农村劳动力需求不变将会与新的城市劳动需求曲线相交，形成的新均衡工资将会比原来高，并不是刘易斯所假设的在工资水平不变的情况

① 中国在20世纪50年代中期开始的知识青年“上山下乡”实际上就是由于有限发展重工业导致无法满足城市居民的就业要求，通过这种方式将城市人口部分转移到农村，相关资料表明估计有近2 000万城市青年劳动力以这种方式转移到农村，以缓解城市就业压力。

② 陈斌开，林毅夫. 发展战略、城市化与中国城乡收入差距［J］. 中国社会科学，2013（4）：85.

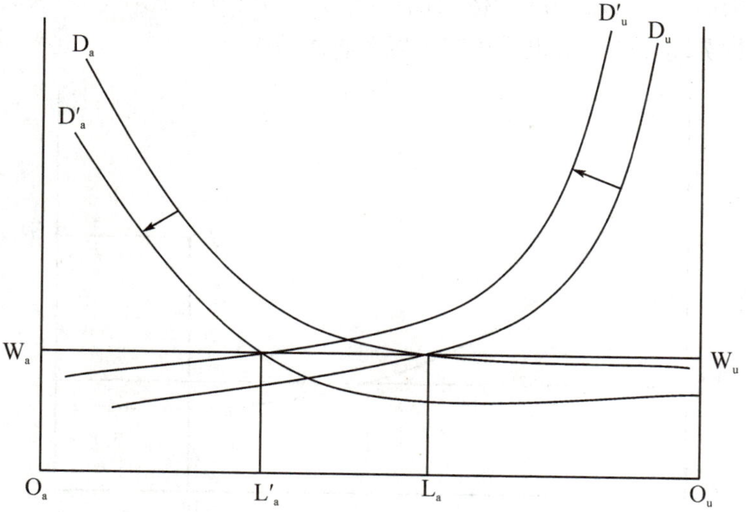

图 3.2 刘易斯模型

下扩大城市劳动力规模①。为了解决这一难题，费—拉尼斯模型则假设农业的劳动生产率可以随着农业技术进步而提高，这就会导致农村劳动力剩余，在图 3.2 中，由于农业劳动生产率提高农业劳动需求曲线向下移到 D'a，并且与城市变化了的需求曲线 D'u 相交，在工资不变的情况下形成了新的城乡劳动力分配格局②。费—拉尼斯对刘易斯模型改良后，认为日益扩大的城市劳动力需求不断吸纳农村剩余劳动力，一直到吸纳完农村剩余劳动力，而当农业生产率提高赶不上城市工业扩张的需要，就会出现所谓的“刘易斯拐点”，即工资水平开始上升，二元经济结构消失。而托达罗对现实的观察发现，由于某些原因会导致城市工资会比均衡工资高很多或者存在城市制度工资的情形③，如图 3.3 所示，城市工资水平 Wu 大于均衡工资 Wa，劳动力的迁移并不能消除工资差别，而城市吸纳的就业量也低于均衡水平的要求，实际就业量与均衡就业量之间存在一个差额，而这个差额可能是城市的失业、城市非正规部门的就业或者农民因受阻而无法向城市迁移所造成。

① Lewis, W. A. Economie Development with Unlimited Supply of Labor. The Manchester Schoolof Economic and Social Studies, 1954, (22): 139-191.

② Gustav Ranis and J. C. H. Fei, Development of the Labor Surplus Economy: Theory and Policy, Richard D. Irwin, 1964.

③ J. Harris and M. Todaro, Migration, Unemployment and Development: A Two Sector Analysis. American Economiceview, 40, 1970, pp. 126) 142.

对于中国而言，户籍制度严格控制农村劳动力向城市流动，无法满足城市吸纳农村劳动力的需求也无法缩小城乡收入差距。

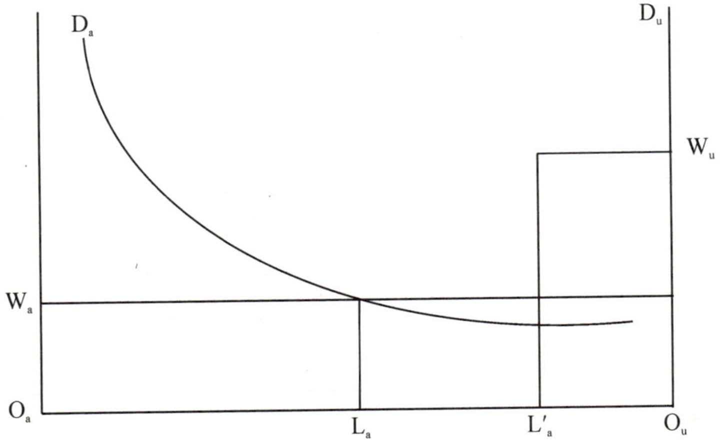

图 3.3 托达罗模型

我国改革开放以后，逐渐打破了计划经济时期形成的城市偏向的“三驾马车”制度，导致中国城乡关系发生了一系列变化。中国经济改革最初在农村实行家庭联产承包责任制打破了人民公社制度，解决了人民公社制度下存在的严重激励不足的问题，极大地提高了农业生产率，而政府逐渐对农产品价格机制进行改革，双轨制替代了单一计划价格体制，再加上农村劳动力向城市流动政策的放松，使得劳动力和资本开始在城乡之间流动，这些市场化改革措施大幅度提高了农民收入。这一时期经济改革的重点在农村，而城市改革相对滞后，导致了城市居民收入增长滞后于农村居民，城乡收入差距有所缩小。而到了 1985 年以后，中国经济改革重心转移到城市，城市化改革伴随的则是城市偏向性的各类政策和制度的形成以及固化①，主要表现为城市偏向的资源调配制度、贸易制度、财政制度、金融制度、基本公共服务供给制度以及政治权利分配制度②。城市偏向性的政策导致了城市和农村居民在人力资本积累、资本收入等方面存在较大差异，从

① 在改革开放以前就形成了城市偏向性的制度，但改革开放以后城市偏向性制度有所变化，有的城市偏向程度在减小或者消除，而有的在被进一步加强或者出现新的城市偏向性政策。

② 曾国安. 论工业化过程中导致城乡居民收入差距扩大的自然因素与制度因素[J]. 经济评论，2007（3）：41-47.

而不断扩大了城乡收入差距，这些都是制度因素导致的城乡收入差距扩大。近年来，户籍制度在逐渐放松以及政府在城乡基本公共服务投入上逐渐加大农村比重，城乡居民之间收入差距呈缩小的趋势，可见，要缩小城乡收入差距必须缩小或者消除城乡之间存在的严重不均等的社会经济政策。

3.5 本章小结

城乡收入差距问题的研究，首先要明确是否存在城乡收入差距、城乡收入差距到底有多大以及城乡收入差距形成及扩大的原因有哪些等问题，为了对中国城乡收入差距有更全面的认知，本章对中国城乡收入差距进行了多层面的测度，并且对中国城乡收入差距的产生及其扩大的原因进行了理论、现实和制度的分析。本章主要的研究内容包括三个方面：一是中国城乡收入差距的测度；二是中国城乡居民收入来源构成分析；三是中国城乡收入差距形成及扩大的原因分析。

通过本章的研究，得出如下结论：

一是通过对中国城乡收入差距的总体状况、空间分布和来源结构的测度分析，发现中国城乡收入差距尽管经历了波浪式的起伏增减变动，但总体趋势是逐渐扩大，东、中、西三大区域的城乡收入差距也呈这种变动趋势。从区域分布来看，中国东部地区城乡收入差距最小，其次是中部地区，西部地区城乡收入差距最大，并且远高于东部、中部地区，西部地区是中国城乡收入差距的最大贡献者。从收入来源结构来看，工资性收入差距和转移性收入差距在城乡收入差距中比值最大，是主要的贡献者，但随着中国经济的发展，工资性收入差距和转移性收入差距在逐渐地缩小，但随着越来越多的城镇居民从事经营活动，城镇居民与农村居民经营性收入的差距在逐渐缩小。

二是通过对目前中国城镇和农村居民主要收入来源进行考察分析，发现中国城乡居民收入来源主要有工资性收入、经营性收入、财产性收入和转移性收入四大类别，中国城乡居民收入来源的结构和演变与中国政治经济体制以及收入分配方式有着重要关系，自中华人民共和国成立以来到改革开放，不断的政治经济体制的改革对城乡居民在初次分配和再分配中获得收入的途径产生了重要影响。

三是中国城乡收入差距的形成及扩大有着复杂的原因，通过理论分析、现实影响因素分析和政治经济制度分析，能够更全面地理解中国城乡收入差距的形成及演变。从理论角度来说，城乡收入差距产生的主要原因是城乡居民之间的物质资本积累和人力资本积累的差距所致，市场经济是按照生产要素的贡献率进行分配，市场经济主体拥有的生产要素数量越多质量越高其收入也就越高，市场机制的分配方式必然会产生收入差距，由于城镇居民相对农村居民而言，拥有更多的物质资本并且人力资本也高于农村居民，在参与市场经济活动过程中必然会取得更多的收入，就会产生城乡收入差距。从中国现实因素来看，中华人民共和国成立以来中国选择优先发展重工业战略导致的城乡二元经济结构是中国城乡收入差距产生的历史原因，改革开放以后的城市和工业的优先发展导致了城镇居民获得收入的机会和能力优势，还有中国不断地政治经济体制变革对城乡居民参与初次分配和再分配的途径和机会产生影响，这些都是中国城乡收入差距扩大的现实因素。通过制度分析发现，中国选择的优先发展重工业的战略导致了城市偏向性的社会经济政策，使得城乡居民无论是在初次分配还是再分配中地位和机会均存在较大差异，从而导致了城乡居民收入的差距。

4 中国地方财政支出偏向性及其成因

4.1 引言

随着中国经济快速增长，1994 年中国分税制改革以来的税制结构不断优化和调整，政府财政收入也持续快速增长。与此同时，中国的财政支出规模也在不断地扩张，特别是 1998 年亚洲金融危机后实施积极财政政策以来，政府财政支出在整个中国经济中的作用越来越显著。在财政支出快速扩张的同时，可以发现中国财政支出结构也在不断地演变，中国财政支出结构由经济建设型财政逐渐转向民生财政，中国财政支出由城市型财政逐渐转向城乡财政支出更加均衡的形态。纵观中国财政支出的历史与现状，中国财政支出结构的失衡一直是一个突出的问题，受中华人民共和国成立后的“优先发展重工业”战略和改革开放后的“区域优先发展战略”的影响，中国财政支出特别是地方财政支出普遍存在两个方面的倾向，一是地方财政支出更偏向于城市地区，二是地方财政支出更偏向于经济建设领域，即城市性偏向和经济性偏向。

中国地方财政支出结构的偏向对中国社会经济发展有着深刻的影响，引发了一些突出的社会经济问题。一方面，由于地方财政支出的城市偏向性，导致了财政资源在城乡分配的不均衡，农村地区发展远落后于城市地区，农村收入水平远低于城市居民，导致了城乡收入差距的持续扩大。另一方面，由于地方财政支出的经济性偏向，导致了中国经济建设领域的财政投入远高于民生领域，政府对国有企业的投入，再加上地方政府之间竞争导致的产业结构失衡，中国出现了国有经济过度发展以及产能过剩等问题，但同时中国的基础设施快速发展也得益于经济建设型财政。另外，由于地方财政支出的偏向性，在中国经济快速增长的同时，民生领域财政投入严重不足，特别是基本公共服务供给的严重缺失，老百姓被“上学难、看病难、出行难”等问题困扰。中国的地方财政支出无论是在经济建设领域还是民生领域，都存在一个共性的偏向，就是城市性偏向。在经济建设领域，农村基础设施远落后于城市，农业发展方面的财政投入也远低于城市工业发展的投入，导致了城乡经济发展水平差距越来越大。在民生领域，城乡基本公共服务存在较为严重的非均等化，城市的基本公共服务供给水平远高于农村地区，具体体现为城乡教育、医疗卫生、社会保障等方面存在较大的差距。

中国地方财政支出的城市偏向性主要源于地方政府支出行为，而地方政府支出行为受到了中国政治制度和财政制度的影响，中国改革开放以后，实施的财政分权改革对地方政府支出行为产生了深刻影响。为了更深刻地揭示中国地方财政支出城市偏向性，本章基于在对中国地方财政支出现实考察的基础上，对中国地方财政支出城市偏向性产生的原因以及财政分权对地方政府支出行为进行了理论分析，以发现中国地方财政支出城市偏向性的政治和经济逻辑。本章主要由三个部分构成：一是对中国地方财政支出的偏向性进行描述，主要是从一般预算内地方财政支出和土地财政支出两个层面分析；二是对中国地方财政支出的城市偏向性进行现实考察，以发现中国地方财政支出的城市偏向性程度；三是从政治和经济两个层面分析中国地方财政支出城市偏向性产生的原因。通过本章的研究，能够更全面深入地理解地方财政支出与城乡收入差距的关系。

4.2 中国地方财政支出偏向性的现状描述

在多层级政府存在的现实下，财政理论认为政府职能应该在各层级政府间合理划分，根据不同层级政府职能确定相应的支出责任，公共财政认为地方政府的主要职能就是提供社会公众需要的公共产品，财政分权理论认为应该将不同层级公共产品供给划分给不同层级政府，这样有利于公共产品供给效率的提升。那么，地方政府财政支出责任直接决定了地方政府财政支出的规模和结构，并且随着社会经济发展，地方政府职能以及财政制度会发生变化，就会导致地方财政支出规模和结构不断演变。中国自改革开放以来实行财政分权改革，一方面，随着中国社会经济快速发展，政府职能在演变；另一方面，财政分权体制的不断调整也会对地方政府支出责任产生深刻影响，这些都会最终改变地方政府财政支出规模和结构。由于地方财政支出规模会随着中国经济持续增长而不断地增加，在既定财政支出规模下，地方财政支出结构如何演变将会对中国社会经济产生深刻影响。根据中国地方政府财政资金使用的现实来看，中国地方财政支出存在一定程度上的偏向性，国内学者对此也进行了一定程度的研究，如乔宝云（2005）、平新乔（2006）、付勇（2007）、张军和方红生（2009）、尹恒（2011）等。本章将从支出结构角度对中国地方财政支出进行分析，研究发现，中国地方财政支出无论是预算内还是预算外资金都存在偏向性，主要表现在经济性偏向和城市性偏向两个方面。

4.2.1 中国地方财政支出的经济性偏向分析

中国在改革开放以后的分权改革，赋予了地方政府更多的自主权，财政分权改革也使得地方政府承担了大量的支出责任，地方政府对财政支出具有决定权，并在地方公共服务供给中占有主导地位。同时本研究也发现财政分权对地方政府财政支出存在一种扭曲性的激励，为了经济增长地方政府往往会将更多的财政资源用于生产性或经济性领域，导致地方政府在公共服务领域投入严重不足，即地方政府财政支出存在经济性偏向：在基础设施上的投资热情高涨甚至过度供给，在人力资本和公共服务上则缺乏动力、供给不足①。政治集权体制下地方政府官员是由上级任命而非当地居民选举产生，地方政府主要对上级负责，地方政府根据自身偏好和现实约束来决定财政支出结构，地方政府官员为了获得更多的政治和经济利益，往往会将财政资金用于经济领域，导致了民生领域投入的不足。

国内学者对中国地方政府财政支出结构进行了深入研究，其结论一致认为中国地方政府财政支出存在严重的经济性偏向。首先，有部分学者对中国财政分权下地方财政支出进行了理论和实证研究，其中代表性研究有陈抗、乔宝云、平新乔等。陈抗等（2002）② 对中央政府与地方政府之间的

① 傅勇，张晏. 中国式分权与财政支出结构偏向：为增长而竞争的代价［J］. 管理世界，2007（3）：5.

② 陈抗，Arye L. Hillman，顾清扬. 财政集权与地方政府行为变化——从援助之手到攫取之手［J］. 经济学季刊，2002（10）：11-128.

关系进行了理论和实证分析，研究认为财政分权下中央政府通过对地方政府激励来影响地方政府行为，进而对经济增长、投资和公共产品供给产生影响。乔宝云等（2005）基于小学义务教育来分析财政分权下地方财政支出，发现地方政府财政竞争导致了财政支出偏向于经济性公共产品，并在一定程度上挤占了非经济型公共产品的财政支出①。平新桥和白洁（2006）②就预算内外财政支出考察了地方政府支出，发现财政分权背景下的财政激励导致了公共支出偏差，这种偏差不仅出现在预算内和预算外的支出结构内，而且还出现在预算内和预算外的支出之间。随后，复旦大学的张军等（2007）、傅勇和张晏（2007）、方红生和张军（2009）等学者对中国式财政分权以及对地方政府行为的影响进行了系统深入的研究，认为其具有非常重要的影响。他们对中国的分权改革进行了深入的理论研究，明确提出了“中国式财政分权”的概念并界定其内涵。他们的研究发现地方政府为了经济增长在竞争中会对基础设施建设产生“追赶效应”，通过对不同时期和不同类型地方财政支出的研究发现，中国地方政府无论是在衰退期还是繁荣期都实行“扩张偏向的财政政策”，这种扩张偏向的财政政策刺激了地方经济增长但是对于地方公共品供给激励作用较小③。傅勇、张晏（2007）通过构造财政分权指标和政府竞争指标并利用1994—2004年省级面板数据对财政分权体制下地方政府支出结构偏向进行实证分析，研究表明：中国的财政分权以及基于政绩考核下的政府竞争使得地方政府公共支出结构存在“重基本建设、轻人力资本投资和公共服务”的明显扭曲④。可见，国内学者基于中国现实进行的理论实证研究表明，中国式财政分权下财政支出经济性偏向是一个不争的事实，主要原因在于财政分权让地方政府具有更大的财政自由裁量权，以经济增长为核心考核指标的政治集权下，地方政府

---

① 乔宝云，范剑勇，冯兴元．中国的财政分权与小学义务教育［J］．中国社会科学，2005（6）：37-46.

② 平新乔，白洁．中国财政分权与地方公共品的供给［J］．财贸经济，2006（2）：49-55.

③ 方红生，张军．中国地方政府竞争、预算软约束与扩张偏向的财政行为［J］．经济研究，2009（12）：4-15.

④ 傅勇，张晏．中国式分权与财政支出结构偏向：为增长而竞争的代价［J］．管理世界，2007（3）：4-11.

官员在“政治锦标赛”竞争中根本没有兴趣提供非经济性公共物品①。

另外，尽管中国地方财政支出存在经济性偏向，但不同地区由于经济发展水平等方面存在较大差异，地方政府在财政支出上的经济性偏向程度也存在一定的差异，即地方财政支出经济性偏向存在区域差异。总体而言，经济发达地区在财政支出上的经济性偏向小于落后地区。在经济发达地区，由于其经济增长快、经济总量大，地方政府财政收入更加充裕，具有较强的财政能力，对于经济建设领域和民生领域的平衡能力也更强。当地居民由于经济增长带来收入的不断增加，居民收入的增长会增加对公共产品和服务的需求，地方政府在满足了经济建设领域投入的基础上，也在很大程度上要考虑满足老百姓不断增长的对民生领域的需求。另外，经济发达地区在产业转型升级过程中，需要吸引经济发展所需要的高层次人才，地方政府需要通过完善基本公共服务体系，以满足人才及企业对基本公共服务的需求，很多发达地区逐步转向“服务型政府”，会促使其不断增加基本公共服务领域的财政投入，但财政支出还是存在明显的经济性偏向。在经济欠发达地区，经济发展水平落后导致其财政能力有限，在有限的财政资源约束下，地方政府需要在获得政绩和民生投入之间进行权衡，但中国式分权体制对地方政府官员有着强烈的政治和经济激励，导致了地方政府有强烈的意愿将更多财政资源投入到经济性领域。在财政能力有限的情况下，地方政府不断加大对经济性领域的财政投入必然会挤占民生领域的财政支出，经济欠发达地区财政支出经济性偏向更加明显。

4.2.2 中国地方财政支出的城市性偏向分析

在中国城市偏向性政策中财政政策的城市偏向最为突出，主要表现在城乡有别的税收政策和财政支出政策，中国高度偏向的财政政策其部分原因可能是城市投资的高回报率，其中政府对国有企业的投入占据了大量的财政资源，尤其是 20 世纪 90 年代后期以来政府通过银行和证券市场等方式来加强对财政体系的干预，使得更多的财政资源流向业绩较差的国有企业，

① 根据是否进入官员任期考核划分，可以将公共物品分为经济性公共物品和非经济性公共物品。经济性公共物品是对当期经济增长有直接贡献的公共物品，这类公共物品的供给能够提升官员任期内的资本生产力，而非经济性公共物品则对当期经济增长没有直接贡献，其效应往往是长期的，对于为晋升而努力的地方政府官员来说，在任期内更倾向于经济性公共物品的供给。

试图努力把国有企业从破产的困境中拯救出来，进一步推动了城乡差距的扩大①。尽管随着中国社会主义市场经济体制改革不断深入，政府对国有企业的财政扶持逐渐下降，但这并不一定意味着中国财政政策将变得较少偏向于城市，因为对于政府来说城市投资的回报率仍然高于农村，并且城市投资对经济增长和地方政府官员的晋升具有重要影响，这就导致了财政资源高度偏向于城市，只是在不同时期的表现形式有所不同而已。

中国城市偏向性的财政政策对中国城乡收入差距的影响越来越直接和显著，主要来自财政收入和财政支出两个方面。改革开放以来中国的财政制度变迁表明，税收和财政支出对城乡收入差距的影响随着财政制度变化而存在差异。张志超等（2014）从逆向财政机制角度分析比较了城乡居民财政收益和财政负担差异，发现中国城乡居民逆向财政机制导致了农村居民财政收益远小于城市居民，财政负担远高于城市居民，扩大了城乡收入差距②。在税收政策方面，中国长期实行农业税与现代工商税制并存的二元税制结构，农村居民直接负担的税收主要是农业税、牧业税、耕地占用税、农业特产税等各种农业税，城市居民直接负担的税收主要是个人所得税。曾国安、胡晶晶（2009）测算出 1994—2005 年中国农村居民和城市居民人均税负分别为 2. 87%和 2. 13%，前者是后者的 1. 35 倍，表明中国的税收制度的城市偏向是十分明显的③。当然，2000 年以来的农村税费改革以及农业税的取消等税收制度的变化，中国城乡之间不平等的税收负担有所减轻，使得税收在一定程度上对城乡收入差距的负面影响降低。

在财政支出政策方面，城市偏向性更为显著并且仍将持续，主要表现为财政支出规模和结构在城乡之间的差异，特别是地方政府在公共产品和公共服务供给上严重偏向于城市，这将直接或者间接影响城乡收入差距。其中城乡有别的社会保障支出以及医疗卫生等基本公共服务严重偏向于城市，直接影响了城乡居民的收入分配；尽管政府教育支出高度偏向城市对城乡居民收入是间接的影响，但其对城乡收入差距扩大起到的作用却更大，

① Knight，J. and Lina Song，1999. The Rura-Urban Divide，Economic Disparities and Iteraction in China，Oxford：Oxford Universty Press.

② 张志超，吴晓忠，陈晓声. 区域差异、逆向财政机制与城乡收入差距——基于动态面板与门限面板模型的研究［J］. 山西财经大学学报，2014（8）：10.

③ 曾国安，胡晶晶. 论中国城市偏向的财政制度与城乡居民收入差距［J］. 财政研究，2009（2）：36.

因为教育的差异直接影响到人力资本差异，随着中国劳动力市场变得更加市场化，会导致教育回报增加[①]，政府城市偏向的教育支出会使得农村居民人力资本远低于城市居民，教育产生的收入也会偏向于城市，从而导致城乡收入差距的不断扩大。另外，中国公共部门和国有企业越来越庞大，中国政府行政管理支出不仅规模大而且增长快，其中很大一部分是用于支付公共部门人员的工资，国有企业在政府扶持以及垄断形势下其集中的社会资源也是非常庞大的，国有企业职工工资在行业垄断下高于其他部门，政府公共部门系统以及国有企业中职员的大部分是城市居民，过去十多年来他们的工资增长远快于农村居民收入的增长，这将进一步导致城乡收入差距的扩大[②]。

4.2.3 中国地方土地财政支出的城市性偏向分析

分税制改革将地方政府财权大幅度上缴到中央，事权不但没有减少反而在一定程度上有所增加，导致了地方政府出现了事权和财权不匹配，在政治集权以及财政收入约束下，地方政府往往会需要税收收入以外的收入，其中土地相关的财政收入[③]是地方政府最为重要的收入来源。从土地财政的生成机制看，由于我国农村和城市土地是二元制度，这种二元制度导致了土地财政的城市偏向性[④]。地方政府为了经济发展，往往通过对农村土地进行征用，但由于土地农转非补偿制度不合理，地方政府往往以非常低的补偿价格获得农村土地，然后再将其划拨和出让。土地划拨通常是用于公益性事业，如基础设施建设、教育、医疗卫生等领域；出让则主要是用于工业和商住用地，出让的方式有协议出让和“招拍挂”出让两种方式。有学

---

① Hannum, Emily and Meiyan Wang. Geography and Educational Inequality in China [J]. Forthcoming in China Economic Review, 2005.

② Shih, Vietor, and Qi Zhang, 2004, “Who Receives Subsidies: A Look at the County-Level Before and After the 1994 Tax Reform,” Paper presented at the conference “Paying for Progress: Publie finance, Homan Welfare, and Inequality in China,” held at the Institute for Chinese Studies, May 21-23, Oxford, U. K.

③ 与土地相关的财政收入主要包括土地出让金收入、土地抵押融资收入和相关税费收入等，其中土地出让金收入是主要的构成部分。

④ 中国城市土地是国家所有，农村土地集体所有，集体土地农转非需要政府先征再用，且补偿政策由地方政府制定，城市土地则有相对完善的交易市场，这必然会导致城乡间土地收益的巨大差异，进而影响城乡居民收入。

者测算，2000—2013年地方政府土地出让金占地方财政收入的比例从9.3%上升到60.9%，那么，地方政府土地财政收入以及相应的支出行为必然会对城乡居民收入产生影响。地方政府在土地出让中受到中国式财政分权的激励，地方政府对不同用途土地采取差别化的出让政策，工业用地以“低价协议”出让，商住用地则以透明程度和竞争性较高的“招拍挂”方式出让，具有明显的服务于工业和经济发展的偏向①。从获取财政收入的角度来说，这两种出让方式都会给地方政府带来收入流，“招拍挂”方式出让土地能够在短期内获得较高的土地出让金收入，这些土地出让金属于预算外收入，在使用上具有很大的自主权。尽管“低价协议”出让土地用于工业短期内不能获得更多的土地出让金收入，但工业的发展能够带来经济增长和就业增加，并且地方政府可以在未来征收各种税费，从而获取财政收入。可见，无论是什么形式的土地使用都能够满足地方政府财政收入增长的目标要求，但以财政收入最大化为目标的地方政府，也需要在两种土地出让方式之间权衡②。

由于土地出让金是地方政府自有收入预算外收入，地方政府具有完全自主权，在财政分权激励下地方政府土地财政收入支出安排也具有城市偏向性。土地出让收入除了一部分用于征地和拆迁补偿支出外，大多都用于城市建设和土地开发，地方政府还利用土地抵押为城市基础设施建设进行大规模融资，这些资金大部分投向了交通运输和市政建设③。地方政府官员在经济增长为核心的政绩考核激励下，倾向于在有限的任期内“以土地生财”，为经济增长进行投资并获得个人收益。尽管2014年新《预算法》获得通过以后，建立了地方政府性基金预算，将国有土地出让金收支纳入预算管理，但相对一般公共预算来说，由于其管理不规范以及支出透明度低等因素，对地方政府的约束性较弱。

综上所述，我国土地财政收支具有明显的城市偏向性，这种偏向性必然会对城乡收入差距产生直接或间接影响。一方面，政府征用农村土地过

---

① 吕炜，许宏伟. 土地财政、城市偏向与中国城乡收入差距［J］. 财贸经济，2015（6）：45-56.

② 陶然，等. 地区竞争格局演变下的中国转轨：财政激励和发展模式反思［J］. 经济研究，2009（7）：21-33.

③ 审计署（2013）审计报告显示，地方政府承诺以土地出让收入作为偿债来源的地方债务余额占其负有偿还义务债务余额的40%~50%。

程中，以较低的补偿标准获得土地，使得农村居民土地出让收益远低于市场价格。大规模的农村土地农转非，农村的发展空间逐渐被压缩，农村居民来源于土地的经营收入下降，在农村居民没有城镇化的情况下，农村居民收入下降，在一定程度上对城乡收入差距有扩大作用。另一方面，土地财政支出安排在城乡间的分配严重不平衡，而土地财政支出主要用于城市基础设施建设、产业发展、人才引进等方面，就会导致城乡经济发展更加失衡，城乡居民收入差距越来越大。

4.3　中国财政支出城市偏向性现实考察

对城乡收入差距产生主要影响的财政支出按作用方式可以分为财政生产性支出和财政非生产性支出两类。生产性支出主要通过改善农业生产条件提高农民的产出投入比，非生产性支出则主要通过改善农民的人力资本以及福利支出等方式间接提高农村的劳动生产率，两类财政支出都有利于提高农民收入。基于这种考虑，本章将对财政支农支出[①]（生产性支出）、政府教育支出、政府卫生支出和社会保障支出四个项目上的支出情况分城乡进行了数据梳理和分析，以此对财政支出的城市偏向性进行更为直观、更具说服力的描述。

4.3.1　财政支农支出的考察

首先，从全国财政支农支出规模来看，存在严重的不足且增长缓慢，其占财政支出比重一直处于低水平。国内学者对我国财政支农支出进行了相应的研究，阐述了财政支农支出对“三农问题”的影响，苏明（2004）认为1994年分税制改革的遗留问题之一就是“地方缺乏自觉增加农业投入的自觉性和激励机制”[②]，侯石安（2004）认为应加强地方财政支农投入机制的稳定性和增长性，并提出财政支农支出比重应提高到财政支出的10%～

---

① 本书所讲的财政支农支出主要是指支援农业生产、农业基础设施建设、农业科技三项费用等对农业和农村发展有直接影响的生产性支出，而不包括基本公共服务等方面的财政支出，而有的学者把财政生产性支出和基本公共服务支出统称为财政支农支出。

② 苏明. 中国农村发展与财政政策选择［M］. 北京：中国财政经济出版社，2003.

15%①，胡振虎（2010）通过对中国最优财政支农支出的实证研究，提出"财政支农支出总量为农业 GDP 的 76%时达到最优支出规模"，否则就会出现支农资金短缺，无法及时弥补长期以来农业投入的欠账，进而影响农业的可持续发展②。参照学术界的研究结论，反观我们的财政支农支出的现实情况，其中的差距相当明显。从表 4.1 中可以看出，除了 1998 年之外，其他年份支农支出占国家财政支出的比重都在 10%以下，尤其是在 1999—2006 年长期在 7%~8%徘徊，出现了一个持续时间较长的谷底。这不仅与学术界研究的最优支出水平相距甚远，而且与 1993 年就颁布实施的《中华人民共和国农业法》（以下简称《农业法》）的精神相悖，其《农业法》明确要求"国家逐步提高农业投入水平。中央和县级以上地方财政每年对农业总投入的增长幅度应当高于其财政经常性收入的增长幅度"③。

表 4.1　　1994—2011 年我国财政支农支出规模及比重

年份	第一产业产值（亿元）	第一产业占总产值比重（%）	农业各税（亿元）	农业各税占财政收入比重（%）	财政支农支出（亿元）	支农支出占国家财政支出（%）
1994	9 572.7	19.9	231.5	4.4	533	9.2
1995	12 135.8	20	278.1	4.5	574.9	8.3
1996	14 015.4	19.7	369.5	5	700.4	8.8
1997	14 441.9	18.3	397.5	4.6	766.4	8.3
1998	14 817.6	17.6	398.8	4	1 154.8	10.7
1999	14 770	16.5	423.5	3.7	1 085.8	8.2
2000	14 944.7	15.1	465.3	3.5	1 231.5	7.8
2001	15 781.3	14.4	481.7	2.9	1 456.7	7.7
2002	16 537	13.7	717.9	3.8	1 580.8	7.2
2003	17 381.7	12.8	871.8	4	1 754.5	7.1
2004	21 412.7	13.4	902.2	3.4	2 337.6	8.2

① 侯石安. 中国财政农业投入的目标选择与政策优化［J］. 农业经济问题，2004（3）：40-43.

② 胡振虎. 中国最优财政支农支出研究［J］. 中南财经政法大学学报，2010（3）：34-39.

③《中华人民共和国农业法》，1993 年通过，2002 年和 2012 年两次修订，第六章，第三十八条。

表4.1(续)

年份	第一产业产值(亿元)	第一产业占总产值比重(%)	农业各税(亿元)	农业各税占财政收入比重(%)	财政支农支出(亿元)	支农支出占国家财政支出(%)
2005	22 420	12.1	936.4	3	2 450.3	7.2
2006	24.40	11.1	1 084	2.8	3 173	7.9
2007	28 627	10.8	1 439.1	2.8	4 218.3	8.7
2008	33 702	10.7	1 688.8	2.8	5 955.5	9.5
2009	35 225.9	10.3	2 488.9	3.6	7 253.1	9.5
2010	40 533.6	10.1	3 431.9	4.1	8 579.7	9.5
2011	47 486.1	10.1	3 932.6	3.8	10 497.7	9.6

数据来源:《中国农村统计年鉴(2012)》。

其次，从财政支农支出的具体构成项目来看，规模和比重均较低，且存在严重的城市偏向性。根据国家财政支出分类目录，本书对2007年以前的财政支农支出界定主要包括支援农村生产性支出和农林水利气象等部门事业费①、农业基本建设支出和农业科技三项费用支出三个方面，其分项数据如表4.2所示。在三项具体支出项目中，从绝对数来看，农业基本建设支出和农业科技三项费用数额相对较小，而支援农业生产方面的支出绝对数额较大。但如前所述，其占整个财政支出的比重仍很低，存在着严重不足。从其城市偏向性来看，由于支农支出是对农村生产性支出，没有城市同类支出对比项目，所以只能从基本建设支出和科技三项费用来观测其城市偏向性。根据表4.2的数据可知，1994—2006年，尽管农业基本建设支出在快速增长，特别是1997年之后，但其占整个城乡基本建设支出比重仍然较低，除了1998年达到33.2%之外，均低于20%且长期在15%左右徘徊。其中固然要考虑城乡人口密集程度的差异，但其与中国的城乡地域面积比例和城乡人口比重仍然是极不相称的。另外，2001—2006年还出现了跨度较长且幅度较大的下降趋势，表明政府在基本建设领域的大量投入主要偏向于城市地区，这也与我国在此期间农村公路、水库等方面基础设施落后有直接关系，它直接影响农业生产和发展以及农民收入的增长。农业科技三

① 根据《中国统计年鉴》数据分类，自2002年起，原来的支援农村生产性支出和农林水利气象等部门事业费改为支农支出，表4.1的支农支出中1999—2001的数据原来叫支援农村生产性支出和农林水利气象等部门事业费。

项费用支出绝对数一直处于较低数额且增长缓慢，而其占到科技三项费用的比重仅仅为2%~3%，只有少数年份达到4%~5%，其城市偏向性远远超过了其他项目，而随着农业生产的发展，其生产效率逐渐下降，需要不断地进行科技创新才能够提高生产效率而实现农业现代化，这样才能增加农民收入。

表 4.2①　　1994—2006 年用于支援农业的财政支出及比重

年份	基本建设支出（亿元）	农业基本建设支出（亿元）	农业基本建设支出占基本建设支出比重（%）	科技三项费用（亿元）	农业科技三项费支出（亿元）	农业科技三项费支出占科技三项费支出比重（%）	支农支出（亿元）
1994	639.72	107	16.73	114.22	3	2.63	399.70
1995	789.22	110	13.94	136.02	3	2.2	430.22
1996	907.44	141.51	15.6	155.01	4.94	3.19	510.07
1997	1 019.5	159.78	15.7	189.97	5.48	2.89	560.77
1998	1 387.74	460.7	33.2	189.9	9.14	4.8	626.02
1999	2 116.57	357	16.9	272.8	9.13	3.35	677.46
2000	2 094.89	414.46	19.8	177.22	9.78	5.52	766.89
2001	2 510.64	480.81	19.2	359.64	10.28	2.86	917.96
2002	3 142.98	423.8	13.5	398.6	9.88	2.48	1 102.70
2003	3 429.3	527.36	15.4	416.64	12.43	2.98	1 134.86
2004	3 437.5	542.36	15.8	483.98	15.61	3.23	1 693.79
2005	4 041.34	512.63	12.7	609.69	19.9	3.26	1 792.40
2006	4 390.38	504.28	11.5	779.94	21.24	2.72	2 161.35

数据来源：根据 2000—2007 年《中国统计年鉴》数据计算整理而得。

最后，从区域角度来观察支农支出，发现我国不同省份财政支农支出占财政支出的比重均较低且增长缓慢，省份间也存在较大差异。由于政府财政收支科目分类调整再加上行政区划调整，本书分别就 1999—2006 年和 2007—2013 年两个时间段对分省份数据进行对比分析，如表 4.3 和表 4.4 所示。1999—2006 年支农支出主要包括农业支出、林业支出和农林水利气象等部门事业费三个项目组成，根据表 4.3 可知，东、中、西部地区各省份的财政支农支出占当年当地财政支出比重均较低，而且绝大多数年份和绝

① 由于 2007 年财政收支分类科目变化，财政支农支出综合为一个项目，即农林水事务支出，本部分仅以 2007 年以前的数据为基础进行相应分析。

大多数省份其比重都在10%以下，并且很多省份都低于全国平均水平。其中东部地区由于工业化和城市化程度高，其农业经济比重较低，如北京、天津和上海等地区支农支出比重才2%~3%，中部和西部地区比重相对高一些，特别是粮食主产区和一些主要民族地区省份，这与各地区实际情况也相符，但总体来说，1999—2006年各省财政支农支出所占比重均存在严重的城市偏向性。2007年以来财政支农支出主要是指农林水事务支出，由表4.4可知，这期间的支农支出全国平均水平在增长，达到了9.5%左右，而具体从各省份来看，其支农支出比重也在缓慢增长，特别是中西部有部分省份其比重超过了10%，这与近年来中央对“三农”问题的重视有着直接的关系，农村基础设施建设取得了较快发展，如农村的公路“村村通”、自来水工程等，这些对于农业生产和发展以及农民收入的增长有着重要影响。但仍可看出，这个比重增长的速度缓慢，总体上还是存在严重的城市偏向性。

表4.3　1999—2006年各省份财政支农支出占当年财政支出比重　单位:%

省(区、市)	年份							
	1999	2000	2001	2002	2003	2004	2005	2006
全国	8.2	7.8	7.7	7.2	7.1	8.2	7.2	7.9
北京	3.70	3.68	3.50	3.74	3.56	3.71	4.03	4.70
天津	2.78	2.48	2.44	2.66	2.58	2.91	2.90	2.96
河北	5.80	5.15	4.85	5.54	4.73	7.46	6.46	5.98
山西	7.69	6.87	6.94	7.36	6.30	8.87	6.9	5.92
内蒙古	10.95	9.51	10.92	9.27	7.95	13.41	10.56	10.80
辽宁	5.73	5.46	5.19	5.62	5.58	6.41	5.85	5.32
吉林	6.36	7.26	6.78	7.13	5.32	7.29	6.75	5.57
黑龙江	9.13	10.15	9.57	9.68	7.87	8.53	7.77	8.34
上海	2.52	2.51	2.58	2.39	2.18	2.14	2.13	2.33
江苏	7.20	6.41	5.93	5.95	6.29	5.77	5.83	6.08
浙江	7.62	7.40	6.73	6.73	6.67	7.07	6.81	6.92
安徽	7.39	6.37	5.58	6.19	6.43	8.09	6.68	5.90
福建	7.11	6.75	6.47	6.32	6.00	5.81	5.59	5.38
江西	7.48	6.61	6.14	6.54	6.15	9.33	8.10	8.12
山东	7.32	6.72	6.35	6.48	6.12	6.15	6.11	5.91
河南	6.18	5.88	5.72	5.52	5.04	6.14	7.75	5.28

表4.3(续)

省(区、市)	年份							
	1999	2000	2001	2002	2003	2004	2005	2006
湖北	6.13	5.92	5.02	6.51	5.25	8.33	7.38	6.73
湖南	7.24	6.37	5.92	7.62	6.31	10.3	8.23	7.92
广东	6.12	5.95	5.26	5.35	5.66	5.12	4.88	4.53
广西	7.78	7.66	6.72	7.00	6.75	9.16	7.77	7.30
海南	7.61	7.40	7.01	6.54	6.66	8.14	8.13	6.78
重庆	5.28	9.79	5.34	5.40	4.97	8.34	6.38	6.50
四川	7.89	5.08	8.33	8.71	6.63	11.98	8.78	8.40
贵州	7.96	7.96	7.26	8.84	7.42	12.50	10.23	10.08
云南	9.68	9.47	9.12	8.80	8.34	10.83	9.59	9.38
西藏	7.29	8.27	6.04	5.24	4.29	6.42	5.20	6.60
陕西	8.74	9.23	9.87	9.94	6.95	14.49	9.70	9.92
甘肃	8.12	9.06	8.34	8.59	6.88	13.17	9.89	9.98
青海	7.76	7.37	7.31	7.12	6.14	11.59	8.79	7.88
宁夏	10.97	9.30	7.99	8.06	8.17	14.92	10.96	11.02
新疆	7.68	6.71	7.03	5.64	6.30	8.03	6.58	6.85

数据来源：根据2000—2007年《中国统计年鉴》相关数据整理计算而得。

表4.4　2007—2013年各省份财政支农支出占当年财政支出比重　单位:%

省(区、市)	年份						
	2007	2008	2009	2010	2011	2012	2013
全国	8.7	9.5	9.5	9.5	9.6	9.5	9.5
北京	6.21	6.22	6.12	5.84	5.77	6.04	7.13
天津	3.97	4.44	5.67	4.88	5.11	4.71	4.83
河北	7.43	8.07	11.28	11.09	10.35	10.87	11.59
山西	8.05	8.34	12.71	10.44	10.21	11.22	11.21
内蒙古	10.03	11.05	11.54	12.36	13.10	13.16	12.66
辽宁	6.90	6.93	8.97	9.04	8.43	8.88	8.98
吉林	9.06	9.10	13.82	13.37	11.61	11.79	11.59
黑龙江	8.93	9.61	10.25	15.00	12.74	13.57	13.70
上海	2.87	3.04	3.59	4.60	4.13	5.21	4.13
江苏	7.58	8.50	10.04	9.95	9.94	10.73	11.13

表4.4(续)

省(区、市)	年份						
	2007	2008	2009	2010	2011	2012	2013
浙江	7.78	8.03	8.90	9.05	9.72	9.81	10.85
安徽	8.32	8.30	12.10	11.30	10.65	10.87	10.99
福建	6.75	7.07	8.56	9.46	9.46	9.36	10.17
江西	11.44	12.15	13.02	12.08	11.36	12.74	12.64
山东	7.21	8.70	11.30	11.24	11.28	11.41	11.18
河南	8.15	9.19	12.44	11.69	11.31	11.02	11.28
湖北	9.99	10.71	12.19	12.21	11.70	11.14	10.64
湖南	9.28	9.99	12.50	11.94	11.20	10.87	11.01
广东	5.46	5.10	6.44	6.00	6.26	7.30	7.08
广西	9.11	10.75	12.99	12.96	12.37	12.36	11.59
海南	9.36	15.48	17.09	15.08	13.56	13.56	13.75
重庆	7.28	7.55	9.71	9.31	7.74	8.41	9.21
四川	9.99	8.23	8.99	9.44	11.67	12.02	11.92
贵州	11.01	11.55	14.88	15.12	12.38	13.13	12.99
云南	11.24	12.09	13.69	14.32	13.99	14.52	13.16
西藏	14.64	16.52	18.02	16.17	16.69	15.75	14.67
陕西	9.50	10.24	11.99	12.04	11.39	11.33	11.45
甘肃	12.55	11.08	12.75	13.36	13.27	14.68	15.01
青海	10.37	11.67	11.88	9.35	10.83	11.59	13.00
宁夏	11.54	13.92	15.89	16.90	15.89	16.17	16.19
新疆	12.38	13.51	14.61	12.98	13.03	13.43	12.63

数据来源：根据2008—2014年《中国统计年鉴》相关数据整理计算而得。

4.3.2 财政教育支出城市偏向性考察

教育作为人力资本的主要投入要素，它可以提高劳动者生产技能，有利于提高资源配置效率，促进劳动者更理性地做出就业选择。大量研究文献证实，个人受教育年限每增长1年，其今后工资可能增长10%左右①。陈

① 普兰纳布·巴德汉，克利斯托弗·尤迪．发展微观经济学［M］．陶然，等，译．北京：北京大学出版社，2002：120.

斌开等（2010）的研究表明，“教育是中国城乡收入差距最重要的影响因素，其贡献程度达到43.92%。进一步分析则发现，教育水平差异对城乡收入差距的贡献为34.69%，教育回报差异贡献度为9.23%”①。可见，教育投资差异对城乡居民人力资本积累将产生重要影响，最终会对城乡收入差距产生重要影响。

首先，就义务教育财政支出来说，农村义务教育投入尽管不断增长，但还是存在严重的投入不足，而且存在一定程度的城市偏向性。义务教育是基础教育，对于提高国民基本素质和受教育水平具有重要的意义，也是培养更高级人才的基础和源泉。但与高等教育和职业教育相比，义务教育投资时间长，回报期限长且其效益外溢性大，即基础教育投资的社会收益大于个人收益，属于纯公共产品，应该主要由政府作为教育投资的主体，财政支出应该是教育经费的主要来源。《中华人民共和国义务教育法》也明确规定“义务教育是国家必须保障的公益性事业，国家建立义务教育经费保障机制，保障义务教育制度的实施”②。在实施义务教育中，不仅要着眼于义务教育的普及率，还要关注义务教育质量的提升，而教育经费是否充足会对教育质量产生重要的影响，城乡义务教育经费水平的差异，首先会影响城乡义务教育质量，进而造成城乡人力资本和收入能力的差异。

根据表4.5可以看出，1996—2004年农村小学生均教育经费占全国小学生均教育经费比例一直在82%~85%徘徊，且呈现小幅下降趋势，2005年开始逐渐上升至2011年的93%，接近于全国平均水平。由于城市小学生均教育经费支出高于全国水平，这表明农村小学生均教育经费支出相对其占全国比例来说，与城市生均水平相比将会更小，这说明我国小学教育经费存在一定程度的城市偏向性③。不过从变动趋势看，图4.1中关于农村小学生均教育经费占全国小学生均教育经费比例的变动也反映出U形变动趋势，大体在逐渐增加，城乡差距也在逐渐地缩小。同样根据表4.5可知，农村初中生均教育经费支出占全国水平相同年份低于农村小学生均教育经费占全国比重，而且1996—2006年持续下降，2006年达到最低水平为57%，如果剔除

① 陈斌开，张鹏飞，杨汝岱. 政府教育投入、人力资本投资与中国城乡收入差距[J]. 管理世界，2010（1）：36-43.

② 《中华人民共和国义务教育法》，1986年通过，2006次修订，总则，第二条。

③ 由于没有具体的城市小学生均教育经费的数据，这里认为全国水平高于农村，那么城市水平肯定高于全国平均生均水平，这样农村生均水平相对城市生均水平的比例会更低，但具体比例无法测度。

表 4.5　　　　1996—2011 年城乡义务教育经费支出比较

年份	普通初中生均教育经费支出（元）	农村初中生均教育经费支出（元）	农村占全国比例（%）	普通小学生均教育经费支出（元）	农村小学生均教育经费支出（元）	农村占全国比例（%）
1996	1 037.94	863.02	0.83	549.96	466.43	0.85
1997	1 082.69	885.63	0.82	591.44	499.26	0.84
1998	1 102.5	861.64	0.78	625.45	519.16	0.83
1999	1 159.47	880.31	0.76	695.2	569.98	0.82
2000	1 121.32	884.41	0.79	792.63	647.01	0.82
2001	1 372.35	1 013.65	0.74	971.69	797.6	0.82
2002	1 534.66	1 129.21	0.74	1 155.36	953.65	0.83
2003	1 667.95	1 210.75	0.73	1 295.39	1 058.25	0.82
2004	1 926.3	1 486.65	0.77	1 561.81	1 326.31	0.85
2005	2 277.32	1 819.92	0.80	1 822.76	1 572.57	0.86
2006	2 668.63	1 531.24	0.57	2 121.18	1 846.71	0.87
2007	3 486.77	2 926.58	0.84	2 752.28	2 463.72	0.90
2008	4 531.83	4 005.78	0.88	3 410.9	3 116.83	0.91
2009	5 564.66	5 341.83	0.96	4 171.45	3 842.46	0.92
2010	6 526.73	5 874.05	0.90	4 931.58	4 560.31	0.92
2011	8 179.04	7 439.40	0.91	6 117.49	5 718.56	0.93

数据来源：根据 1997—2012 年《中国教育经费统计年鉴》整理计算而得。

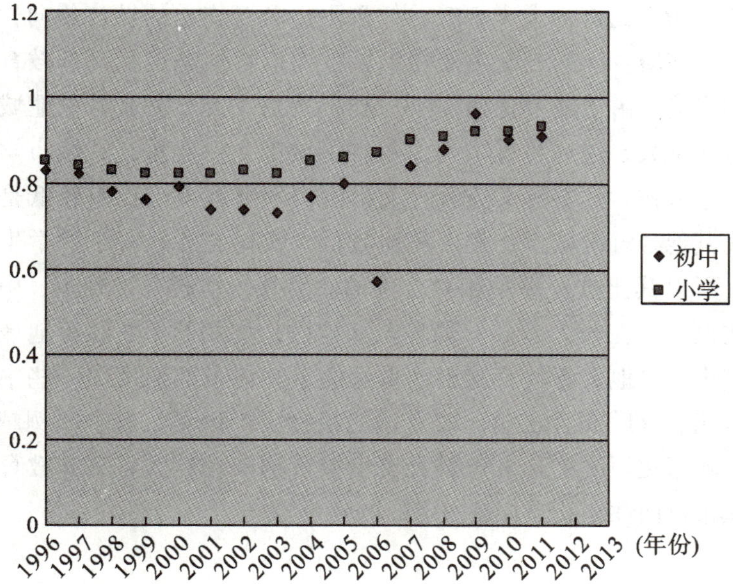

图 4.1　农村义务教育生均经费占全国义务教育生均经费比例

全国生均教育经费中本身已经包含了农村的部分，单独核算城镇初中生均教育经费，那么农村的生均教育经费可能不到城市生均经费的一半。不过2007年开始逐渐出现了增长，到了2011年达到91%，这期间和农村小学教育经费增长趋势相似，但总体上来说，还是存在一定程度上的城市偏向性。可见，从城乡义务教育生均经费占比来看，我国农村义务教育存在一定程度上的城市偏向性，而这种偏向性产生的原因可能有多方面的因素，既有本书前面分析的经济和政治因素，也存在教育成本差异所导致的因素等。但无论是什么因素，城乡义务教育经费投入的差异必然会影响城乡居民受教育的水平和质量差异，从而影响人力资本积累差异并导致城乡居民收入水平差异。

其次，从区域角度来看，各省份农村义务教育支出占当年当地义务教育支出比重以及普通初中教育支出占当地义务教育支出比重，能够在一定程度上反映教育支出在不同区域和不同阶段的城市偏向性。根据表4.6可知，北京、天津、上海三地农村义务教育支出占当年当地义务教育支出的比例在20%~40%，并且呈逐步增长的趋势，其他地区农村义务教育支出占当年当地义务教育支出的比例在50%~70%不等，而且1999—2011年各省份的这个比例尽管在徘徊，但总体上呈上升趋势，特别是2006年之后。仅仅从表4.6的数据上看，除了北京、天津、上海三地外其他各省份的农村义务教育支出所占比例都大于50%，体现不出教育支出的城市偏向性。但义务教育支出在城乡间的分配主要受到城乡人口特别是接受义务教育学龄学生数量的影响，由于城市化程度不一样，北京、天津、上海三地城市人口所占比重非常大，远远超过了其他各省份城市人口比重，其城市学龄学生数量远大于农村，其农村义务教育支出占当地财政支出比重较低是可以理解的，而其他各省份城市化程度相对较低，农村义务教育学龄学生数量大于城市，所以其比重更高是相对合理的。另外，本研究发现东、中、西地区这个比例也存在较大差异，很多东部地区，如江苏、浙江等地区农村义务教育支出占当地义务教育支出比重远低于其他东部地区和一些中西部地区，越是相对落后或者农业比较发达的粮食主产区等，这个比例越高。由此可见，城市化程度越高义务教育支出城市偏向性越大，义务教育的财政支出的城市偏向性在我国存在一定的区域差异。

表 4.6 1999—2011 年各省份农村义务教育支出占当地义务教育支出比重 单位:%

省(区、市)	年份												
	1999	2000	2001	2002	2003	2004	2005	2006	2007	2008	2009	2010	2011
北京	27.47	28.17	27.59	26.60	26.43	28.77	29.40	29.09	35.14	34.84	34.86	35.18	34.69
天津	28.30	27.64	26.93	24.08	25.38	25.66	39.50	37.32	40.74	42.84	42.47	41.42	41.03
河北	67.58	66.52	64.40	63.67	63.44	61.64	62.40	63.81	67.22	67.67	66.33	65.60	63.68
山西	70.45	68.25	67.30	65.95	69.11	70.52	69.57	65.57	61.10	59.87	61.32	59.23	59.14
内蒙古	56.36	52.01	53.51	54.75	54.29	55.23	52.43	49.39	45.29	44.46	43.18	41.60	42.39
辽宁	48.40	45.15	44.42	45.28	47.65	49.93	49.33	51.37	52.00	53.34	54.30	51.88	51.33
吉林	52.70	50.31	54.12	54.98	54.51	54.31	53.41	53.13	56.33	58.25	58.87	59.27	59.20
黑龙江	52.43	51.83	53.60	56.05	55.71	55.59	50.96	52.46	47.28	46.88	49.74	47.51	45.83
上海	24.59	26.39	24.16	25.22	21.84	24.73	27.84	28.09	27.11	27.51	29.51	28.62	28.65
江苏	41.14	72.75	51.62	52.99	51.92	51.93	51.75	51.31	55.46	54.14	52.30	53.19	54.27
浙江	26.04	25.16	24.27	21.44	19.79	54.49	59.57	59.68	58.66	59.47	58.74	58.70	57.83
安徽	28.74	68.04	72.47	74.62	73.13	72.63	71.87	73.16	70.64	72.20	71.28	70.53	69.27
福建	48.01	45.58	45.31	44.70	43.17	43.86	71.84	70.87	65.59	66.18	66.77	65.56	65.27
江西	59.24	57.51	54.11	51.14	55.87	55.34	59.95	65.44	66.80	67.87	69.94	67.72	66.72
山东	76.12	74.35	73.04	71.13	70.67	70.42	69.85	70.11	72.05	73.46	73.23	72.99	72.82
河南	70.98	67.96	67.50	66.98	66.75	67.33	66.48	67.15	70.59	70.24	70.25	70.56	68.06
湖北	60.62	56.96	56.09	57.95	61.64	63.23	63.41	61.37	62.28	61.88	63.35	61.19	61.70
湖南	68.10	65.09	66.05	69.36	68.26	66.62	69.42	67.42	67.57	68.97	68.54	65.91	65.33
广东	48.92	47.56	46.08	45.32	43.22	44.27	43.59	40.41	42.95	44.48	43.37	41.94	43.32
广西	72.70	71.46	68.14	66.12	62.75	60.04	67.69	66.06	72.46	72.66	73.38	72.42	70.74
海南	61.20	58.63	58.69	57.13	55.81	60.84	59.75	59.24	63.82	61.74	63.27	61.67	55.14
重庆	32.59	34.31	31.51	53.98	63.71	63.56	64.05	60.13	65.76	64.55	62.98	62.77	62.35
四川	64.32	62.05	70.10	68.06	67.73	67.97	69.90	67.43	70.64	72.11	70.72	70.02	68.87
贵州	69.94	70.24	68.52	69.82	68.65	68.75	67.48	68.05	95.80	75.19	76.24	76.69	74.30
云南	71.60	72.64	72.73	70.50	70.84	71.13	70.96	65.95	74.98	77.06	77.11	77.36	76.81
西藏	85.58	73.92	55.50	56.86	49.15	45.01	45.36	48.59	40.98	46.89	42.02	45.03	45.30
陕西	53.72	55.75	60.98	61.63	62.33	67.17	68.20	69.64	68.53	69.64	70.71	67.99	65.80
甘肃	73.67	73.12	71.57	72.53	73.30	72.24	73.24	71.11	70.47	74.26	73.69	72.84	73.16
青海	56.26	56.45	50.02	51.71	50.28	51.47	54.15	55.40	54.84	53.49	50.44	49.53	49.28
宁夏	70.44	66.78	65.77	64.57	64.15	60.85	58.98	62.60	60.87	59.35	54.93	55.81	58.09
新疆	60.46	59.34	61.82	60.73	60.31	60.53	59.26	60.20	58.45	59.10	59.02	57.64	67.67

数据来源：根据 2000—2012 年《中国教育经费统计年鉴》整理计算得来。

4.3.3 财政卫生支出城市偏向性考察

在其他条件相同时，一个人的收入水平很大程度上取决于其生产性寿命，一个能健康工作到60岁的劳动力显然比40岁、50岁就疾病缠身远离工作岗位的人具有更高的收入水平，后者会在收入减少和医疗支出增加的双重作用下，显著地影响整个家庭的经济状况。我国的贫困人口中就有大量是因病致贫的。卫生保健支出可以显著地影响人的寿命和健康水平，是人力资本投资中与教育同等重要的投资类别。

首先，从城乡卫生总费用和人均卫生费用来看，我国卫生支出存在明显的城市偏向性。根据表4.7可知，尽管自1990年以来，农村和城市卫生总费用在不断快速增长，但是城市卫生总费用增长速度远超过农村，城市卫生总费用与农村卫生总费用比也从1990年的1.13增加到2013年的2.54，并且在2010年达到了3.47的峰值。从城乡居民人均卫生费用来看，表4.7中的数据显示，城乡差距更大，城市居民人均卫生费用与农村居民人均卫生费用比最高达到4.23，最低为2013年的2.54，不过城乡卫生费用差距是在不断缩小的，其卫生费用比已经由1990年的4.09下降到2013年的2.54。可见，我国政府卫生支出存在明显的城市偏向性，但由于近年来政府逐渐加大对农村医疗卫生的投入，城乡之间卫生支出差距无论是绝对量还是人均水平都在逐渐缩小，近两年的城乡人均卫生支出差距已逐步缩小到3倍以内。随着城乡公共服务供给均衡化战略的推进，城乡人均卫生支出差距还会有一定的缩小空间，其城市偏向程度会有所缓解，这对于缩小城乡劳动力健康水平差距将产生直接影响，并会进一步影响城乡居民收入差距。

表4.7　1990—2013年城乡卫生费用支出比较

年份	卫生总费用			人均卫生费用		
	城市(亿元)	农村(亿元)	城市/农村(%)	城市(元)	农村(元)	城市/农村(%)
1990	396	351.39	1.13	158.8	38.8	4.09
1991	482.6	410.89	1.17	187.6	45.1	4.16
1992	597.3	499.56	1.20	222	54.7	4.06
1993	760.3	617.48	1.23	268.6	67.6	3.97
1994	991.5	769.74	1.29	332.6	86.3	3.85
1995	1 239.5	915.63	1.35	401.3	112.9	3.55
1996	1 494.9	1 214.52	1.23	467.4	150.7	3.10

表4.7(续)

年份	卫生总费用			人均卫生费用		
	城市(亿元)	农村(亿元)	城市/农村(%)	城市(元)	农村(元)	城市/农村(%)
1997	1 771.4	1 425.31	1.24	537.8	177.9	3.02
1998	1 906.92	1 771.8	1.08	625.9	194.6	3.22
1999	2 193.12	1 854.38	1.18	702	203.2	3.45
2000	2 624.24	1 962.39	1.34	813.7	214.7	3.79
2001	2 792.95	2 232.98	1.25	841.2	244.8	3.44
2002	3 448.24	2 341.79	1.47	987.1	259.3	3.81
2003	4 150.32	2 433.78	1.71	1 108.9	274.7	4.04
2004	4 939.21	2 651.08	1.86	1 261.9	301.6	4.18
2005	6 305.57	2 354.34	2.68	1 126.4	315.8	3.57
2006	7 174.73	2 668.61	2.69	1 248.3	361.9	3.45
2007	8 968.7	2 605.27	3.44	1 516.3	358.1	4.23
2008	11 251.9	3 283.5	3.43	1 861.8	455.2	4.09
2009	13 535.61	4 006.31	3.38	2 176.6	562	3.87
2010	15 508.62	4 471.77	3.47	2 315.5	666.3	3.48
2011	18 571.87	5 774.04	3.22	2 697.5	879.4	3.07
2012	21 280.46	6 838.54	3.11	2 999.3	1 064.8	2.82
2013	23 644.95	8 024	2.95	3 234.1	1 274.4	2.54

数据来源：根据1991—2014年《中国卫生和计划生育统计年鉴》数据整理计算得来。

其次，从城乡医疗卫生资源分配来看，主要体现在城乡医生人数差异上和医疗机构差异上，而我国城乡医疗卫生资源分配存在严重的城市偏向性。根据表4.8中的数据可知，我国城乡之间医生人数分布存在巨大差异，大量的医疗卫生人员分布在城市地区，而且越是发达地区这个比重越高，北京高达98%、上海高达99%、天津高达95%，其他各省份城市也至少在70%以上，且呈现不断增长的趋势。当然这种情况与城市化水平直接相关，城市人口越多所需要的医疗资源也更多，但是我国大多数省份农村人口远多于城市人口，这就说明农村医疗卫生资源极度匮乏。不过随着政府对农村医疗卫生越来越重视，其投入比例也在不断增加。另外，随着中国城镇化战略的实施，一部分农村居民将转化为城镇居民，这又增加了城市医疗卫生资源的需求，未来城乡之间卫生资源如何做到更有效、更合理的分配是一个值得认真考量和研究的问题。

表 4.8　　2008—2013 年各省份城镇医生人数占城乡医生人数比重　　单位:%

省(区、市)	年份					
	2008	2009	2010	2011	2012	2013
北京	98.10	98.25	98.35	98.43	98.54	98.67
天津	95.46	95.82	95.55	95.21	95.39	95.68
河北	77.06	79.77	80.66	80.94	81.70	82.97
山西	84.23	84.00	83.66	84.02	85.12	85.59
内蒙古	85.59	88.52	88.40	88.53	89.51	90.05
辽宁	91.19	91.48	91.54	91.54	91.78	92.43
吉林	91.84	91.98	91.88	89.94	90.27	90.36
黑龙江	89.30	89.96	90.37	90.12	90.62	91.01
上海	98.91	99.12	99.24	99.43	99.56	99.58
江苏	85.88	87.00	87.49	88.58	91.36	92.78
浙江	96.25	96.54	96.88	97.11	97.55	97.92
安徽	78.28	82.06	81.99	82.47	84.11	85.42
福建	76.29	84.75	85.46	86.86	88.09	89.34
江西	77.11	80.76	81.16	80.21	81.20	82.39
山东	74.50	79.70	80.01	80.29	82.15	83.60
河南	71.98	78.30	78.21	78.80	81.01	83.07
湖北	86.98	88.55	88.13	87.92	88.87	89.57
湖南	86.47	86.90	86.96	87.29	88.20	89.03
广东	93.15	93.90	94.23	94.38	94.76	95.30
广西	82.42	85.63	86.32	86.81	87.69	88.92
海南	94.19	94.79	94.81	95.08	95.11	94.65
重庆	80.95	83.77	84.63	85.83	87.34	88.16
四川	79.77	83.37	84.16	85.05	86.45	87.60
贵州	75.95	79.85	79.57	79.54	80.80	83.62
云南	77.63	82.37	82.57	83.42	84.88	86.48
西藏	81.03	75.63	74.25	59.01	52.78	57.89
陕西	82.42	85.37	85.08	85.92	87.37	89.22
甘肃	84.38	85.92	85.16	85.59	85.91	86.31
青海	80.26	82.27	83.24	83.51	83.82	85.01
宁夏	89.95	90.72	89.92	90.67	91.59	92.23
新疆	95.62	95.17	94.52	93.50	92.72	92.46

数据来源：根据 2009—2014 年《中国卫生和计划生育统计年鉴》数据整理计算得来。

4.3.4　财政社会保障支出城市偏向性考察

社会保障是为面临不利境地的人（患病、失业、年老、孤残）设计的一种救助体系，是社会发展的稳定器、经济发展的调节器和劳动力再生产的保护器。分散的个体可以借助这样一种互惠互助机制实现防控风险和积累资本的目的。社会保障作为一种重要的收入分配手段，对城乡收入差距产生了重要的影响。自1951年颁布《劳动保险暂行条例》以来，我国社会保障制度一直沿着城乡两种不同的路径发展演变。城市社会保障制度依赖于城市工业制度，财政补助一直是其改革发展的重要特点和动力，农村社会保障则依赖于农村土地制度以及农业生产和经营方式，2003年是其变化的一个重要分界点。在此之前，财政对其补助很少，在此之后政府对农村社会财政支持呈井喷之势，通过新型农村合作医疗制度（2003年启动，2008年实现全覆盖）、农村最低生活保障制度（2007年从国家层面向全国推行）和新型农村社会养老保险（2009年启动，设定了2020年全覆盖的目标）大大提高了对农村社会保障的财政支持力度，城乡社会保障的差距在逐步缩小，不过由于历史欠账太多，起步较晚的农村社会保障在项目和水平等方面与城市相比仍存在不小的差距。

我国的社会保险通过缴费筹资而非缴税筹资，在新的预算法实施之前，除了预算内用于社会优抚、福利、救助支出以及社会保障补助支出等项目之外，大量的社会保险基金还未纳入财政预算进行规范的管理。在2006年之前，我国财政社会保障支出主要包括社会保障补助支出、行政事业单位离退休费用、抚恤和社会福利救济费支出等几个组成部分。2007年国家财政支出分类调整，将原先的财政社会保障支出及部分就业支出合并在一起，成为就业与社会保障支出，包括财政对社会保险基金的补助、行政事业单位离退休费用、就业补助、城市居民最低生活保障支出和自然灾害生活救助等内容。

首先，从社会保障支出各个项目在城乡间的覆盖率以及城市和农村社会保障支出各占社会保障支出的比重来看，我国社会保障支出无论是从覆盖率还是占比都存在严重的城市偏向性，近年来城乡之间的差距已在不断缩小。基于数据可得性和可比性以及与研究主题的相关性的考虑，本章参考了杨红燕在《财政社会保障支出：结构、公平性与影响》一书中关于城乡财政社会保障支出的相关数据①，从社会保障支出的各个项目在城乡间的覆盖率和占财政社会保障支出总额的比重两个角度比较分析我国社会保障财政支出的城市偏向性，如表 4.9 和表 4.10 所示。一方面，从各项社会保障支出在城乡间的覆盖率来看，根据表 4.9 可知，在 2005 年之前我国针对农村的社会保障支出仅仅只有生活救助、合作医疗、医疗救助以及养老保险，而且基本上没有覆盖到农村的大部分地区，其中合作医疗和医疗救助 2005 年开始才覆盖到大部分农村地区，并且覆盖率较低。但随着农村新型合作医疗的推行，合作医疗在农村的覆盖率迅速加大，医疗救助的覆盖率也有较大幅度提高。而养老保险 2009 年才开始在农村推行，并且覆盖比率只有 10%多一点，远低于城市地区。可见，从社会保障支出的城乡覆盖率角度看，我国社会保障支出存在严重的城市偏向性，主要体现在以下方面：一是城市各项社会保障制度起步较农村要早，明显地体现出城市优先的价值排序；二是针对城市的社会保障体系更加齐全，保障项目和范围也较农村更为广泛；三是在城乡兼有的保障项目上（如养老保险、生活救助等），城市的覆盖率远高于农村。另外，农村社会保障项目的最大亮点就是新型农村合作医疗的全覆盖，从 2003 年在全国启动试点工作开始，在 2008 年就实现了全国农村的全覆盖，而之所以取得了如此突出的成绩，其政府的重视、财政的大力支持是其中最主要的两个原因。

表 4.9　1998—2010 年享有财政补助的城乡各项社会保障制度的覆盖率　单位：%

年份	城市						农村			
	养老保险	医疗保险	失业保险	居民医疗保险	生活救助	医疗救助	养老保险	合作医疗	生活救助	医疗救助
1998	26.93	4.08	19.05		0.44				0.29	
1999	28.54	4.72	22.52		0.59				0.24	
2000	29.66	9.44	22.67		0.88				0.24	
2001	29.51	15.87	21.54		2.44				0.8	
2002	29.35	18.72	20.28		4.11				0.99	
2003	29.61	20.81	19.8		4.29				2.22	
2004	30.13	22.85	19.5		4.06				2.58	

① 杨红燕. 财政社会保障支出：结构、公平性与影响［M］. 武汉：武汉大学出版社，2014：202-210.

表4.9(续)

年份	城市						农村			
	养老保险	医疗保险	失业保险	居民医疗保险	生活救助	医疗救助	养老保险	合作医疗	生活救助	医疗救助
2005	31.11	24.52	18.94		3.97	0.77		24.01	3.37	10.82
2006	32.52	27.26	19.39		3.88	0.25		55.6	5.18	15.92
2007	33.91	30.35	19.61	7.23	3.83	0.58		99.83	8.11	23.93
2008	36.08	32.96	20.22	19.49	3.85	1.22		100	9.49	26.3
2009	37.87	35.32	20.45	29.11	3.77	1.91	12.19	100	9.52	25.15
2010	38.62	35.66	20.1	29.34	3.72	2.85	15.24	100	9.68	25.07

数据来源：杨红燕. 财政社会保障支出：结构、公平性与影响［M］. 武汉：武汉大学出版社，2014.

其次，从城乡社会保障支出占社会保障支出总额比重来看，社会保障支出也存在明显的城市偏向性①。根据表4.10可知，在农村人口远高于城市人口的情况下，农村的财政社会保障支出总额还无法赶上城市的财政社会保障支出总额，其占社会保障支出的比重也远低于城市。其中2005年城市与农村的人均指标之比超过了7倍。此后，用于农村的财政社会保障支出所占的比重在逐年提高，而且其增幅明显高于城市的增幅，也远高于农村人口的增幅，尽管农村财政社会保障支出与城市相比还有不小的差距，但总体上说这种差距在逐年缩小。

表4.10　1998—2010年城乡财政社会保障支出占财政社会保障支出总额比重

年份	城市		农村	
	人口(万人)	占财政社保支出比重(%)	人口(万人)	占财政社保支出比重(%)
1998	41 608	4.95	83 153	
1999	43 748	16.2	82 038	
2000	45 906	24.2	80 837	
2001	48 064	20.43	79 563	
2002	50 212	17.72	78 241	

① 需要特别说明的是城市和农村占财政社保支出的比重并不等于100%，主要是因为现有统计资料中对于财政补充社会保障基金、自然灾害、抚恤费支出等部分没有做出城乡之分。

表4.10(续)

年份	城市		农村	
	人口(万人)	占财政社保支出比重(%)	人口(万人)	占财政社保支出比重(%)
2003	52 376	20.77	76 851	
2004	54 283	20.51	75 705	
2005	56 212	23.6	74 544	3.13
2006	57 706	27.31	73 742	7.45
2007	59 379	28.24	72 750	9.33
2008	60 667	29.19	72 135	14.95
2009	62 186	32.07	71 288	16.02
2010	66 557	30.86	67 415	18.35

数据来源：杨红燕．财政社会保障支出：结构、公平性与影响［M］．武汉：武汉大学出版社，2014.

最后，从不同地区的角度来看社会保障支出的城市偏向性，各省份都存在一定程度的城市偏向性，但区域差异较大，如表4.11所示。由于数据可获得性，无法直接测度社会保障支出的城镇偏向程度，但在2007年政府财政收支科目重新分类前，社会保障支出主要包括抚恤和社会福利救济费、行政事业单位的离退休费、社会保障补助支出，而其中行政事业单位的离退休费仅涉及城镇居民，其他两项则覆盖了城乡居民。因此，本章对不同省份社会保障支出的城市偏向性的考察，选取的是各省份行政事业单位的离退休费占社会保障支出的比重来衡量社会保障支出的城镇偏向程度。但是，由于2007年以后社会保障支出仅有社会保障和就业数据，关于社会保障支出的城镇偏向程度对城乡收入差距的影响，只能以1998—2006年年度数据为基础进行检验。根据表4.11可知，1999—2006年各省份仅行政事业单位的离退休费占社会保障的支出比重大多在30%~50%，如果再加上其他两个项目中城市的财政支出，那这个比重将会更高，这也说明我国各地区社会保障支出存在一定程度的城市偏向性，但具体测度由于数据等方面因素的影响，难以获得具体数值。不过，这也可以看出存在一定程度的区域间差异，其中天津、黑龙江和贵州三个省市的比例较低，而东部地区相对于中西部地区而言，大多数省份这个比重都要高一些。

表 4.11　　1999—2006 年各省份社会保障支出城市偏向性　　单位:%

省（区、市）	年份							
	1999	2000	2001	2002	2003	2004	2005	2006
北京	55.06	53.76	52.50	52.03	48.75	48.15	48.50	43.85
天津	5.04	3.54	3.60	3.12	3.19	2.97	2.47	1.93
河北	45.89	38.10	34.86	37.51	32.11	37.37	31.83	31.88
山西	40.93	37.52	37.92	35.12	30.34	29.70	32.43	31.57
内蒙古	49.24	44.86	48.88	45.98	46.06	40.48	46.00	45.10
辽宁	26.78	20.48	18.97	19.84	19.51	20.06	20.25	19.63
吉林	36.73	42.23	39.05	34.76	30.50	23.44	22.02	27.62
黑龙江	8.81	7.99	9.64	15.76	17.31	14.23	14.52	12.81
上海	35.19	30.29	22.36	16.71	11.16	8.06	6.65	6.81
江苏	51.63	44.90	44.15	40.84	37.54	36.36	31.99	29.17
浙江	22.70	20.32	21.31	17.46	15.43	14.04	12.95	11.27
安徽	45.13	40.06	36.47	32.52	31.58	35.03	36.32	32.04
福建	53.89	55.18	60.09	60.59	60.19	58.46	56.87	55.36
江西	34.75	28.72	28.46	23.65	20.45	23.72	23.74	22.38
山东	45.78	44.05	39.48	43.19	41.48	40.95	39.40	39.37
河南	50.86	41.04	41.85	41.28	39.43	39.67	38.55	36.85
湖北	34.21	26.13	28.10	28.11	24.50	22.29	21.08	17.45
湖南	41.52	36.11	33.25	31.89	32.72	27.13	28.01	25.81
广东	55.76	55.80	53.31	52.97	55.39	55.04	56.44	53.03
广西	50.41	44.79	43.39	37.71	36.78	40.93	34.04	36.41
海南	50.73	40.50	35.34	29.61	30.15	27.41	27.46	24.90
重庆	41.16	34.57	36.94	32.60	33.99	37.96	34.39	32.15
四川	40.78	32.18	35.38	35.36	37.08	36.34	33.41	31.85
贵州	9.65	7.89	9.63	8.32	8.79	8.65	8.21	7.44
云南	60.03	51.54	46.24	50.19	43.16	52.79	55.93	55.51
西藏	41.45	36.10	36.37	29.02	23.34	24.65	21.38	18.86
陕西	38.13	25.40	28.27	25.22	26.29	26.53	20.97	23.97
甘肃	50.31	35.90	48.64	38.16	28.34	29.09	28.54	32.00
青海	50.60	45.07	50.68	49.81	47.96	47.44	46.27	43.94
宁夏	43.97	28.60	28.51	16.93	31.63	41.86	39.35	31.07
新疆	68.45	62.01	60.63	41.03	51.85	54.43	54.05	48.75

数据来源：根据 2000—2007 年《中国统计年鉴》相关数据整理计算而得。

4.4 中国地方财政支出城市偏向性形成原因的理论分析

4.4.1 中国地方财政支出城市偏向性的经济逻辑

通过对中国财政支出相关数据的分析，可以发现中国财政支出长期存在严重的城市偏向性，这种城市偏向性的财政支出体系的形成有历史因素、制度因素等多方面因素的影响，而中国财政支出城市偏向性形成的内在原因主要可以从经济逻辑和政治逻辑两个方面去考量。

中国城市偏向性的政策和制度体系自中华人民共和国成立以来就存在，为了优先发展重工业和城市，如前所述，国家制定了一系列的限制农村和农业发展而促进城市和工业发展的相关制度和政策，从而最大限度地将农村剩余转移到城市和工业，故我国城市偏向性的政策形成具有历史和制度因素。改革开放以来，中国实行了经济分权改革，尽管最初推行家庭联产承包责任制使得农村生产率大幅度提高，农村经济取得了较快发展，但中国经济改革最终还是转移到以城市经济发展为主。实际上，无论是发达国家还是发展中国家，在经济发展过程中都存在一定程度上的城市偏向性政策，从经济发展角度来说，这也是必然的选择，是符合经济逻辑的。因此，中国财政支出城市偏向性的形成也是中国经济发展和经济改革的必然产物，从经济逻辑上可以从以下几个方面进行解释：

其一，是中国社会经济发展和市场经济改革的必然选择。随着中国社会经济的发展，经济结构会进行不断地调整，农业在整个国民经济中的地位逐渐下降，工业和商业的地位不断上升，而工业和商业主要分布在城市区域，为了发展工商业必然会形成城市偏向性的财政支出政策。

其二，是城市和农村的物质资本回报率差异。由于传统农业发展到一定程度后，生产率低且增长缓慢，而城市的工商业生产率更高且增长快，这就使得城乡之间资本投资回报率出现较大差异，无论是政府还是私人都愿意将资本投入到回报率更高的地区，导致更多财政支出投入到城市地区，最终形成了城市偏向性的财政支出政策。

其三，是人口流动和劳动力向城市转移的需要。中国是一个人口大国且农民所占比重较大，随着中国市场经济改革和城市的发展，将有大量的农村劳动力转移到城市，一部分在城市落户转变为城市居民，一部分在城市就业，这就必然对城市基础设施建设、基本公共服务等方面的需求不断增加，导致了财政支出偏向于城市。

其四，地方政府财政需求引致财政支出城市偏向性，改革开放以来的财政分权体制改革，特别是1994年分税制改革以来，中国的财政体制是一种不规范的分权体制，现实情况是财政支出分权而财政收入集权，这就导致了地方政府事权和财权的不匹配，再加上转移支付制度没有起到很好地平衡地方政府财力差异的作用，大多数地方政府特别是基层政府出现了严重的财政困难，在地方政府财政需求不断增加而财政收入不足的现实下，为了培植更多的税源取得更多的财政收入，缓解地方政府财政缺口，地方政府必然会将财政资源投入到生产效率高和经济发展快的领域和地区，最终更多的财政资金投入到城市，从而形成了财政支出的城市偏向性。

4.4.2　中国地方财政支出城市偏向性的政治逻辑

中国城市偏向的政策和制度体系的形成除了经济因素外，还比较值得关注的就是政治因素对中国城市偏向性政策形成的影响。无论是改革开放前，还是改革开放以后，政治因素对于中国城市偏向的政策具有重要影响，而具体到中国财政支出城市偏向的形成来说，可能政治上的因素相对经济因素来说影响更大。在中华人民共和国成立初期，当时面对国内外复杂的形势，党和国家在中国农业还比较落后且基础薄弱的情况下，选择优先发展重工业的战略本身就具有重要的政治意义，而随后制定的户籍制度、人民公社制度、统购统销制度等则主要是基于政治考虑形成的，可见，政治因素对于中国城市偏向性的政策具有历史影响。改革开放以后，中国实行经济分权改革，但与此同时政治上是集权的，在中国式分权体制下财政支出仍然存在严重的城市偏向性，从政治逻辑来说可以从以下几个方面来解释：

其一，地方政府官员“晋升锦标赛”是中国财政支出城市偏向最为重要的政治原因。钱颖一等（1998）认为中国现行分权体制下，地方政府作为理性行为者在追求其特定目标时会形成一定的行为模式，周黎安(2007)① 研究认为中国地方政府官员行为模式就是“晋升锦标赛”模式，

① 周黎安. 中国地方官员的“晋升锦标赛”模式研究［J］. 经济研究，2007（7）：36-50.

即谋求晋升是地方政府官员所追求的特定目标，在地方经济增长和财政收入增长作为考量地方政府官员业绩的指挥棒的情况下，地方政府官员必然会将更多的财政资金投入到能够带来经济增长和财政收入增长等能够增加政绩的地方，在城乡经济增长和资本投资回报率存在较大差异的情况下，地方政府官员的理性选择就是财政支出偏向于城市。

其二，城乡居民对公共政策的政治影响力差异是中国财政支出城市偏向性的重要原因。中国城乡居民由于教育水平差异使得城市居民政治意识和能力高于农村居民，城市居民对民主和政治参与度和关注度高，并且城市居民在政治上对政治决策者具有更强的影响力，一方面其本身更接近政策制定机构和政策制定者；另一方面，他们能够通过各种途径影响政策制定者，有可能是与政策制定者之间存在某种连带关系或者是利益集团的成员等，政府以及政策制定者为了获得城市居民的支持，在政策制定中往往会偏向于城市居民。

其三，地方政府的财政竞争导致了中国财政支出城市偏向性。中国财政分权赋予了地方政府更多的财政自由裁量权，地方政府官员无论是为了获得政治上的晋升，还是为了获得更多的可支配财政资源，往往都会展开财政竞争。一方面，地方政府官员为了获得政治上的晋升，往往会追求经济增长，各种工业园区、高新技术园区、物流园区等在各地兴起，地方政府为了招商引资往往会将大量的财政资金投入到以城市为主的经济建设领域，而与此同时，为了吸引人才、技术等进入当地，在基本公共服务的配套设施上也会逐渐完善，这样必然导致大量的财政支出偏向于城市。另一方面，地方政府官员为了获得更多的财政资源①，在财政资源有限的情况下，地方政府将会通过各种财政竞争②手段，以谋求掌握更多的财政资源，在一定程度上能够实现自身利益的最大化。如近年来中国非税收入增长速度非常快，其中非常重要的因素就在于，非税收入主要由地方政府所支配，

① 在财政分权体制下，地方政府拥有更多财政权力，根据官僚制度经济学分析，地方政府官员追求预算最大化，他们会寻求尽可能多地掌握可以支配的财政资金。

② 财政竞争主要有纵向竞争和横向竞争。纵向竞争方面，在中国实行分税制改革以后，财权高度集中的中央在政治上也是绝对的集权，上级政府相对于下级政府的竞争优势非常明显，但是地方政府可以通过降低税收努力程度等方式进行隐形的竞争。而在横向竞争方面，地方政府为了获得更多的经济资源并实现财政收入最大化，往往进行财政竞争，并且存在不少恶性的财政竞争。

而在中国财权高度集中的情况下，地方政府有更多的动力获得非税收入而降低税收努力程度①。

4.5　本章小结

中国城乡收入差距产生的一个重要原因在于中国存在严重的城市偏向性社会经济政策，中国的地方财政支出同样存在着严重的城市偏向性，这种城市偏向性的财政支出对城乡居民在初次分配和再次分配中获得的收入产生重要影响，是中国城乡收入差距扩大的重要影响因素。本章基于中国财政分权改革背景，从理论上分析财政分权对地方政府财政支出行为的影响，对中国地方财政支出城市偏向性进行现实考察，并具体分析中国地方财政支出偏向的原因，有利于我们更好地理解中国地方财政支出的城市偏向，也有利于厘清财政支出与城乡收入差距之间的关联性。

本章通过理论分析和现实考察，得出如下结论：

一是中国的财政分权伴随着政治集权，对地方政府有着政治和财政的双重激励，导致了地方政府在自身利益驱动以及双重激励下的行为异化。财政分权赋予地方政府更多的财政自主权，地方政府在财政支出上具有较大的决定权，在政治集权体制下，地方政府官员晋升主要由上级政府来任命，在以经济增长为主要政绩考核机制的驱动下，地方政府官员会将更多的财政资源投入到能够带来政绩的领域，再加上地方政府之间的财政和政治竞争，地方财政支出结构出现了扭曲，主要表现为城市性偏向和经济性偏向。

二是通过对中国地方财政支出的现实考察，本研究发现中国地方财政支出普遍存在城市偏向性，但是不同类型的财政支出的偏向程度存在差异，并且这种差异存在空间异质性。本章以财政支农支出、义务教育支出、医疗卫生支出和社会保障支出为例，具体分析这些财政支出项目在城乡之间的分配情况，并对其城市偏向性进行了现实考察。首先，我国财政支农支出直接影响农村发展和农民收入，进而影响城乡收入差距，当前中国财政

① 孟天广，苏政．“同侪效应”与“邻居效应”：地级市非税收入规模膨胀的政治逻辑［J］．经济社会体制比较，2015（2）：166-174.

支农支出规模严重不足且增长缓慢，不利于农业发展和农民收入增长。从区域角度来观察财政支农支出，发现我国不同省份财政支农支出占财政支出的比重均较低且增长缓慢，省份间也存在较大差异。其次，我国教育支出主要是义务教育支出也存在严重的城市偏向性，中国农村义务教育投入严重不足。从区域角度来看，各省份农村义务教育支出占当年当地义务教育支出比重以及普通初中教育支出占当地义务教育支出比重，在一定程度上反映教育支出在不同区域和不同阶段的城市偏向性，其中发达地区义务教育城市偏向性相对低于落后地区，随着经济发展义务教育城市偏向性逐渐减弱，有利于城乡收入差距的缩小。再次，从城乡卫生总费用和人均卫生费用来看，我国卫生支出存在明显的城市偏向性。从城乡医疗卫生资源分配来看，主要体现在城乡医生人数差异上和医疗机构差异上，而我国城乡医疗卫生资源分配也存在严重的城市偏向性。最后，从社会保障支出各个项目在城乡间的覆盖率以及城市和农村社会保障支出各占社会保障支出的比重来看，我国社会保障支出无论是从覆盖率还是占比都存在严重的城市偏向性，但近年来城乡之间差距在不断缩小。从城乡社会保障支出占社会保障支出总额的比重来看，社会保障支出也存在明显的城市偏向性。从不同地区角度来看社会保障支出的城市偏向性，各省份都存在一定程度的城市偏向性，但区域差异较大。

三是对中国地方财政支出的城市偏向性产生的原因进行深入的理论分析，解释其产生的政治和经济逻辑。中国城市偏向性政策产生的历史原因在于中华人民共和国成立初期选择了“优先发展重工业”战略导致了城乡二元社会经济结构，而改革开放以后的分权改革，导致了城市、区域以及工业优先发展的战略，在一定程度上强化了城市偏向性的社会经济制度，这些是中国城市偏向性政策产生的重要原因。对于中国地方财政支出城市偏向性来说，主要有政治和经济两个方面的原因。从经济角度来说，主要的原因在于中国社会经济发展和市场经济改革的需要、城市和农村的物质资本回报率差异、人口流动和劳动力向城市转移的需要、地方政府财政需求引致财政支出城市偏向性四个方面；从政治角度来说，主要原因在于地方政府官员“晋升锦标赛”、城乡居民对公共政策的政治影响力差异、地方政府的财政竞争等方面。

5 财政分权、地方财政支出与城乡收入差距关系的理论分析

5.1 财政分权对地方政府财政行为影响的理论分析

5.1.1 财政分权的理论回顾

财政分权理论来自财政学（公共经济学）中关于不同层级公共产品如何供给的问题，基于效率原则下的公共产品有效供给，在多层级政府存在的现实下，如何将财政收支在多级政府间合理配置，这是财政分权理论产生以及发展的起点。分权思想最早源于哈耶克（Hayek，1945），他指出了地方政府相对于中央政府具有获得当地居民真实偏好的较强的信息优势，这种优势对公共产品供给效率提升具有重要作用，实行分权具有较强的激励地方政府提供公共产品的效应①。随着财政分权思想和理论发展，形成了传统财政分权理论和现代财政分权理论，即第一代财政分权理论（FGFF）和第二代财政分权理论（SGFF）。两代财政分权理论虽有共同点，但也有明显的差异性，第二代财政分权理论强调了对地方政府行为的激励，在一定程度上更接近于现实。

第一代财政分权理论又称为财政联邦主义或 TOM 模型，是由蒂布特（Tibeout）、斯蒂格勒（Stigler）、马斯格雷夫（Musgrave）、奥茨（Oates）等学者对公共产品供给问题进行深入研究而形成并逐步完善。传统财政分权理论是基于市场效率原则来研究不同层次公共产品如何有效供给，该理

① Hayek, Friedrich A. The Use of Knowledge in Society [J]. American Economic Review, 1945 (35).

论认为中央政府存在信息获取上的“偏好误识”，如果公共产品由中央政府统一提供将会缺乏效率，地方政府相对中央政府具有信息优势，能够更有效地提供当地居民所需要的公共产品，财政分权有利于提高公共产品供给效率。蒂布特（Tibeout，1956）认为个人具有“双重身份[①]”，可以通过“用脚投票”方式迁移到符合其公共产品偏好的地区生活，从而激励地方政府有效提供公共产品，该模型在一定程度上解决了公共部门信号显示问题[②]，并将财政分权与公共产品供给联系起来[③]。斯蒂格勒（Stigler，1957）从地方政府具有信息优势和地方政府的存在为居民参与公共产品提供了一种表决机制两个方面分析了地方政府存在的必要性，认为地方政府能够更有效地配置公共资源[④]。布坎南（Buchanan，1967）认为在公共产品供给中应该确保决策规则的公平性，并提出“一致同意”的公共决策机制来提高公共产品的配置效率，实际上他在前人基础上关注了如何通过“用手投票”来决定公共产品供给的政治决策问题，即公共产品的偏好显示和政治决策规则的制定问题[⑤]。第一代财政分权理论的形成和完善主要源于马斯格雷夫、奥茨等学者对财政分权理论进行的修正和发展，马斯格雷夫（Musgrave，1959）提出了政府财政三大职能，并据此分析了地方政府存在的必要性以及如何在各层级政府间划分收支的问题[⑥]。奥茨（Oates，1972）从成本与收益角度分析了财政分权还是集权更有利于公共产品的有效供给，他认为由于部分公共产品存在区域外溢性，分权也不一定必然带来公共产品供给效率的增加，不同类型公共产品应该选择的不同方式来提供[⑦]。基于

---

① 蒂布特模型中的个人的“双重身份”是指个人既是公共产品的“消费者”，同时个人也是决定公共产品供给的“投票者”，个人可以通过“用脚投票”的方式选择与自身偏好相同的公共产品供给区域生活。

② 在蒂布特之前，马斯格雷夫（Musgrave，1939）和萨缪尔森（Samuelson，1954）针对公共产品供给进行了规范分析，并认为公共产品供给不存在“市场解”，蒂布特模型则否认了这种观点。

③ Tibeout，C. A Pure Theory of Clubs [J]. American Economic Review，1956 (64).

④ G. J. Stiglers. G. The Tenable Range of Functions of Local Goverment [M]. Washing，D. C，1957：213-219.

⑤ Buchanan，J. M.，“An Economic Theory of Clubs”，Economica，32，February，1965：1-14.

⑥ Musgrave，R. A. The Theory of Public Finance [M]. McGraw-Hill，New York，1959.

⑦ Oates，Wallace E.，Fiscal Federalism，New York：Harcourt Brace Jovanovic，1972.

此，提出了著名的分权定理：分权供给公共产品的最优边界在于差异化供给所带来的边际收益与所伴随的外部性的边际成本相等之处①。第一代财政分权理论（FGFF）是基于政府及其官员是以社会福利最大化为目标的前提，以此来设定政府职能以及如何将其在不同层级政府间合理划分，从而明确各层级政府的财政支出责任，并据此将税权在不同层级政府之间划分，即各级政府保证其财政支出责任的收入来源有哪些、统一税源是否需要在不同层级政府之间进行分享、各级政府是否有自己的主体税种等问题。

第一代财政分权理论在假定地方政府及官员是以社会福利最大化为目标的前提下进行的研究，认为通过分权下地方政府竞争可以引导公共资源更有效地配置以满足当地居民的偏好，但由于该理论缺乏对政府公共决策过程的关注，忽视了政府官员为什么有激励去提供公共产品和维护市场秩序②，导致了理论与现实的不符。实际上，现实中的政府官员并不是“利他主义”，而是有着独立利益的经济主体，分权使得地方政府官员具有更大的自主权，当地方政府官员的利益与当地居民偏好不一致，就会导致地方政府行为偏离公众偏好，财政分权面临着对地方政府行为财政激励问题。随着公共选择理论、激励相容理论、委托代理理论的发展，有学者在第一代财政分权理论的基础上，将其引入到财政分权中，并将财政分权重点转向了财政分权下如何激励地方政府的研究，由 Brennan 和 Buchanan（1980）最早提出，后来经由 Qian 和 Weingast（1997）、McKinnon（1997）等人的成果而得到进一步发展，并形成了第二代财政分权理论（SGFF）。

Brennan 和 Buchanan（1980）的研究是两代财政分权理论的过渡，他们假设政府不是“利他主义”而是“经济人”，并以公共选择理论为基础分析了政府官员的行为③。Qian 和 Weingast（1996，1997）则研究了中国的分权改革，发现中国的分权改革所形成的激励和约束机制创造了一个来自地方的改革支持机制，并将其称之为“市场维持型财政联邦主义（market-pre-

---

① 傅勇. 中国式分权与地方政府行为：探索转变发展模式的制度型框架［M］. 上海：复旦大学出版社，2010：13.

② 杨灿明，赵福军. 财政分权理论及其发展述评［J］. 中南财经政法大学学报，2004（4）：4.

③ Brennan，G.，Buchannan J. The Power to Tax：Analytical Foundations of a Fiscal Consitution［M］. Cambridge：Cambridge U. Press，1980.

serving federalism)"[1]。随后，Qian 和 Roland（1998）对中国财政分权中的激励与预算约束进行了分析，并利用 DM 模型精确化了前人的研究，指出财政分权的两种效应：一是竞争效应，二是制衡效应[2]。他们认为中国分权改革让地方政府拥有更大的财政自主权，而与此相伴随的是一种政治集权体制，在以经济增长为政府官员主要考核指标的情况下，中国分权改革激励了地方政府的竞争使其大力发展经济，从而导致地方政府不断加大基础设施投资等经济建设领域投资以保持经济快速增长，进而创造了中国经济持续快速增长的奇迹，但与此同时，中国地方政府在基本公共服务领域以及缩小收入差距方面存在严重问题。另外，Breton（1998）对财政分权下地方政府竞争进行了深入研究，他认为政府间财政竞争在一定程度上会影响地方政府公共产品的供给，地方政府为了经济增长而竞争会导致其对财政资源分配的扭曲，将更多的财政资源分配到经济领域以及投资回报率高的地区[3]。他认为主要原因在于地方政府财政竞争在一定程度上会弱化地方政府财力[4]，地方政府对公共产品供给的能力和愿意被弱化就进一步导致了公共产品供给的不足，而且分权体制下上下级政府间的预算软约束[5]也不利于地方政府改善公共产品供给效率。马斯格雷夫（1983）曾指出财政分权下转移支付是中央政府影响地方政府供给公共产品的重要政策工具，中央政府如果不对地方政府行为进行约束，就会在一定程度上弱化地方政府的预算约束[6]。软预算约束降低了地方政府财政赤字的机会成本同时增加了税收成本，由于“财政幻觉”的存在，地方政府实际的公共支出规模将远远超出

---

① Qian, Y., and Barry R. Weingast. "China's Transition to Markets: Market - Preserving Federalism, Chinese Style" [J]. Journal of Reform, 1996, 1: 149-185.

② Qian, Y., and Gerald Roland. "Federalism and the Soft Budget Constraint" [J]. The American Economic Review, 1998, 88 (5): 1143-1162.

③ 主要是包括不同级政府之间的竞争和同级政府之间的竞争，即纵向竞争和横向竞争。

④ 地方政府为了吸引投资发展经济，会利用税收优惠、财政补贴等政策，这必然会导致其财政收入一定程度上的减少。

⑤ 软预算约束是指当一个经济组织遇到财务困境时，借助外部组织的援助得以继续生存的经济现象，而硬预算约束则是一个经济组织的一切活动都以自身拥有的资源约束为限。

⑥ Musgrave R. A., "Who Should Tax Where and What?" In C. Mclure (ed.), Tax Assignment in Federal Countries, Australian National Univerity, 1983.

计划水平，如果中央政府不援助就会使得当地居民获得更低的公共服务水平，从而不利于地方政府公共产品的有效供给。

可见，第二代财政分权理论对于分权体制下的财政激励问题的研究更为关注，实际上，分权导致了地方政府的自由裁量权的增加，但这种自由度的增加使得地方政府有改变行为的能力，如果分权体制下缺乏激励就会导致地方政府行为的异化，可能与分权最终期望达到的目标相去甚远。因此，在分权体制下无论是公共产品的供给还是收入差距等问题的研究都必须考虑财政分权对地方政府行为的激励与约束，进而对公共产品的供给以及缩小收入差距产生的影响。

5.1.2　中国财政分权改革历史背景与现实描述

新中国成立后，中国实行了高度集中的计划经济体制，高度的集权对于刚成立的中国来说是一个必然选择，由于经济基础薄弱再加上外部的国际环境复杂等因素，必须集中所有资源来由中央政府进行集中配置，才能在短期内迅速发展某一个产业、领域或地区。因此，中华人民共和国成立后为了迅速提升国力和军事力量，中国选择了优先发展重工业和城市的战略，并通过实行城乡有别的政策和制度来进行资源的分配①，这对中国工业和军事等方面的快速发展具有决定性的作用。但是，这种高度集权的体制随着时间的推移，其弊端也越来越明显，由于中央政府存在信息缺失以及平均主义的收入分配等机制缺乏激励，导致了中国经济发展缓慢，人民收入水平和生活水平低下，大多数人连温饱问题都解决不了。可见，中国高度集权的制度尽管带来了收入分配的公平，但却是低水平的公平，并且制约了经济的发展，同时由于政府财力缺乏导致了公共产品供给的严重缺乏。邓小平在党的十一届三中全会提出了中国的改革开放战略，这场改革就是将原来高度集中的计划经济体制向市场经济转变。从1978年开始市场经济改革以来，中国经济持续高速增长，无论是农村还是城市物质水平都大幅度提高，中国的经济面貌发生了翻天覆地的变化，被称为经济增长的“奇迹”。改革开放以来，在经济上的分权改革使得市场经济迅速发展，同时财政体制上也实行了分权改革，极大地调动了地方政府的积极性，这种制度

---

① 蔡昉（2000，2003）认为户籍制度、人民公社制度和农产品统购统销制度构成了抽取农村剩余的“三驾马车”，为优先发展重工业提供了原始的资本积累。

变化为地方政府发展本地经济提供了动力，从而促进了中国改革开放以来40多年持续的经济增长。因此，财政分权改革被认为是中国改革开放以来经济持续快速增长的推动力。

中国的分权改革一方面向微观经济主体（包括个人、家庭和企业）分权，一方面向地方政府分权，这种分权体制为微观主体和地方政府发展经济提供了激励。中国的分权改革始于农村实行的家庭联产承包责任制，这种制度变革极大地调动了广大农民生产的积极性，农村生产力得到稳定的增长，农民的收入水平也随之上升。另外，在中国市场经济改革过程中，逐渐鼓励私营经济的发展，这就把蕴藏于社会的生产力激发了出来，私营经济在中国快速发展，同时带动了经济增长与就业，人民的收入水平逐渐增加。而中国改革开放以后，对中国社会经济产生深远影响的应属财政领域的分权改革，从20世纪70年代以来的放权让利到80年代的“分灶吃饭”再到90年代的分税制改革，中国财政体制总体上是分权，但在分权与集权之间又在不断地调整，并且收入和支出的分权程度并不一致。但无论怎样，中国的财政分权赋予了地方政府更多的财政自主权，这就使得地方政府之间竞争加剧，地方政府为了维护市场经济发展，不再有激励向经营绩效不佳的国有企业提供援助，其结果是形成“市场维持型联邦主义”①。中国财政分权体制使得地方政府利益主体的地位得到确认和强化，进而激励地方政府进行财政竞争，这又进一步强化了地方政府发展本地区经济的动力，而财政激励的强化以及地方政府之间的财政竞争则成为中国经济持续增长的主要因素。

仅仅有财政分权下的财政激励是否就一定能够促进经济增长，有学者对此提出了怀疑，根据世界各国分权实践来看，分权并不必然带来经济增长，但为何中国分权带来了经济增长？Zhuravskaya（2000）就俄罗斯分权绩效进行了实证研究，研究表明俄罗斯的财政分权体制对地方政府的财政激励非常微弱，因为当地方政府收入增加时，上级政府将削减对其转移支付并降低其财政分享的比重，这就抑制了地方政府发展经济和提供公共产品的动力②。但是中国财政分权与俄罗斯财政分权的结果相反，Blanchard 和

---

① 傅勇，张晏. 中国式分权与财政支出结构偏向：为增长而竞争的代价［J］. 管理世界，2007（3）：5.

② Zhuravskaya，Ekaterina，V.，“Incentives to Provide Local Public Goods：Fiscal Federalism，Russian Style”，Journal of Public Economics，76，2000：337-368.

Shleifer（2001）认为其原因在于中国财政分权体制伴随的是政治集权，而俄罗斯则是在政治自由化背景下实施的财政分权①。在中国，中央政府可以对地方政府进行奖惩，并且中央政府对地方政府官员的任免具有绝对的权威，地方政府将追随中央政府经济增长的目标而强化自己的行为；在俄罗斯，中央政府没有能力惩罚或奖励地方政府，中央政府缺乏对地方政府的控制力，地方政府为追求连任就很容易被地方精英“俘获”，因而没有主动推动经济发展的动力②。可见，除了经济分权外，中国经济分权背后的政治体制也是影响地方政府行为从而导致地方政府发展本地经济的一个重要政治激励因素。张军和周黎安（2007）等学者研究认为中国政治集权下地方政府官员的“晋升锦标赛”是中国经济取得成功的关键，其中政治激励是超越财政激励之外的更为根本的激励力量，也是理解中国地方政府激励的关键线索③。中国财政分权与西方财政分权有着截然不同的政治基础，西方财政分权是建立在联邦制基础上，中国财政分权则是建立在集权化的政治体制下，中国中央政府和地方政府之间的财政关系建立在上级对下级政府的委任制基础上。傅勇和张宴（2007）明确提出中国式分权的概念，并认为中国式分权的核心内涵就是经济分权同政治集权的紧密结合，傅勇（2008）④ 研究认为地方政府行为模式决定分权绩效，以经济增长为政绩考核核心指标的政治激励将地方政府的注意力集中到增长目标，而有效的财政激励保证了地方政府能稳定地分享增长果实，从而导致地方政府忽视社会事业以及收入分配等方面。地方政府官员除了“政治晋升”外还有着“自我晋升”的激励，政治晋升是一场零和博弈，对于那些得不到政治晋升的官员，他们将转而通过个人控制权的横向扩张来追求“自我晋升”，以弥补未能得到政治晋升而失去的政治利益⑤。

---

① Blanchar O., A. Shleifer. Federalism with and without Political Centralization：China versus Russia [R]. IMF Staff Papers，2000，(48)：171-179.

② 傅勇. 中国式分权与地方政府行为：探索转变发展模式的制度型框架 [M]. 上海：复旦大学出版社，2010：17.

③ 张军，周黎安. 为增长而竞争：中国增长的政治经济学 [M]. 上海：格致出版社，上海人民出版社，2007.

④ 傅勇. 中国的分权为何不同：一个考虑政治激励与财政激励的分析框架 [J]. 世界经济，2008 (11)：16-25.

⑤ 何晓星. 再论中国地方政府主导型市场经济 [J]. 中国工业经济，2005 (1)：31-38.

5.1.3 中国式财政分权对地方政府行为影响的理论分析

世界各国的财政分权改革实践表明，分权改革的效果在各国存在较大的差异，有的国家分权改革带来了经济增长、社会福利的改善或公平的收入分配，而有的国家改革效果不明显甚至改革导致出现更糟糕的情况。出现这种差异的重要原因就是分权改革的效果要受地方政府行为的影响。中国改革开放以来实行分权改革，其中经济上的分权促进了市场经济的快速发展，而财政分权改革赋予了地方政府更大的财政自主权并激发地方政府发展本地区经济的动力，从而促进了中国改革开放以来40多年持续的经济增长。但另一方面也可发现，中国式分权使得中国经济在持续快速增长的同时，中国的基本公共服务供给严重不足以及收入差距特别是城乡收入差距日益扩大，使得中国社会矛盾也在逐渐加深，进而影响和制约中国经济的发展。中国的分权改革带来的是经济快速增长，但并没有带来公平的收入分配，其中的原因可能主要在于分权体制下地方政府行为对分权绩效产生了较大的影响，因此，分析中国式分权下地方政府行为的现实逻辑具有重要意义。

中国式分权伴随着政治集权，分权体制给地方政府产生的是财政激励，而政治集权给地方政府产生的是政治激励，地方政府自身利益驱动以及双重激励导致了地方政府行为异化，如图5.1所示①。

首先，在中国政治集权背景下，中国地方政府官员是由上级任命的而不是当地选民选举出来的，中国的地方政府实际上是中央政府的行政代理机构。这种政治集权体制下对地方政府官员的考核又是以经济增长为主要绩效考核指标，再加上上级政府对下级政府官员晋升具有绝对的权威，这就对地方政府官员产生了较强的政治激励，激励地方政府执行上级政策而谋求自身的晋升或升迁。

其次，中国的财政分权使得地方政府具有一定的财政自主权，但现实中地方政府官员又是一个具有独立利益的主体，在中国财政分权以收入集权而支出分权导致事权财权不匹配的现实下，财政分权给地方政府的财政激励使得地方政府为了追求短期的经济利益和政治利益，而在财政资源的

① 谢芬，肖育才．财政分权、地方政府行为与基本公共服务均等化［J］．财政研究，2013（11）：4.

分配和使用上更多偏向于有利于自身利益的领域，必然就出现了地方政府财政支出与当地居民偏好的背离，导致了财政支出偏向于经济领域以及城市及其居民等，进而对中国的收入分配产生了较大的影响。

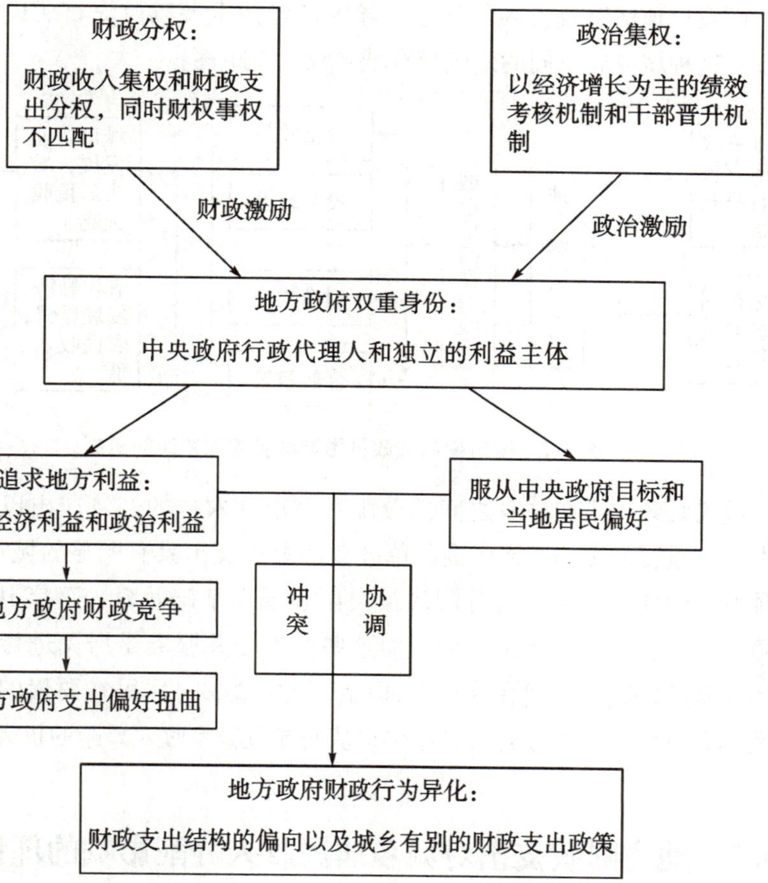

图 5.1 中国式分权下地方政府行为分析

城市偏向性的政策对城乡收入差距有着重要影响这已经被国内外学者的研究所证实，但是城市偏向性政策如何作用于城乡收入差距是值得思考的一个理论问题。前面分析也阐述过，分权体制下地方政府有独立的自主权，在政治和经济因素考量下，地方政府出于自身利益会出现城市偏向性的政策行为，从而导致城乡之间不同的经济和收入增长，进而引起城乡收入差距以及二元经济结构，其作用机制如图 5.2 所示。政府城市偏向性的政策主要表现在价格和非价格两个方面，具体包括价格政策、投资政策、财政支出政策、金融政策等方面。价格政策主要是通过工农业产品价格“剪刀差”来转移农产剩余到城市；非价格方面则主要表现为固定资产投资大量投向城市地区，而对农村和农业的财政支出、贷款等处于较低水平①。城市偏向性的政策导致城市经济快速发展，同时城市居民收入水平大幅度提高，而农村地区财政投入的不足，导致其经济发展以及农村居民收入增长缓慢，这种城乡间不同的效应导致城乡收入差距逐步扩大。

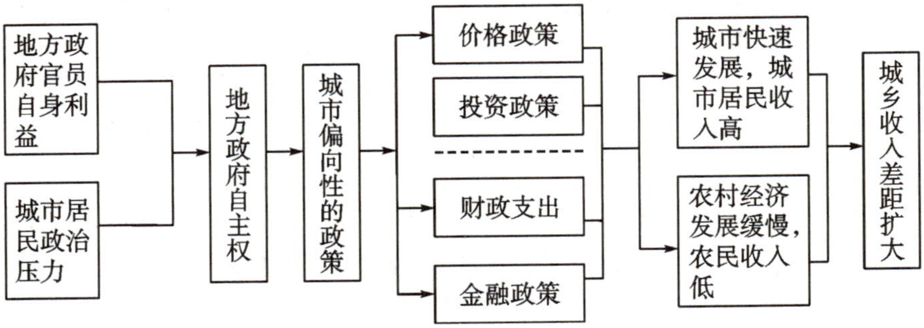

图 5.2　城市偏向性政策影响城乡收入差距的机制

政府财政支出在城乡之间的分配对城市和农村的经济产出以及收入再分配都有重要的影响，而中国改革开放后财政支出具有明显的城市偏向性，这种城市偏向性的财政再分配政策突出表现在基础教育、医疗卫生、社会保障等基本公共服务支出方面，而这些基本公共服务是居民进行人力资本积累的基础，城乡之间在这些方面的差异导致农村居民在要素的积累、配置及占有方面处于明显的弱势地位，从而导致城乡收入差距的扩大②。

5.2　地方财政支出对城乡居民收入分配影响的理论分析

5.2.1　地方财政支出对城乡居民收入初次分配的影响

在市场经济体制下的初次分配中，生产要素的数量和质量以及分配规则决定着初次分配的格局，国民收入经过初次分配形成了劳动者报酬、资

① 程开明. 从城市偏向到城乡统筹发展——城市偏向政策影响城乡差距的 Panel Data 证据［J］. 经济学家，2008（3）：31.

② 雷根强，蔡翔. 初次分配扭曲、财政支出城市偏向与城乡收入差距——来自中国省级面板数据的经验证据［J］. 数量经济技术经济研究，2012（3）：76-89.

本所得以及政府对生产环节的税收三大板块，财政支出对居民收入分配的影响主要是通过影响劳动者人力资本积累以及工资水平、居民物质资本积累及其回报率以及生产环节的税收优惠[①]等方式体现。就中国目前初次分配而言，出现了比较严重的资本回报率高而劳动报酬过低的现状，是目前中国收入分配差距过大的重要原因，李扬（1992）、戴园晨（1998）、李稻葵（2009）等学者对此研究得出了相同的结论。由于大部分居民收入主要来源于劳动收入，只有少部分居民的收入来源于资本所得，但由于财政分权对地方政府政治和财政激励导致了地方政府为了促进经济增长，利用税收优惠和财政补贴等财政支出政策来吸引企业进入辖区，在过度保护投资者的同时压低受雇劳动者工资，人为提高资本回报率，导致了初次分配扭曲。对中国而言，地方财政支出要改变初次分配中的扭曲，必须要提高劳动者的人力资本积累以及工资水平，与此同时降低对资本过度保护的财政支出政策。

随着中国市场经济越来越完善，经济发展所需资本越来越充足，在初次分配中应该消除对资本的过度保护，对于地方财政支出而言，应该逐渐减少对一般企业的各种补贴和税收优惠的支出项目，加大对高新技术和环保等新型产业的财政补贴和税收优惠项目。一方面，可以减少由于对传统产业资本过度保护产生资本回报率高于正常水平，导致资本所有者收入过高对初次收入分配产生不利的影响。另一方面，有利于资本流向生产率更高的领域，这样有利于资本合理配置，在提高经济效益的同时提高所有资本的投资回报率，减少由于财政支出对某些行业和领域过度保护所产生的资本回报率过高，对初次分配产生的不利影响。另外，财政投资性支出也会对初次分配中资本回报率产生影响，由于地方政府热衷于经济建设领域的财政投资，主要是基础设施建设和对国有企业的固定资产投资，就会导致经济发展中过度依赖资本，地方政府为了保护财政投资的回报率，在一定程度上人为提高资本回报率，从而不利于初次分配的公平，导致了初次分配差距过大。

在初次分配中如何提高劳动收入比重是目前中国亟待解决的问题，既

① 税收优惠即税式支出，可以将其看成是一个支出项目，很多国家将税式支出作为财政支出的一个项目，它可以减少企业生产环节成本、企业利润水平增加，在一定程度上对劳动者工资和资本所有者投资回报率产生影响。

需要提高劳动者人力资本积累也需要完善收入分配制度，提高劳动者工资水平。对于财政支出而言，其对初次分配中劳动者收入的影响主要有两个方面，一是部分财政支出会对居民人力资本积累产生影响，二是部分财政支出会对劳动者工资水平产生影响，最终会影响到初次分配。首先，地方政府在教育、医疗卫生、环境保护等方面的财政支出，可以在一定程度上提高劳动者的人力资本。教育支出主要是可以提高劳动者素质和劳动技能，使其获得更多就业机会和更高收入水平的工作。随着中国社会经济的发展，物质资本在生产中的作用下降而人力资本在生产中的作用不断增加，劳动者素质高低直接影响其收入水平，其收入水平高低又影响其资本积累，也会影响其资本所得。医疗卫生支出影响的是劳动者的健康水平，健康状况直接决定着劳动者就业机会和工作稳定性，会导致劳动者获得收入水平的差异。环境保护对劳动者的影响主要有两个方面，一是环境保护有利于居民健康水平提升，二是对于农村居民而言，环境保护有利于其农业生产经营收入的增加。其次，由于行政事业单位和国有企业职工主要是通过财政方式获得工资，政府行政管理费用的增加和对国有企业的投资和垄断保护，会导致这些部门员工的工资收入水平更高，在初次分配中过度保护了这些部门工作的劳动者，不利于收入分配，特别不利于城乡居民收入初次分配，因为在这些部门工作的基本上都是城市居民。

可见，地方财政支出不同的项目会通过不同的途径对初次分配中的劳动、资本和土地等生产要素产生影响，进而影响居民收入分配。特别是在目前中国城乡分割的社会经济制度下，地方财政支出结构失衡会进一步恶化初次分配中的不公平，最终导致了收入分配差距特别是城乡收入分配差距的扩大。初次分配的扭曲导致居民间收入分配差距过大，最终直接导致了中国收入差距过大，李稻葵等（2009）的研究认为，在一个经济体制中如果大部分收入由资本所有者获得，难免会导致初次分配的不均，而初次分配在很大程度上决定了一个社会最终的收入分配格局，再次分配对收入分配的调节在现实中困难重重①。

5.2.2 地方财政支出对城乡居民收入再分配的影响

市场机制的收入分配是社会资源的初次分配，其分配主要是依据所有

① 李稻葵，刘霖林，王红领. GDP 中劳动份额演变的 U 形规律［J］. 经济研究，2009（1）.

权进行的，按照生产要素的贡献率进行分配，这就必然导致初次分配中形成收入差距，因为生产要素所有者拥有的生产要素数量越多、质量越好，其收入会越来越多，最终导致整个社会收入分配差距不断扩大，这是市场机制固有的缺陷。而政府可以通过再分配政策来调节初次分配中出现的收入差距，如累进个人所得税以及社会保障支出等政策是政府调节收入分配的主要手段。马斯格雷夫（Musgrave，1959）提出了财政的三大职能，其中就有收入分配职能并且认为其应该是中央政府的主要财政职能①，财政分权理论同样认为收入分配职能应该由中央政府来承担而非地方政府。但就中国而言，政府的收入再分配功能则主要由地方政府来行使，地方政府主要通过税收以及特定的财政支出来直接和间接地影响收入分配②。由于个人所得税规模有限，政府通过个人所得税进行收入再分配的效果不太明显。因此，社会保障支出以及对人力资本有影响的相关支出的收入再分配功能则对个人所得税起到了很好的补充作用。在中国财政分权体制下，这些支出基本上都主要由地方政府来承担，而地方政府行为决定着这类支出的规模以及在城乡之间的分配，进而影响到中国收入差距以及城乡收入差距。可见，中国的收入分配问题的研究必须考虑财政分权对政府再分配职能的影响。

理论上来说，财政分权使得地方政府具有独立的财政自主权，如果地方政府代表的是当地居民的公共利益，那么就会将财政资源用于当地选民所需要的地方，无论是公共产品的提供还是收入分配等方面，地方政府都会迎合当地选民的偏好。但在中国财政分权与政治集权相结合的制度下，地方政府官员并不是以当地居民偏好为其追求的目标，而是以自身利益最大化为目标，当地方政府拥有更多的财政自主权后，财政分权就成为其追求自身目标的手段。在政府收入分配职能方面，无论是以支出还是收入作为收入再分配的手段，财政分权下的地方政府行为都会影响收入再分配。因此，分析中国财政分权下地方政府面临什么样的激励，这种激励会使地方政府在收入再分配中有什么样的行为取向，这种取向又会对中国当前收

① Musgrave, R. A. The Theory of Public Finance [M]. McGraw-Hill, New York, 1959.

② 一是直接的影响，如通过个人所得税和社会保障支出；二是间接影响，通过对教育的投入来影响人力资本以及通过对医疗卫生的投入来影响劳动者健康进而影响其收入。

入差距特别是城乡收入差距产生什么样的影响，具有重要的意义，对于本书后面的研究也具有重要的指导意义。本书前面分析了中国财政分权体制下地方政府行为面临着财政和政治的双重激励，这种激励导致的地方政府行为取向也进一步对中国收入差距产生影响，如图 5.3 所示。

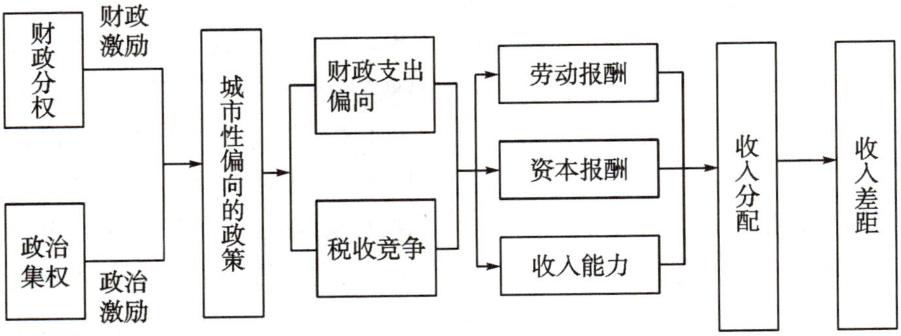

图 5.3　中国式分权下地方政府财政行为对居民收入分配的影响

不同的财政支出项目对经济增长具有不同的影响，其中基础设施等经济建设领域的财政投入对经济增长贡献最大而且最能产生政绩，财政分权下地方政府官员会增加经济建设支出，减少以人力资本和社会保障等为代表的社会性支出，而人力资本支出的减少会影响个人获得收入的能力进而影响初次分配格局，社会保障支出的不足会降低低收入群体可支配收入水平①。另外，地方政府为了吸引资金以促进经济增长，还会展开以各种税收优惠为主的税收竞争②，而在中国劳动力供给相对过剩而资本相对稀缺的现实情况下，地方政府通过税收竞争吸引资金的结果就是导致资本投资回报提高，并且其增长速度快于劳动报酬的增长速度，当前中国劳动力收入占国民收入比重过低就是一个严重的问题。可见，中国财政分权体制对地方政府产生的双重激励导致地方政府有意愿也有能力偏向于经济增长，地方政府的理性选择就是通过财政支出结构的偏向以及税收偏向促进经济增长，而这种经济增长是以牺牲劳动力报酬为代价来提高资本报酬，从而会使得初次分配中的差距由于政府不合理的财政行为而扩大。

① 马万里. 增长共识、地方政府行为异化与收入分配差距——基于财政分权的视角 [J]. 新疆社会科学，2013 (2)：30.

② 中国的税权高度集中于中央政府，地方政府税收自主权较少，地方政府税收竞争的主要手段就是通过各种税收优惠政策来吸引资金流入。

5.3 财政分权体制下地方财政支出对城乡收入差距影响的理论分析

5.3.1 财政分权体制下地方财政支出结构失衡的原因

中国地方财政支出受到地方政府行为的影响，中国式财政分权体制对地方政府产生了政治和财政的双重激励，在以经济增长为核心考核指标的官员晋升制度下，地方政府行为受到了双重激励影响而产生偏向性扭曲，表现在地方财政支出导致了结构的失衡。如前所述，地方财政支出出现了经济性和城市性偏向，地方财政支出结构性失衡是内生于财政分权和政治集权体制之下，内在逻辑如下：

首先，地方政府官员“晋升锦标赛”是导致地方财政支出结构失衡的政治因素。中国现行政治体制是高度集权的，地方政府官员主要是上级政府任命，地方政府官员的晋升主要是由上级政府决定，政绩又是上级政府对下级政府官员最为核心的考核内容。中国的政治体制从政治上激励了地方政府为了晋升而展开竞争，在上级政府对下级政府以经济增长为核心的考核指标下，政治晋升竞争演化为经济增长竞争，最终会导致地方政府将更多的经济资源投入到经济性领域以及投资回报率更高的城市地区。在财政分权赋予地方政府更多财政自主权的情况下，政治因素促使地方政府官员为了追求经济增长将更多财政资金投入到经济性领域和城市地区，地方政府财政支出将会产生扭曲，出现了经济和城市偏向性，基本公共服务领域和农村地区财政投入严重不足，导致了财政支出结构失衡。

其次，地方政府面临的财政激励与约束是导致地方财政支出结构失衡的财政因素。我国现行财政分权并不是规范的分级分税财税体制，实际上是财政收入集权和财政支出分权并存的财政体制，中央政府在大量集中财权的同时却将事权不断下放。1994 年分税制改革只是明确了中央和省级政府之间财政关系，省以下财政关系并没有明确规范，但在实际制度设计上，绝大多数省份都是比照中央与省的财政体制来设计省以下政府间财政体制，这就形成了中央—省—市—县各层级之间的财政关系都是财权收入集权和财政支出分权，最终导致了中国各层级政府之间的财权和事权严重的不匹配，特别是最基层的县级政府不匹配的程度最大。尽管上级政府将支出责任下放到下级政府而没有配给对应的财权，下级政府在面临财政收入约束的情况下还是要服从上级政府布置的目标要求，再加上财政收入增长也是地方政府官员政绩考核的重要衡量指标，这便对地方政府产生了追求财政收入最大化的财政激励。地方政府为了实现财政收入的最大化，往往更倾向于将更多的财政资源投入到经济性领域和投资回报率更高的城市地区，导致了地方财政支出结构失衡。

再次，地方政府除了追求预算内的财政收入最大化外，还通过获得更多上级政府财政转移支付和追求预算外财政收入的最大化的方式实现财政收入最大化。一方面，在财权事权不匹配的财政体制下，转移支付制度是平衡地方政府财力的重要手段。但目前我国转移支付制度不规范，均衡地方财力的一般性转移支付比重过低，税收返还和专项转移支付所占比重过高，并且存在资金分配的随意和不公平性。地方政府为了获得更多的税收返还，会追求经济增长，经济越发达地区增值税和消费税越高且增长越快，税收返还就越多；专项转移支付则主要是以项目为依托，地方政府为了获得更多专项转移支付而设立各种项目，而且在很多专项转移支付需要匹配的情况下，会引导更多财政资金投入到各类项目，会扭曲地方财政支出结构。另一方面，由于转移支付特别是专项转移支付资金使用上有一定限制，地方政府自主权受到一定程度的限制，但地方政府预算外资金则完全由地方政府自由决定，地方政府为了完成本级政府职责和上级转移的支出责任并实现自身利益最大化的需求，必然通过各种途径增加预算外财政收入，如各种收费、政府性基金收入等，中国地方政府土地财政问题就是这样衍生出来的。地方政府的预算外收入既为了实现政府官员自身经济利益，同时也为实现其政治晋升目标服务，预算外财政支出必然也会产生偏向性。因此，中国地方政府在不规范和缺乏监督的财政分权体制下，过度追求财政收入最大化，会导致财政支出结构失衡。

最后，地方政府官员追求短期私人利益最大化也是地方财政支出结构失衡的重要原因。根据官僚制度经济学和寻租理论，政府官员是理性的经济人，其行为目标是追求预算最大化，对于中国地方政府官员而言就是追求地方政府财政收入最大化①。在地方政府官员任期限制的情况下，地方政府官员往往在服从上级政府目标情况下，追求自身短期利益最大化，更倾向于将财政资源投入到能够在短期内带来私人经济利益和短期政绩的领域。经济建设特别是城市基础设施建设和各种政府投资项目，能够给地方政府官员带来短期私人经济利益，并且容易产生政绩，激励了地方财政支出偏向于这些领域和地区，导致了地方财政支出结构性失衡。一方面，地方政府官员将财政资金用于经济建设中的各种投资项目，能够在短期内促进经济增长和就业，有利于以经济增长为核心考核内容的政绩表现，从而获得政治利益。另一方面，通过经济建设和各种项目投资可以产生寻租行为并从中获得各种私人经济利益②，地方政府官员也倾向于将更多的财政资金用于经济领域和城市地区。可见，短期私人利益驱动也会导致地方财政支出结构的失衡，不过地方政府官员短期私人利益的实现是内生于政治利益和财政利益的。

综上所述，地方财政支出结构失衡的成因主要在于中国财政分权体制和政治集权体制对地方政府行为产生影响，地方政府官员为了追求政治利益、财政利益和私人利益，地方政府作为独立的利益主体会展开政治晋升的标尺竞争和横向博弈财政竞争。地方政府的政治和财政竞争导致了地方政府财政支出行为异化，无论是预算内还是预算外财政支出都出现了结构性扭曲，即地方财政支出的经济性偏向和城市性偏向，最终导致了地方财政支出结构的失衡。地方财政支出结构的失衡对中国社会经济产生了深刻的影响，造成了社会经济发展的失衡、收入差距过大、生态环境恶化等社会经济问题。

在目前中国诸多社会问题中，收入差距扩大是社会关注的热点和焦点问题，收入分配差距过大不仅仅影响了微观主体经济利益，在很大程度上还影响了中国社会经济可持续和健康发展，并且越来越成为中国经济增长

---

① 包括预算内、预算外和制度外收入的最大化，收入的最大化可以实现其政治利益和私人经济利益。

② 有学者研究认为，中国地方政府官员在晋升竞争中，只有部分官员最终能够在政治上晋升，对于其他没有晋升优势的地方政府官员，在无法获得更大政治晋升的政治利益情况下，在任期内则倾向于实现私人经济利益最大化，从而产生各种寻租行为，这些寻租行为很大一部分是通过各种经济建设项目产生的，这对地方财政支出经济性偏向有着重要的影响。

的障碍。中国的收入分配差距是一个复杂的问题，主要表现在三个方面，即地区收入分配差距过大、城乡收入差距过大和群体间收入差距过大，其中城乡收入差距的不断扩大是中国总体收入差距扩大的主要原因（Khan 等，2007；Li 等，2010）。由于农业对经济增长贡献率低，地方政府为了追求经济增长，再加上城市居民相对农村居民拥有更多的政治资本①，制定了城市偏向性社会经济发展政策②，导致了城乡二元经济结构，城乡居民收入差距不断扩大。财政收支是政府参与社会经济分配的手段，地方财政支出必然也会对城乡居民收入分配产生影响，地方财政支出结构失衡会对中国城乡收入差距产生什么样的影响，地方财政支出与城乡收入差距之间的影响机理是需要进行理论研究和实证检验的。

5.3.2 地方财政支出影响城乡收入差距的理论分析

中国地方财政支出对城乡居民收入在初次分配和再次分配领域都产生了不同程度的影响，一方面，不同类型的财政支出对城乡居民收入分配的影响机制不同；另一方面，在城乡居民收入来源多元化的情况下，地方财政支出对城乡居民不同收入来源产生了不同的影响。改革开放以来，中国地方财政支出规模在不断扩大的同时，地方财政支出项目也越来越多，但中国地方财政支出的经济性和城市性偏向仍然较为严重，城乡之间财政支出的差异必然导致了城乡居民收入差距的拉大。与此同时，由于经济分权改革和对农村劳动力流动限制的解除，私营经济快速发展、农村劳动力大量向城市流动等因素的影响，城乡居民收入来源也出现了较大的变化，不同收入来源在城乡居民收入中所占比重也发生了较大变动。因此，地方财政支出对城乡收入差距的影响也更为复杂，财政支出规模的增长和结构演变对城乡居民总收入和不同来源收入产生的不同的影响，需要从理论和现实角度探讨地方财政支出对城乡收入差距的影响机理。

首先，地方财政支出规模的增长对城乡收入差距产生重要影响。改革开放以来，随着中国经济快速增长，财政收入也在不断增加，在税收制度

---

① 蔡昉的研究认为，中国城市偏向性政策形成，一方面是由于地方政府追求经济增长所致，还有一个方面的因素，就是城市居民拥有更多的政治资本，对政府决策产生更大的影响。

② 主要包括城市偏向性的财税政策、城市偏向性的金融政策、户籍制度所产生的一系列影响（如劳动力流动、教育、医疗卫生、社会保障的限制等）。

结构调整的过程中，特别是分税制改革以后，中国税收收入增长超过GDP增长速度，财政收入的增加为财政支出的增长提供了基础，中国财政支出规模快速增长，财政支出规模越来越大。由于中国财政支出规模越来越大，财政支出的增长会促进居民收入的增加，特别是经济建设领域的财政支出有利于城乡居民收入增长。但中国财政支出在城乡之间的分配存在严重的不均衡，地方财政支出规模增长对城市居民和农村居民收入增长的贡献率存在较大的差异。经济建设领域的支出对城市经济增长有更大的带动作用，城市居民从中获益更大，收入增长更快，会导致城乡收入差距的扩大。另外，中国财政支出增长最快的是行政管理支出，其中特别是财政供养人员的规模越来越大，财政供养人员的工资和福利越来越好，这部分财政支出主要惠及城市居民，中国行政事业单位供养人员规模庞大，这部分人员的收入快速增长，对城乡收入差距也产生了扩大的影响。近年来，中国财政支出规模增长中，社会保障和社会福利方面的支出增长呈现较快增长趋势，但就目前中国社会保障和社会福利支出分配而言，也存在明显的城市偏向，城市居民从中获得的收益远高于农村居民，也会对城乡收入差距产生扩大的影响。可见，中国财政支出规模的增长，通过不同的项目对城乡居民不同的收入来源产生影响，但总体来说扩大了城乡收入差距。

其次，中国地方财政支出结构偏向是城乡收入差距扩大的重要原因。不同的财政支出项目对城乡居民收入产生不同的影响，有的财政支出项目有利于城市居民，有的则更有利于农村居民，在相同财政支出规模的情况下，财政支出结构会在很大程度上导致城乡居民收入水平出现差异，必然也会对城乡收入差距产生重要影响。一方面，中国地方财政支出存在严重的经济性偏向，大量的财政资金投入到经济建设领域，如基础设施建设、国有企业等，经济领域的财政投入主要在城市地区，这类财政支出规模的增加更有利于城市居民收入水平的增长。尽管城市基础设施建设需要的大量劳动力来源于农村，这也在一定程度上有利于增加其收入，但相对城市居民从中获得的收入来讲，农民工的收入水平要低得多，最终还是会导致城乡收入差距的扩大。另一方面，中国地方财政支出存在严重的城市偏向性，无论是经济领域的财政支出还是民生领域的财政支出或一般公共服务方面的财政支出，对城市的财政资金投入远高于农村地区，城市居民的收入增长必然高于农村居民，这也会导致城乡收入差距的不断扩大。可见，中国地方财政支出结构的经济性和城市性偏向，使得城乡居民通过公共资源分配所产生的收入差距越来越大，无论是在初次分配领域还是再分配领域，都会扩大城乡居民收入差距。

最后，地方财政支出结构对城乡居民不同收入来源差距的影响机制不同，最终传递到对城乡收入差距产生影响。根据国家统计局资料，中国城乡居民收入来源主要有工资性收入、经营性收入、财产性收入和转移性收入，财政支出结构主要包括经济建设领域的公共品投入、民生领域的基本公共服务投入以及一般公共服务方面的财政投入，这些不同类型的财政支出对城乡居民不同的收入来源产生的影响机制不同，城乡居民不同来源收入差距的扩大最终又会导致城乡收入差距的扩大。一方面，政府在城乡经济建设方面财政资金投入存在较大的差异，导致城乡经济发展速度和发展水平出现较大的差距，最终必然影响城乡居民收入水平的增长。由于经济领域的财政支出主要是投入到城市基础设施建设和国有企业，而农村基础设施的投入和农业生产经营方面的财政投入严重不足，导致了城市工商业发展速度远快于农业发展速度，城市居民无论是经营性收入还是工资性收入增长幅度都远大于农村居民。随着城市基础设施的完善，城市居民拥有的房屋等不动产以及其他财产的增值和投资回报率也远高于农村居民，城市居民的财产性收入也远高于农村居民。另一方面，中国基本公共服务供给也存在严重的城市偏向，城乡基本公共服务供给的差异导致了城乡居民人力资本积累和社会福利差距，并通过初次分配和再分配影响城乡居民收入差距。人力资本积累的差距直接影响了劳动者的就业机会和收入水平，对居民收入有着最为重要的影响，由于教育、医疗卫生等基本公共服务城乡之间存在较大的差距，城乡居民人力资本积累差距不断扩大，导致了城乡居民获得收入的能力和机会差距越来越大，必然导致城乡收入差距不断地扩大。另外，政府转移性支出在城乡之间也存在较大的差异，主要包括社会保障和社会福利支出以及各种财政补贴支出，这些财政支出主要通过财政再分配影响城乡居民的转移性收入，进而影响城乡收入差距。社会保障和社会福利支出是对低收入群体的直接收入转移，中国社会保障支出存在严重的城市偏向性，社会保障对城市居民覆盖率和保障水平远高于农村居民。实际上中国农村地区的社会保障制度也是近年来才逐渐加大投入，这就使得城乡居民转移性收入差距较大，必然也会影响到城乡收入差距。由于中国政府对农村和农业发展过程中的财政补贴规模较小，对城市企业特别是国有企业的财政补贴较多，这也在一定程度上影响了城乡居民的收入增长，最终也会影响城乡居民的转移性收入。

综上所述，中国地方财政支出规模的增长、财政支出结构的失衡和财政支出结构的偏向性在不同程度上影响着城乡居民获得收入能力和收入水平，并且对城乡居民工资性收入、经营性收入、财产性收入和转移性收入都会不同程度地产生影响，不同的财政支出项目对不同来源收入的影响机制也存在一定的差异性。中国地方财政支出在缩小城乡收入差距的过程中，财政支出规模的增长并且在城乡间合理的分配是基础，同时还要对财政支出结构进行优化调整，才能真正有效地促进城乡居民收入的同步增长，缩小城乡收入差距。

6 地方财政支出对城乡收入差距影响的实证分析

6.1 引言

新中国成立不久，中国开始实施“优先发展重工业”战略，为了保障该战略的有效推行，制定的以户籍制度、人民公社制度、农产品统购统销制度为主体的一系列政策和制度限制了农村的发展，并将农村剩余大量转移到城市，成为中国城乡收入差距产生的最初的制度因素①。而 1978 年中国开始的市场经济改革在一定程度上取消和减少了原来计划经济时期的一些限制性政策和制度，本书前面的研究表明，中国改革开放以来城乡收入差距呈现波浪形，但总体上来说，中国城乡居民收入差距呈现扩大的趋势，城乡居民收入比由 1978 年的 2. 57 扩大到 2013 年的 3. 03，其中 2009 年达到最大值 3. 33，2014 年后中国城乡收入差距开始逐步缩小到 2018 年的 2. 69，但与理想的收入差距水平仍有较大距离。针对中国市场经济改革以来，中国城乡收入差距不断扩大的原因，国内学者对此从不同视角进行了广泛的研究，在本书的文献综述和理论分析部分已经进行了详细阐述，绝大多数学者认为城市偏向性的政策是导致城乡收入差距扩大的主要原因，而其中分权体制下的高度城市偏向性的财政支出政策对城乡收入差距的扩大具有重要的作用。关于财政政策对城乡居民收入差距的影响主要体现在财政支出和税收负担两个方面，国内学者就财政政策与城乡收入差距的研究更多

① 这些限制性制度一直到现在还在不同程度地影响着城乡居民收入水平，不过随着中国市场经济改革的发展，这些制度在逐渐消除，但与此同时，也产生了新的政策和制度影响着城乡居民收入水平。

地集中在财政支出与城乡收入差距的关系上①，主要原因在于目前中国城乡居民间税收负担差异对城乡居民收入差距的影响相对较小。

国内学者对财政支出与城乡收入差距关系的研究进行了理论和实证研究，从理论角度来说，财政支出对城乡收入差距的形成以及扩大具有重要的影响，这个结论得到国内诸多学者认同，本书在前面也进行了深入的理论分析。但从国内学者的实证研究来看，中国改革开放以来财政支出总体上扩大了城乡居民收入差距，但就财政支出的具体项目来说，实证研究的结论却存在一定差异，而且在不同时期、不同类型的财政支出对城乡收入差距的影响也不同。如王艺明和蔡翔（2010）、钱争鸣和方丽婷（2012）、张义博和刘文忻（2012）等，就财政支出结构对我国中、东、西部地区城乡收入差距影响的实证研究，结果表明财政支出结构对城乡收入差距有显著影响，而且不同财政支出项目影响方向不同，财政支出对不同区域的影响还存在差异性②。

财政支出不同项目对城乡收入差距影响的机制不同，一方面，财政支农支出③对农民收入增加具有直接的影响，通过增加对农村的基础设施建设、农业科技等方面的财政资金投入，可以加快农村和农业的发展，进而增加农民收入以缩小城乡收入差距。但由于改革开放以来中国市场经济改革的重心在城市，城市基础设施建设以及对企业（特别是国有企业）的财政资金投入远超过农村，这直接导致城乡收入差距的扩大④。在经济分权和

---

① 也有学者就城乡居民之间的税收负担与城乡居民收入差距的关系进行研究，如聂海峰、岳希明、刘怡（2004，2010，2012）就间接税对城乡居民收入分配的影响进行了深入的研究，当然，本文主要是从财政支出的视角研究。

② 有学者就财政支出规模对城乡收入差距的影响进行实证研究，如寇铁军和金双华（2002）、冉和光和潘辉（2009）、陈安平和杜金沛（2010）、莫亚琳和张志超（2011）、贾俊雪和宁静（2011）等，研究结论都表明财政支出规模的增加并没有缩小城乡收入差距，并且在一定程度上扩大了城乡收入差距，其中重要的原因在于财政支出结构的城市偏向性。

③ 本文的财政支农支出主要是指基本建设支出、支援农业支出、科技三项费用等经济建设方面的支出，而不包括基本公共服务方面的财政支出。

④ 当然，由于户籍制度对农村劳动力流动限制的逐渐消失，大量的农民工可以到城市打工就业，并且很多都从事建筑等行业，城市基础设施建设也为农民工增加收入提供了机会，但总体来说城市基础设施快速发展使得城市经济快速发展，最终城市居民的收入增长将会大于农村居民。

政治集权的现实制度下，激励着地方政府的财政投资支出更多地偏向城市，这是改革开放以来导致城乡收入差距扩大的一个重要因素。不过，近年来中央和各级地方政府越来越关注城乡统筹和协调发展，不断加大财政支农支出，如农村基础水利等设施建设、农村公路建设等基础设施的改善以及农业科技投入的不断增加，提高了农村生产效率以及加快农村发展速度，农村居民收入增长速度加快。但也存在一个现实问题，中国现在有2亿多农民在外务工，很多农村只剩下留守的老人和儿童，特别是在一些非粮食主产区的农村地区，年轻力壮的劳动力都愿意到城市务工而不愿意在家务农，而留在农村的主要是年老力衰的老人和没有劳动力的儿童，他们有的没有耕种，有的仅仅只能保证自己的粮食供给，从而导致大量的农田荒废。尽管近年来农村的基础设施在改善，对农业的科技投入也在不断加大，但是对粮食主产区和非粮食主产区农村生产效率的提升以及农民收入的增加所产生的影响差异较大，其中特别是对非粮食主产区的农村生产率提高的作用非常有限。虽然农业生产的基础设施和农业科技投入的增加对一些农产品的主产区的生产效率提高发挥着重要的作用，但还值得注意的一个问题是，我国农产品价格保护机制不成熟，当农产品产量大幅度增加以后，由于需求增长速度跟不上以及农产品流通不通畅等因素的影响，导致高产的农产品往往不能给农民带来收入的增加①。可见，农村和农业发展的财政支农支出对农民收入增长的影响存在很多复杂因素，不仅仅体现在规模上，也需要进行结构和政策调整，才能切实保障财政支农支出有效促进农村和农业发展并提高农民收入水平。

另一方面，城乡之间公共产品的财政支出对城乡收入差距具有间接作用。如本书前面所述，主要是通过影响城乡之间人力资本积累差异，进而影响城乡居民之间的劳动收入能力，最终影响城乡收入差距。国内学者在公共产品供给的城乡差异对城乡居民收入差距的影响方面进行了大量的实证研究，如解垩（2007）、金双华（2008）、余长林（2011）、邢春冰（2013）等，其结论大体上都认为增加农村公共产品供给有利于缩小城乡收入差距，特别是教育和医疗卫生公共产品的供给对缩小城乡收入差距具有显著的作用。就目前中国的现实来看，尽管农村公共产品供给对农民收入

① 由于我国农产品流通不畅，很多农产品产量大幅度增加以后卖不出去，或者卖不出好价钱，并没有真正带来农民收入的增加，正如古语“谷贱伤农”一样。

增加具有间接作用，但是这种影响程度在不断加深，并且已经超过了对农村和农业发展有直接作用的财政支农支出。其主要原因还是在于，农村大量的劳动力转移到城市务工和就业，而农村劳动力在城市要获得稳定和更高的收入水平更多地依赖于其教育水平和健康的身体，而对农村的教育和医疗卫生的供给直接影响着农村劳动力的劳动素质和健康水平。从公共教育资源在城乡之间的分配来看，目前存在严重的城市偏向性，农村教育基础设施以及教师整体素质远落后于城市，这就导致农村学生接受教育的质量和机会远不如城市学生，最终形成了城乡之间较大的人力资本差异①，导致了在城市务工和就业的农村劳动力主要从事一些低收入的工作岗位并且不稳定，而城市劳动者主要从事稳定且收入更高的工作，最终不利于城乡收入差距的缩小。从公共医疗卫生资源在城乡间的分配来看，也存在较大差异，城市居民一直以来都享有医疗卫生保障，小到疾病防治大到重大疾病的保障，其中公共卫生服务能够让城市居民增加疾病防治的意识和能力，从而减少患病的概率，而一旦患病又有各类医疗保障，能够获得一定的医疗费用报销。而农村居民公共医疗卫生服务供给严重不足，再加上农村居民医疗卫生意识淡薄和知识缺乏，对健康关注不够，这就使得目前中国农村和城市劳动力的健康水平差异较大。而农村居民没有健康的身体将会大大减少收入甚至丧失获得收入的能力。如果一个农村家庭成员中有人不幸患上重大疾病，将会导致这个家庭经济陷入困境而因病致贫②。可见，农村关于教育和医疗卫生的财政支出将会成为影响城乡收入差距的最主要因素，通过医疗和教育缩小城乡居民之间人力资本积累差异是未来缩小中国城乡居民收入差距最为主要的途径。

另外，社会保障支出具有明显的再分配功能，城乡之间社会保障支出的差异对于城乡收入差距的形成有一定的影响，国内学者实证研究的结果

① 除了公共教育资源差异外，城乡之间还存在巨大的家庭教育投入差异，城市家庭在小孩教育上的投入远远超过农村，城市小孩素质远高于农村，这也是为什么当前中国重点大学农村小孩越来越少的主要原因，而随着时间的推移，这种影响还将会出现代际传递。

② 由于农村没有健全的医疗保障制度，很多农村家庭如果出现了重大疾病患者，就会导致整个家庭因病致穷，而城市居民有更好的医疗保障，能够在很大程度上缓解经济压力，在当前中国重大疾病发病率逐年上升的情况下，对城乡收入差距的影响将会越来越大。

显示，中国社会保障支出存在明显的城镇偏向性，农村社会保障事业发展严重滞后于城镇，使得城镇居民获得转移性收入远高于农村居民，从而导致了城乡居民收入差距的扩大。其中有的学者研究认为，以国企职工和城镇居民为主要对象的社会保障支出的提高导致了城乡居民收入差距的扩大①。但这种影响也存在区域差异性，如王艺明、蔡翔（2010）基于省级面板数据的研究表明，尽管福利性的社会保障支出在全国层面上显著扩大了城乡居民收入差距，但存在明显的区域性差异，其中社会保障支出缩小了中部地区城乡收入差距，扩大了西部地区城乡收入差距，而东部地区这种影响并不显著②。这种结论和中国现实大体符合，在东部经济发达地区政府财力雄厚，在保证城市居民基本福利的基础上，会在一定程度上加大对农村居民的社会保障支出，而在西部经济落后地区政府财力有限，再加上政绩考核的影响，政府将有限的资源大量用于经济建设和城市居民，这就使得城乡之间的社会保障支出差异较发达地区大，不利于城乡收入差距的缩小，甚至在一定程度上还导致城乡收入差距的扩大。但近年来中央和各级地方政府开始建立和完善农村社会保障制度，其中新农合和新农保的推进取得了较好的效果，城乡间的社会保障支出覆盖率差距显著降低，这可能在一定程度上有利于缩小城乡收入差距。

综上所述，政府财政支出对于城乡收入差距的形成及扩大具有直接和间接的双重影响，为了系统地反映主要的财政支出项目对城乡居民收入差距产生的现实影响，本章将分别对财政支农支出、公共教育支出、卫生支出和社会保障支出与城乡居民收入差距的关系进行实证分析，以找出不同项目与城乡居民收入差距产生的现实关系。通过本部分的实证研究，在明确主要财政支出规模以及不同项目与城乡收入差距之间的关系以及影响程度的基础上，结合中国当前社会经济发展的现实情况和政府执政目标，为建立和完善有利于缩小城乡收入差距的财政政策提供参考。

---

① 徐倩，李放．财政社会保障支出与中国城乡收入差距——理论分析与计量检验［J］．上海经济研究，2012（11）：81-88．

② 王艺明，蔡翔．财政支出结构与城乡收入差距——基于东、中、西部地区省级面板数据的经验分析［J］．财经科学，2010（8）：49-57．

6.2 财政支出规模与城乡收入差距关系的实证分析

中国的城乡收入差距自改革开放以来呈波浪式变化，但总体上是在不断地扩大。中国改革开放以来在经济持续快速增长的同时，财政支出规模也在不断地扩大。但财政支出规模增长的同时，城乡收入差距也在不断扩大，因此，财政支出规模与城乡收入差距之间存在什么样的变动关系？这是一个值得考量的现实问题。国内学者对此也进行了广泛的研究，最后得出的基本结论就是中国财政支出的增长并不必然带来城乡收入差距的缩小，而且在一定程度上还成为城乡收入差距扩大的一个重要影响因素。很多学者对其原因进行分析，如陆铭等（2004）、陶然等（2007），主要归结为两个方面：一是财政支出分配在城乡之间的差异性，即高度偏向城市的财政支出体系，二是财政支出内部结构存在的问题。

本书在第 4 章已经对中国财政支出城市偏向性进行了实证测度，本章后面部分还会就不同的财政支出项目与城乡收入差距之间的关系进行实证检验，而本节主要是就财政支出规模与城乡收入差距之间的关系进行实证分析。通过本节的实证分析，期望发现中国财政支出规模与城乡收入差距之间的现实关系，中国财政支出规模的增长与城乡收入差距之间是正相关还是负相关，影响程度如何，呈现什么样的变化趋势等。只有对中国财政支出规模与城乡收入差距之间的关系及其变化有准确的把握，才能在提高财政支出和改善城乡收入差距的效率方面提出有效的政策依据。

6.2.1 模型设定

本部分主要是对财政支出规模与城乡收入差距之间的关系进行实证检验，具体模型设定如下：

$$GAP_{i,t} = c + \beta_1 FISC_{i,t} + \beta_2 X_{i,t} + \nu_{i,t} + \varepsilon_{i,t} \quad (1)$$

上式中，i 和 t 分别表示省份和时间，$GAP_{i,t}$ 表示第 i 省份在 t 年的城乡收入差距，$FISC$ 为财政支出规模，X 为一系列控制变量，β_1、β_2 分别为各变量的系数，$\nu_{i,t}$ 为各省份不可观察的地区效应，用于控制省份的固定效应，$\varepsilon_{i,t}$ 为随机干扰项。

6.2.2 定义变量及数据说明

(1) 城乡收入差距（GAP）。本书借鉴国内学者普遍使用的衡量城乡收入差距的相对指标，即城镇居民人均可支配收入与农村居民人均纯收入的比值①。

(2) 财政支出规模。财政支出规模有绝对规模（Fisc）和相对规模（Fiscal）两个衡量指标，财政支出绝对规模为各省份当年财政支出总额，财政支出相对规模以当年本省份财政支出占当年本地区 GDP 的比重来衡量。

(3) 控制变量（X）。根据相关的经济理论以及中国现实，中国城乡收入差距受到诸多因素影响，本部分主要选择了经济发展水平、城镇化水平②（Urb）、城镇居民失业率（Unemratio）、产业结构（Industry）、投资率（Invest）五个控制变量，各省份的经济发展水平以人均 GDP 的对数值 lnPGDP 来衡量，城镇化水平以城镇人口占总人口的比重来表示，城镇居民失业率则以城镇登记失业率来表示，产业结构以各省份当年二、三产业产值占当年当地社会总产值的比重来衡量，投资率为各省份当年固定资产投资占当年当地社会总产值的比重来衡量。另外，由于东、中、西部地区经济发展水平等各种因素的影响，会使得社会保障支出与城乡收入差距之间关系呈现区域差异，此处以东、中、西三个区域分别设置虚拟变量以控制地区间差异。

在数据选择上，由于考虑到 1998 年中国开始建立公共财政制度，其中中国社会保障制度也是在这个时期初步建立，财政支出结构在一定程度有所调整。另外，1997 年重庆作为直辖市从四川省分出来，省份个数也发生了变化，因此，本部分实证分析数据的时间选择上，主要以 1999—2015 年的数据为基础。在数据来源上，本部分所有实证分析数据均来源于相应年份的《中国统计年鉴》和《中国财政年鉴》，各变量的统计性描述结果如表 6.1 所示。

---

① 也有的学者以绝对差距来衡量城乡收入差距，即采用城镇居民人均可支配收入与农村居民人均纯收入之差，这种指标能够很好地衡量城乡居民收入差额总量上的变化，但相对指标更能体现收入公平性的改善，并且绝对指标还受到通货膨胀因素的影响，所以，本书仅选择相对指标进行实证研究。

② 我们这里以各省份非农人口占各省总人口的比重来衡量城镇化率。

表 6.1　　　　　　　　　　变量统计性描述

变量	观测个数	平均值	标准差	最小值	最大值
城乡收入差距	527	3.02	0.61	1.87	5.61
财政支出绝对规模（亿元）	527	1 469.78	1 466.75	49.53	8 411
财政支出相对规模（%）	527	20.38	15.46	4.68	129.14
城镇居民失业率（%）	527	3.60	0.73	0.60	6.50
非农人口占比（%）	527	34.69	16.33	13.80	90.03
产业结构（%）	527	86.23	7.10	62.90	99.4
经济发展水平（人均 GDP 对数）	527	9.71	0.80	7.84	11.51
投资率（%）	527	53.59	18.99	23.15	112.38

6.2.3　计量方法及实证结果分析

本部分主要是测度财政支出规模与城乡收入差距的内在联动关系，为了保证计量检验结果的有效性和稳健性，在计量方法上，同时使用固定效应模型和随机效应模型对计量方程进行实证分析，并且利用 Hausman 检验固定效应和随机效应模型的结果。利用计算软件 Stata12.0 软件分别对财政支出绝对规模和相对规模与城乡收入差距关系进行了实证检验，其结果如表 6.2 和表 6.3 所示。

表 6.2　　财政支出绝对规模与城乡收入差距回归结果（固定效应）

变量	系数	标准差	T 值	P 值
财政支出绝对规模对数值（lnFISC）	0.408 952 9	0.084 405 3	−4.85	0.000
城镇居民失业率（Unemratio）	0.263 673 7	0.024 822 3	10.62	0.000
产业结构（Industry）	0.017 412 1	0.006 504	2.68	0.008
非农人口占比（Urb）	0.019 631 3	0.004 323 9	4.54	0.000
经济发展水平（lnpGDP）	0.395 416 6	0.124 79	3.17	0.002
投资率（Inverst）	0.000 721	0.001 370 5	0.53	0.599
常数项（c）	−1.240 774	0.678 177 8	−1.83	0.068
R^2	0.291 8		Hausman 检验	69.32
F 检验	54.38		P 值	0.000

表 6.3　　财政支出相对规模与城乡收入差距回归结果（固定效应）

变量	系数	标准差	T 值	P 值
财政支出相对规模（FISCAL）	0.030 778 7	0.002 224 3	−13.84	0.000
城镇居民失业率（Unemratio）	0.215 365 4	0.021 447 3	10.04	0.000
产业结构（Industry）	0.032 629 2	0.005 649 1	5.78	0.000
非农人口占比（Urb）	0.014 434 1	0.003 670 2	3.93	0.000
经济发展水平（lnpGDP）	−0.062 691 1	0.046 434 5	−1.35	0.178
投资率（Inverst）	0.002 848 2	0.001 178 5	2.42	0.016
常数项（c）	−0.044 927	0.369 380 6	−0.12	0.903
R^2	0.486 1		Hausman 检验	194.18
F 检验	72.44		P 值	0.000

表 6.2 为财政支出绝对规模与城乡收入差距关系的回归结果，这里以财政支出绝对数的对数值作为核心解释变量，采用固定效应和随机效应进行模型估计，并且对其进行了 Hausman 检验，Hausman 检验值为 69.32 并且相应的 P 值为 0.000，显示固定效应模型更具有稳健性。实证检验结果显示，财政支出绝对规模与城乡收入差距之间存在明显的正相关性，即地方财政支出规模的扩大将会扩大城乡收入差距，财政支出绝对规模与城乡收入差距之间的系数为 0.408 952 9 并且在 1%的置信度上显著，其结论高度稳健。回归结果与本书前面的理论分析以及其他学者的研究也非常吻合，中华人民共和国成立之初制定优先发展重工业和城市的战略以来，就一直存在着城乡有别的政策和制度体系，再加上近年来我国城镇化战略的实施，财政资源的分配也是明显地偏向于城市。随着财政支出规模的增长，尽管会增加农村的财政投入的绝对数额，但是这种严重城市偏向的财政支出体系，会导致城乡之间财政资源分配的绝对差距不断扩大，无论是人力资本积累还是直接的收入转移，城乡之间都存在较大差距，城镇居民收入增长快于农村居民，最终必然拉大城乡收入差距。

根据表 6.2 可知，本部分所选择的控制变量与城乡收入差距的关系都呈正相关关系，并且除了投资率之外的其他控制变量都高度显著。城镇居民失业率的系数为 0.263 673 7，说明随着城镇居民失业率的上升城乡收入差距会扩大，结论好像与现实有点不符，但我们的解释是：城镇居民失业率增加说明经济不稳定或者处于经济危机时期，尽管城镇居民失业率上升会导致城镇居民收入下降，但此时农村居民到城市就业难度更大，并且农业发展也会受到更大影响，可能农民收入下降的幅度还会高于城镇居民。另外，城镇居民失业会获得社会保障的转移性收入，而农村居民则没有这类转移性收入，如果在城乡居民都出现了较高失业率的情况下，由于城镇居民能够获得转移性收入，将会导致城乡收入差距的扩大。产业结构和非农人口占比的系数分别为0.017 412 1和0.019 631 3，说明二、三产业比重以及城镇化率越高城乡收入差距越大，这是与现实相符的。一方面，二、三产业主要存在于城市，其比重高会导致城镇居民就业率更高收入增长更快，尽管也会吸纳大量的农村劳动力进城务工，但农村务工居民的收入水平远低于城镇居民，对城乡收入差距具有拉大的作用。另一方面，城镇化战略的实施提高了城镇化率并且非农人口占比逐渐增加，其中农村人口转化为城镇居民主要以高素质和高收入的农村居民为主，这部分高收入农村居民转化为城镇居民后，会进一步拉大城乡收入差距。经济发展水平的系数为0.395 416 6，表现了其与城乡收入差距之间较强的相关性，经济发展水平越高的地区城镇化水平越高，城镇居民获得的就业机会越多收入增长越快，城镇居民获得的社会性福利也会越高，各类因素综合起来会导致城乡居民收入水平差异越来越大。投资率的系数为0.000 721且高度不显著，表明其与城乡收入差距之间并没有确定性的关系，这可能是受到社会固定资产投资在城乡之间和行业之间分布的影响。

为了检验分析结果的稳健性，本部分还对财政支出相对规模与城乡收入差距之间的关系进行了实证检验，其结果如表6.3所示。财政支出相对规模与城乡收入差距之间呈正相关关系，其系数为0.030 778 7且高度显著，说明财政支出相对规模的增加也在一定程度上扩大了城乡收入差距，但其对城乡收入差距的影响程度远低于财政支出绝对规模。可见，无论是财政支出绝对规模，还是相对规模都扩大了城乡收入差距，并且其结论高度显著，这也表明我国地方财政支出规模与城乡收入差距之间的正相关性是高度稳健的，同时也印证了本书前面对地方财政支出与城乡收入差距之间关系的理论推断，也反映出了高度城市偏向性的财政支出对城乡收入差距产生了重要的影响。城镇居民失业率、产业结构以及非农人口占比三个控制变量与城乡收入差距之间的关系也是正相关，并且在1%的置信水平显著，其系数与财政支出绝对规模与城乡收入差距的回归结果也非常接近，说明这三个控制变量对城乡收入差距的影响也是稳健性的。经济发展水平与城乡收入差距的关系则表现为负相关但不显著，说明经济发展水平与城乡收入差距之间的关系并不稳健，投资率与城乡收入差距的关系同样表现为不显著。

本部分分别以财政支出绝对规模和相对规模与城乡收入差距之间的关系进行了固定效应模型估计，其结果均表明我国地方财政支出规模与城乡收入差距之间存在正相关性且高度显著，其控制变量中城镇居民失业率、产业结构以及非农人口占比也都呈正相关性且高度显著。实证结果与中国现实较为吻合，中国地方财政支出规模增长的同时城乡收入差距在不断地扩大，这说明中国地方财政支出在城乡之间的分配存在严重的城市偏向性，无论是在经济建设领域，还是基本公共服务领域城市居民获得的财政转移都大于农村居民，地方财政支出规模的增长并没有真正改善城乡收入差距的现状，甚至拉大了城乡收入差距。因此，如何在中国财政支出规模不断增长的同时，改善财政资金在城乡之间的分配和财政支出结构的优化，对于缩小城乡收入差距具有重要的意义。

6.3 财政支农支出与城乡收入差距关系的实证分析

农业是国民经济中的基础性产业，并且与其他产业之间有着较强的联动性，对于有着大量农村人口的中国来说，农业的地位显得更为重要。因此，改革开放以来，中共中央一直为农村改革和农业发展做出各种部署，其中改革开放初期的1982—1986年，中共中央连续5年发布以“三农”为主题的中央一号文件，而18年后的2004—2019年，中共中央连续16年发布关于“三农”问题的中央一号文件。可见，“三农”问题已经成为党中央和国务院工作的重中之重，而“三农”问题的核心或最终归结点在于农民增收的问题，这又直接影响到城乡居民收入差距。在中共中央关于“三农”政策中财政政策特别是财政支出政策对农村发展具有重要的作用，财政支农政策是国家调控农业生产进而影响农村收入的一个基本工具。尽管改革开放以来我国财政支农支出总量不断增加，但其相对份额却呈下降趋势，导致了农业投入不足，成为制约我国农业发展和农民收入增长的重要因素。虽然近年来中央政府采取了各种支农政策，如粮食保护价收购、对种植粮食的农民给予直接补贴等，但这些政策在具体实施中并没有取得明显的效果，城乡收入差距仍不断扩大。因此，研究财政支农支出对农民收入的影响，财政支农支出与城乡收入差距之间的关系，并对其绩效进行评估，对于制定科学合理的财政支农支出政策以及提高财政支农资金的效率，进而缩小城乡收入差距，具有重要的现实意义。鉴于此，本部分主要是就财政支农支出与城乡收入差距之间的关系进行实证分析，以发现财政支农支出规模以及结构对城乡收入差距的现实影响，作为本书最后提出政策建议的实证基础。

6.3.1　模型设定

本部分主要是对财政支农支出与城乡收入差距之间的关系进行实证分析，具体模型设定如下：

$$GAP_{i,t} = c + + \beta_1 AGRI_{i,t} + \beta_2 X_{i,t} + \nu_{i,t} + \varepsilon_{i,t} \quad (2)$$

上式中，i 和 t 分别表示省份和时间，$GAP_{i,t}$ 表示第 i 省份在 t 年的城乡收入差距，$AGRI$ 为财政支农支出水平，β_1 和 β_2 分别为各变量的系数，$\nu_{i,t}$ 为各省份不可观察的地区效应，用于控制省份的固定效应，$\varepsilon_{i,t}$ 为随机干扰项。财政支农支出（$AGRI$）用地方政府当年支持农业生产和事业的财政支出占地方财政支出的比重来衡量，X 表示影响城乡收入差距的一组控制变量，根据国内学者对此的实证分析和研究需要，控制变量主要包括经济发展水平、城镇化水平、政府对经济活动的参与度、城镇居民失业率、产业结构、投资率等。

6.3.2　定义变量及数据说明

被解释变量城乡收入差距（GAP）采用城镇居民人均可支配收入与农村居民人均纯收入的比值来衡量，核心解释变量为 AGRI，用地方政府当年的支持农业生产和事业的财政支出占地方财政支出的比重表示，2007 年以前的支农支出主要包括农业支出、林业支出和农林水利气象等部门事业费，2007 年以后的支农支出主要包括城乡社区事务和农林水事务。本部分控制变量主要包括经济发展水平、城镇化水平、政府对经济活动的参与度、城镇居民失业率、产业结构、投资率，各省份的经济发展水平以人均 GDP 的对数值 lnPGDP 来衡量，城镇化水平（Urb）以城镇人口占总人口比重来表示，政府对经济活动的参与度（Fislevel）以当年各省份财政支出占 GDP 的比例来衡量，城镇居民失业率（Unemratio）则以城镇登记失业率来表示，产业结构（Industry）以各省份当年二、三产业产值占当年当地社会总产值的比重来衡量，投资率（Invest）为各省份当年固定资产投资占当年当地社会总产值的比重来衡量。另外，由于东、中、西部地区经济发展水平等各种因素影响，会使得社会保障支出与城乡收入差距之间的关系呈现区域差异，本部分将对东、中、西三个区域分别设置虚拟变量以控制地区间差异。

在数据选择上，由于考虑到1998年中国开始建立公共财政制度，在财政支出结构上一定程度有所调整，另外，1997年重庆作为直辖市从四川省分出来，省份个数也发生了变化。因此，本部分实证分析数据的时间选择上，主要以1999—2015年的省级面板数据为基础。所用数据主要来源于相关年份的《中国统计年鉴》和《中国财政年鉴》，各变量的统计性描述结果如表6.4所示。

表6.4　　变量统计性描述

变量	观测个数	平均值	标准差	最小值	最大值
城乡收入差距	527	3.02	0.61	1.87	5.61
财政支农支出(%)	527	8.68	3.19	2.13	18.02
政府参与经济活动程度(%)	527	20.38	15.46	4.68	129.14
城镇居民失业率(%)	527	3.60	0.73	0.60	6.50
非农人口占比(%)	527	34.69	16.33	13.8	90.03
产业结构(%)	527	86.23	7.10	62.09	99.40
经济发展水平（人均GDP对数）	527	9.71	0.80	7.84	11.51
投资率(%)	527	53.59	18.99	23.15	112.38

6.3.3　计量方法及实证结果分析

本部分主要是测度财政支农支出与城乡收入差距的关系，为了保证计量检验结果的有效性和稳健性，在计量方法上，同时使用固定效应模型和随机效应模型对计量方程进行实证分析，并且利用Hausman检验固定效应和随机效应模型的结果。由于2007年政府收支科目重新分类，2007年之前的财政支农支出和2007年以来的财政支农支出科目有所变化，本部分利用计算软件Stata12.0软件分别1999—2006年和2007—2015年两个时间段的财政支农支出与城乡收入差距的关系进行实证检验，其结果如表6.5和表6.6所示。

表 6.5　1999—2006 年财政支农支出与城乡收入差距回归结果（固定效应）

变量	系数	标准差	T 值	P 值
财政支农支出(AGRI)	0.026 992 7	0.009 415 9	2.87	0.005
城镇居民失业率(Unemratio)	0.125 275 6	0.025 603 9	4.89	0.000
产业结构(Industry)	0.036 372	0.009 163 3	3.97	0.000
非农人口占比(Urb)	0.009 044 1	0.004 960 1	1.84	0.067
经济发展水平(lnPGDP)	0.081 016 8	0.088 707 9	0.91	0.362
投资率(Inverst)	0.003 679 2	0.002 171 9	1.69	0.092
政府参与经济活动程度(Fislevel)	0.003 386 4	0.004 182 8	0.81	0.419
常数项(c)	−1.963 985	0.606 001 8	−3.24	0.001
R^2	0.637 2		Hausman 检验	86.80
F 检验	46.34		P 值	0.000 0

表 6.6　2007—2015 年财政支农支出与城乡收入差距回归结果（固定效应）

变量	系数	标准差	T 值	P 值
财政支农支出(AGRI)	0.028 012 9	0.005 033 8	5.56	0.000
城镇居民失业率(Unemratio)	0.004 615 2	0.025 982 4	0.18	0.859
产业结构(Industry)	0.016 570 2	0.006 092 3	2.72	0.007
非农人口占比(Urb)	−0.009 258 6	0.002 997 8	−3.09	0.002
经济发展水平(lnpGDP)	−0.393 540 3	0.039 584 5	−9.94	0.000
投资率(Inverst)	−0.000 539	0.000 867 2	−0.62	0.534
政府参与经济活动程度(Fislevel)	−0.014 418	0.002 319	−6.22	0.000
常数项(c)	5.958 357	0.518 987 1	11.48	0.000
R^2	0.810 5		Hausman 检验	20.89
F 检验	163.21		P 值	0.003 9

表 6.5 为 1999—2006 年财政支农支出与城乡收入差距关系的固定效应回归结果，本书以各省份财政支农支出占当年财政支出的比重为解释变量，采用固定效应和随机效应进行模型估计，并且对其进行了 Hausman 检验，Hausman 检验值为 86.80 并且相应的 P 值为 0.000，显示固定效应模型更具有稳健性。实证检验结果显示财政支农支出与城乡收入差距之间呈正相关关系，其系数为 0.026 992 7 且高度显著，即财政支农支出扩大了城乡收入差距。从现实的角度来说，财政支农支出是支持农业生产和发展的财政支

出，有利于农民收入的增长和城乡收入差距的缩小，但实证结果表明其与城乡收入差距的系数尽管只有0.27，但确实拉大了城乡收入差距。对此我们的解释是，尽管财政支农支出有利于农民收入的增长，但政府生产性的财政支出在城乡之间的分配也存在城市偏向性，在财政支农支出增长的同时，城市生产性支出可能增长幅度更大，本书第5章对财政生产性支出与城乡收入差距的关系的理论模型分析结果表明，政府财政生产性支出比重越大，则城乡收入差距越大，从这个角度来说本部分的实证分析结果与理论分析也是吻合的。另外，随着中国城市快速发展，大部分农村人口到城市务工，除了一些粮食主产区以外，很多地方都出现了大量的农田荒废的现象，这就会导致财政支农支出尽管改善了农业生产环境，但由于大量农村劳动力不愿意在农村从事生产，财政支农支出的实际效率低下，对于增加农民收入的作用非常有限，不能起到缩小城乡收入差距的作用。在生产性财政支出比重一定的情况下，如果农村生产性支出增加可能会导致城市生产性支出的下降，对于在城市务工的农村劳动力来说，反而可能会导致其就业更难，收入水平下降[①]，最终可能会导致城乡收入差距的扩大。

根据表6.5可知，本部分所选取的控制变量与城乡收入差距的关系都呈正相关关系，但其中城镇居民失业率和产业结构在1%的置信水平下显著，非农人口占比和投资率在10%的置信水平下显著，经济发展水平和政府参与经济程度则不显著。城镇居民失业率、产业结构、非农人口占比与城乡收入差距的关系在前面已经做出了相应的解释，在此不再赘述。本书用各省份财政支出占各省份当年GDP的比重来衡量政府参与经济活动的程度，其与城乡收入差距呈正相关性，这与前面关于财政支出相对规模与城乡收入差距的关系实证结果相似，但其不显著，反映了其与城乡收入差距的关系不明确，但总体上来说其结论比较接近中国的现实。

由于我国2007年对政府财政收支目录进行了调整，本书研究中2007年以来财政支农支出以农林水利事务支出占财政支出的比重来衡量，对2007—2015年财政支农支出与城乡收入差距的关系进行了固定效应和随机效应的模型估计，并且对其进行了Hausman检验，Hausman检验值为20.89

---

① 尽管大量农村劳动力在城市就业，但农村劳动力更多从事的生产性领域，如建筑业等行业，城市居民更多的是从事收入水平高的公共部门、服务业等行业，而生产性支出向农村的倾斜有可能会导致城市生产性领域劳动者的收入水平下降，而这正好是农村劳动者就业的主要行业。

并且相应的P值为0.003 9，显示固定效应模型更具有稳健性，如表6.6所示。实证结果同样表明财政支农支出与城乡收入差距之间存在正相关关系，其系数为0.028且高度显著，1999—2006年财政支农支出与城乡收入差距关系的系数为0.027，进一步表明财政支农支出与城乡收入差距之间确实存在正相关关系，并且其对城乡收入差距的影响程度并没有发生太大的变化，至于财政支农支出为什么会导致城乡收入差距的扩大，前面已经做了解释。从控制变量与城乡收入差距的关系来看，城镇居民失业率和产业结果系数为正，其他的系数为负，但其中的城镇居民失业率和投资率不显著，说明在2007—2015年，其与城乡收入差距之间并没有明确的关系，如前所述产业结构与城乡收入差距正相关。但值得注意的是非农人口占比与城乡收入差距的关系，在2007年之前是正相关而现在是负相关，并且都是高度显著，也就是说2007年之前非农人口占比越高城乡收入差距越大，这与现实好像更加吻合。2007年之后非农人口占比则缩小了城乡收入差距，对此的解释是，由于本书对城乡收入差距是以城镇居民人均可支配收入与农村居民人均纯收入的比值来衡量，随着中国近年来城镇化战略的实施，一部分农村人口转化为城镇人口，非农人口比重大幅度上升，但是这部分转为城镇居民的原农村居民，其就业和收入水平并没有得到大幅度改善，并且丧失土地以后其收入来源反而有所减少。城镇居民人均可支配收入是以城镇居民总收入除以城镇总人口，非农人口增长率如果高于收入增长率，可能会导致城镇居民人均可支配收入的下降，将会导致城乡收入差距的缩小。经济发展水平与城乡收入差距呈负相关且高度显著，对此的解释是，经济发展水平越高的地区城乡一体化水平越高，城镇居民人力资本积累和获得转移性收入的差异越小，城乡收入差距可能会缩小。政府参与经济的程度同样与城乡收入差距呈负相关且高度显著，对此的解释是，近年来在政府财政支出规模扩大的同时，财政支出更多地向农村地区倾斜，如新型农村合作医疗、农村社会保障制度、新农村建设等，农村居民人力资本积累和获得转移性收入的机会大大提升，农村居民的收入水平增长速度快于城市居民，从而缩小了城乡居民收入差距。

本部分分段对财政支农支出与城乡收入差距的关系进行了实证分析，结果表明，中国财政支农支出扩大了城乡收入差距，并且在样本年份内是高度稳健的。现实中，财政支农支出应该有利于农村和农业发展，农民收入相应会增加使得城乡收入差距缩小，但通过数据实证检验结果与现实不符。其启示是，在中国城市快速发展过程中，大量的农村劳动力在城市就业，很多地区农村居民的收入来源已经不再主要是农业生产所带来的收入，而是在城市打工获得的收入，财政支农支出对于非粮食主产区农民收入增长的贡献率非常小。因此，盲目地增加财政支农支出并不能有效缩小城乡收入差距，而是应该根据地区特征进行差别投入①，并且应该将一部分财政支农支出用于农产品价格保护，保证农民生产的基本收益，才会有更多的人愿意在农村从事农业生产，财政支农支出的效率才会提升。

6.4 财政教育支出与城乡收入差距关系的实证分析

在中国城乡收入差距形成的诸多原因中，政府在城乡之间教育投入的不平等是非常重要的影响因素，而且这种影响因素是一种长期性的且存在代际传递的。从中华人民共和国成立以来至改革开放之前，中国城乡之间的政府教育支出就存在较大差异，再加上户籍制度对农村劳动力流动的限制，通过读书改变命运在很大程度上成为农村居民转移到城市的最为重要的途径，但人力资本素质高的农村劳动力转移到城市又会进一步扩大城乡收入差距。改革开放以后，尽管农村劳动力可以到城市打工，逐步打破了户籍制度对农村劳动力流动的限制，但是对于教育来说，户籍制度的影响远没有消除，甚至更加严重，户籍制度导致了考生只能在户籍所在地参加高考，而中国不同地区高考录取分数又存在较大差异，再加上城乡之间教育支出存在的巨大差异，导致农村居民受教育水平远落后于城镇居民，城乡间人力资本积累差异不断拉大，进而导致城乡收入差距不断扩大。

关于政府教育支出与城乡收入差距的关系，国内学者从不同角度进行了理论和实证研究，基本上得出了大体相似的结论，即中国政府教育支出扩大了城乡间人力资本的差异，政府教育投入的不平等是导致中国城乡收入差距的最为重要的影响因素，本书在前面已经作过详尽的文献综述和理

---

① 如粮食主产区的农村劳动力可能更多一些，这里的农民来源于农业的收入可能比重更高，对我国粮食供应和储备的主要地区，应该加大生产性的财政支农资金投入。而一些非粮食主产区很多农村劳动力都进城务工，留下来的都是老人和小孩，有一部分家庭根本就没有人从事农业生产，大量田地荒废，财政支农支出的增加对这些地区的效率是非常低的。

论分析，在此不再赘述。鉴于本书分析的需要，本部分将对中国政府教育支出与城乡收入差距之间的关系进行实证分析，主要考察政府教育支出水平和政府教育支出城镇偏向性对城乡收入差距产生的现实影响，为本书的后续研究提供实证基础。

6.4.1　模型设定

本部分主要是对财政教育支出与城乡收入差距之间的关系进行实证分析，具体模型设定如下：

$$GAP_{i,t} = c + \beta_1 EDU_{i,t} + \beta_2 X_{i,t} + \nu_{i,t} + \varepsilon_{i,t} \quad (3)$$

$$GAP_{i,t} = c + \beta_1 EDU_{i,t} + \beta_2 EDUSTRUC_{i,t} + \beta_3 X_{i,t} + \nu_{i,t} + \varepsilon_{i,t} \quad (4)$$

上式中，i 和 t 分别表示省份和时间，$GAP_{i,t}$ 表示第 i 省份在 t 年城乡收入的差距，β_1、β_2、β_3 分别为各变量的系数，$\nu_{i,t}$ 为各省份不可观察的地区效应，用于控制省份的固定效应，$\varepsilon_{i,t}$ 为随机干扰项。*EDU* 为政府财政教育支出，*EDUSTRUC* 为政府教育支出城乡结构，*X* 表示影响城乡收入差距的一组控制变量，根据国内学者对此的实证分析和研究需要，控制变量主要包括经济发展水平、城镇化水平、政府对经济活动的参与度、城镇居民失业率、产业结构、投资率几个方面的变量。

6.4.2　定义变量及数据说明

被解释变量城乡收入差距（*GAP*）采用城镇居民人均可支配收入与农村居民人均纯收入的比值来衡量。核心解释变量为 *EDU* 和 *EDUSTRUC*，其中 *EDU* 为政府财政教育支出总水平，这里采用地方当年的财政教育支出占地方财政支出的比重表示，*EDUSTRUC* 为政府财政教育支出城镇偏向性，这里采用各省份城镇小学初中财政教育支出占各省份当年城乡小学初中教育支出总额的比重作为城镇偏向性的代理变量。本部分控制变量主要包括经济发展水平、城镇化水平、政府对经济活动的参与度、城镇居民失业率、产业结构、投资率，各省份的经济发展水平以人均 GDP 的对数值 lnPGDP 来衡量，城镇化水平（Urb）以城镇人口占总人口比重来表示，政府对经济活动的参与度（Fislevel）以当年各省份财政支出占 GDP 的比例来衡量，城镇居民失业率（Unemratio）则以城镇登记失业率来表示，产业结构（Industry）以各省份当年二、三产业产值占当年当地社会总产值的比重来衡量，投资率（Invest）为各省份当年固定资产投资占当年当地社会总产值的比重来衡量。另外，由于东、中、西部地区经济发展水平等各种因素的影响，会使得社会保障支出与城乡收入差距之间的关系呈现区域差异，此外，以东、中、西三个区域分别设置虚拟变量以控制地区间差异。

在数据选择上，由于考虑到1998年中国开始建立公共财政制度，在财政支出结构上有一定程度的调整，另外，1997年重庆作为直辖市从四川省分出来，省份个数也发生了变化，因此，在本部分实证分析数据的时间选择上，主要以1998—2015年的省级面板数据为基础。所用数据主要来源于相关年份的《中国教育经费统计年鉴》《中国统计年鉴》《中国财政年鉴》《中国农村统计年鉴》，各变量的统计性描述结果如表6.7所示。

表6.7 变量统计性描述

变量	观测个数	平均值	标准差	最小值	最大值
城乡收入差距	527	3.02	0.61	1.87	5.61
教育支出占比(%)	527	15.86	2.66	8.56	22.22
人均教育支出(元)	527	681.01	640.99	30.56	3 453.26
教育支出偏向(%)	465	41.51	21.88	14.42	80.21
政府参与经济活动程度(%)	527	20.38	15.46	4.68	129.14
城镇居民失业率(%)	527	3.60	0.73	0.60	6.50
非农人口占比(%)	527	34.69	16.33	13.80	90.03
产业结构(%)	527	86.23	7.10	62.09	99.40
经济发展水平(人均GDP对数)	527	9.71	0.80	7.84	11.51
投资率(%)	527	53.59	18.99	23.15	112.38

6.4.3 计量方法及实证结果分析

本部分主要是测度政府教育支出与城乡收入差距的关系，为了保证计量检验结果的有效性和稳健性，在计量方法上，同时使用固定效应模型和随机效应模型对计量方程进行实证分析，并且利用Hausman检验固定效应和随机效应模型的结果。为了更深入地分析政府教育支出与城乡收入差距的关系，本部分利用Stata12.0计算软件分别对政府教育支出占财政支出比重、人均教育支出和教育支出城市偏向性与城乡收入差距之间的关系进行了实证检验，其结果如表6.8、表6.9所示。

表 6.8 教育支出占比与城乡收入差距回归结果（固定效应）

变量	系数	标准差	T 值	P 值
教育支出占比(EDUR)	-0.013 917 2	0.007 574 4	-1.84	0.067
城镇居民失业率(Unemratio)	0.211 024	0.0 215 171	9.81	0.000
产业结构(Industry)	0.031 918 5	0.005 646 5	5.65	0.000
非农人口占比(Urb)	0.013 564 4	0.0 036 904	3.68	0.000
经济发展水平(lnPGDP)	-0.026 351	0.050 351 1	-0.52	0.601
投资率(Inverst)	0.002 286 3	0.001 214 4	-13.99	0.000
政府参与经济活动程度(Fislevel)	-0.031 174 2	0.002 228 4	-13.99	0.000
常数项(c)	-0.031 145	0.3 684 191	-0.08	0.933
R^2	0.490 1		Hausman 检验	193.15
F 检验	72.68		P 值	0.000

表 6.9 教育支出占比、教育支出城市偏向性与城乡收入差距回归结果（固定效应）

变量	系数	标准差	T 值	P 值
教育支出占比(EDUR)	-0.004 933 1	0.008 796 6	-0.56	0.575
教育支出偏向(EDUSTRUC)	-0.000 079 3	0.000 559 7	-0.14	0.887
城镇居民失业率(Unemratio)	0.200 816 4	0.023 222 7	8.65	0.000
产业结构(Industry)	0.027 220 4	0.006 597 3	4.13	0.000
非农人口占比(Urb)	0.016 617	0.004 185	3.97	0.000
经济发展水平(lnPGDP)	-0.022 194 5	0.055 467 6	-0.40	0.689
投资率(Inverst)	0.0 035 821	0.001 397	2.56	0.011
政府参与经济活动程度(Fislevel)	-0.028 832 8	0.002 579 1	-11.18	0.000
常数项(c)	0.0 208 128	0.425 314 3	0.05	0.961
R^2	0.471 6		Hausman 检验	71.64
F 检验	61.63		P 值	0.000

本部分主要对财政教育支出规模与城乡收入差距的关系进行实证分析，以各省份财政教育支出占财政支出的比重作为解释变量，用固定效应和随机效应进行模型估计，并且对其进行了 Hausman 检验，检验结果表明固定效应模型更具稳健性，如表 6.8 所示。实证结果显示，以财政教育支出占财政支出的比重来衡量财政教育支出规模与城乡收入差距之间呈负相关关系并且在 10%的置信水平上显著，说明我国财政教育支出缩小了城乡收入差

距。实证检验结果与理论分析结论不完全一致，理论分析认为政府教育支出对城乡收入差距的影响是不确定的。对此本书的解释是，仅就政府教育支出规模来说，财政教育支出的增加会普遍提高城乡居民受教育水平，但城乡居民受教育水平改变程度不一样，原来城市居民本来就有较高的教育水平，而农村居民受教育水平远低于城市居民，财政教育支出增加了以后，城市居民受教育水平程度提升幅度则大大小于农村居民。因此，财政教育支出的增加可能会在一定程度上缩小城乡居民受教育水平的差距，进而缩小城乡居民人力资本积累差异及城乡居民获得收入的能力差异①，城乡收入差距也将会缩小。另外，本书这里并没有考虑财政教育支出城市偏向性的影响，在本书前面部分对中国财政教育支出城市偏向性进行了测度，而且理论分析也认为中国城市偏向性财政教育支出会导致城乡收入差距的扩大。

为了验证前面分析的结论和保证实证分析结论的可靠性，本书以各省份当年城镇小学、初中教育支出占各省份当年小学、初中教育支出的比重作为财政教育支出城市偏向性的代理变量，以财政教育支出占比和财政教育支出城市偏向性两个解释变量用固定效应和随机效应模型估计，并对其进行了 Hausman 检验，检验结果表明固定效应模型更具稳健性，如表 6.9 所示。实证结果显示，当加入财政教育支出城市偏向性这一解释变量后，尽管政府教育支出占比的系数为负但统计上不显著，表明政府教育支出与城乡收入差距的关系不确定，这和本书前面理论分析的结论是吻合的。教育支出偏向的系数为负但在统计上不显著，表明教育支出城市偏向性与城乡收入差距的关系是不确定的，而本书理论分析认为教育支出城市偏向性会扩大城乡收入差距。对此我们的解释是，中国实行义务教育以来城乡居民最基本的受教育能力得到了有效保障，再加上中国自 2000 年开始实行大学的扩招，这就大幅度提升了城乡居民特别是农村居民上大学的机会，我国的教育支出很大一部分分配给了高校，这种城市偏向性的教育支出也会在很大程度上惠及农村居民，最终导致城市偏向性的教育支出对城乡收入差距的影响存在不确定性。

---

① 本书在第三章对此做了分析，政府教育支出主要是通过影响城乡居民人力资本积累，劳动力人力资本的差异会影响其取得收入的能力，进而会影响其收入水平，最终必然会影响城乡收入的差距。

为了更准确地验证政府教育支出与城乡收入差距关系的稳健性，本书又以人均教育支出和教育支出偏向作为解释变量，用固定效应和随机效应进行模型估计，Hausman 检验结果均显示固定效应模型更具有稳健性，如表6.10和表6.11所示。根据表6.10可知，人均教育支出与城乡收入差距呈负相关关系且高度显著，表明人均教育支出的增加缩小了城乡收入差距，其结论与教育支出规模与城乡收入差距的关系一致，对此本部分前面已做

表6.10　人均教育支出与城乡收入差距回归结果（固定效应）

变量	系数	标准差	T值	P值
人均教育支出(PEDU)	-0.000 279 1	0.000 043 2	-6.46	0.000
城镇居民失业率(Unemratio)	0.159 383 2	0.0 222 346	7.17	0.000
产业结构(Industry)	0.018 981 8	0.005 792 4	3.28	0.001
非农人口占比(Urb)	0.013 612 1	0.003 506 7	3.88	0.000
经济发展水平(lnPGDP)	0.236 689 5	0.064 117	3.69	0.000
投资率(Inverst)	-0.000 169 4	0.001 218 3	-0.14	0.890
政府参与经济活动程度(Fislevel)	-0.022 636 7	0.002 469 2	-9.17	0.000
常数项(c)	-1.354 756	0.4 067 631	-3.33	0.001
R^2	0.532 6		Hausman 检验	273.41
F检验	80.81		P值	0.000

表6.11　人均教育支出、教育支出偏向与城乡收入差距回归结果（固定效应）

变量	系数	标准差	T值	P值
人均教育支出(PEDU)	-0.000 390 1	0.000 063 7	-6.12	0.000
教育支出偏向(EDUSTRUC)	-0.000 123	0.000 530 2	-0.23	0.817
城镇居民失业率(Unemratio)	0.153 294 6	0.023 417 1	6.55	0.000
产业结构(Industry)	0.016 184 4	0.006 528 8	2.48	0.014
非农人口占比(Urb)	0.015 045	0.003 950 3	3.81	0.000
经济发展水平(lnPGDP)	0.313 227 4	0.075 202 6	4.17	0.000
投资率(Inverst)	-0.000 287 8	0.001 436 1	-0.20	0.841
政府参与经济活动程度(Fislevel)	-0.019 540 6	0.002 864 6	-6.82	0.000
常数项(c)	-1.869 668	0.509 118 4	-3.67	0.000
R^2	0.521 3		Hausman 检验	193.87
F检验	69.48		P值	0.000

了解释。如果加入财政教育支出城市偏向作为解释变量，估计结果如表6.11所示，人均教育支出的系数为-0.000 390 1且高度显著，表明人均教育支出缩小了城乡收入差距，但从系数来看其影响程度非常小，可以忽略不计。教育支出偏向系数为负但不显著，表明其与城乡收入差距之间关系不明确，该结论与前面教育支出占比和教育支出偏向对城乡收入差距实证结果相似。这说明中国教育支出不论规模，还是人均水平都在不断地增长，尽管存在城市偏向性，但其缩小了城乡居民受教育水平的差距，城乡居民人力资本积累差异也随之缩小，最终城乡收入差距也在缩小。如前所述，主要原因在于中国城乡居民受教育差异主要是高等教育，教育支出规模增加其中很大一部分都投入了高等教育，而高等教育都在城市，这种教育支出的城市偏向性会随着农村子女上大学机会的增加也惠及农村居民，最终对城乡收入差距的影响呈现出不确定性。

综上所述，中国目前政府教育支出，不论是规模还是人均水平都在不断地增长，尽管都有利于缩小城乡收入差距，但是影响程度有限。对于中国而言，城乡居民不仅接受教育的公共资源存在较大的差异，私人在教育上的投入也存在较大的差异，这样必然会影响城乡居民人力资本积累。政府在增加教育支出的同时，应该注重公共教育资源在不同教育阶段的分配，切实地实现居民教育水平的均等化，最终才能够缩小城乡居民教育水平差异，其对缩小城乡收入差距的作用才会更显著一些。

6.5 财政卫生支出与城乡收入差距关系的实证分析

医疗卫生事业是关系人民健康以及家庭幸福的重大民生问题，政府卫生支出直接关系到城乡居民健康水平，进而影响城乡居民健康人力资本积累，并影响城乡居民就业和收入水平，最终影响城乡收入差距。我国农村人口众多，但农村居民健康水平长期落后于城市。尽管中华人民共和国成立以来政府把加强基层卫生工作作为我国卫生事业发展的基本策略，政府通过对农村公共卫生和基层医疗服务体系的投入，并通过建立以村集体为基础的合作医疗制度，提供人人享有的初级医疗卫生保健服务，有效地控制了农村传染病、地方病等疾病的发生和传播，显著提高了农村居民的健康水平。但由于中国政府卫生支出存在严重的城市偏向性，本书在前面相关章节已经进行了数据阐述和说明，导致了城乡居民享受的公共卫生资源差异很大，城乡居民健康水平差距长期存在。例如，1982 年全国城乡人均预期寿命相差 4 年，2010 年城乡差距扩大到 4.7 年[①]。不过，2003 年是改革开放以后农村卫生事业发展的重大转折点，中共中央和国务院在 2002 年 10 月发布的《关于进一步加强农村卫生工作的决定》启动了针对农村的公共卫生环境、医疗卫生服务体系、合作医疗制度和医疗救助制度的全面建设工作。2009 年中共中央和国务院又颁布的《关于深化医药卫生体制改革的意见》启动了新一轮的卫生体制改革，此轮改革把农村卫生工作提高到一个新的层次，主要涉及三个方面[②]：一是城乡居民逐步享有均等化的基本公共卫生服务项目；二是建立以县级医院为龙头，以乡镇卫生院和村卫生室为基础的农村医疗卫生服务网络；三是加快基本医疗保障制度建设，对农村有直接影响的就是农村新型合作医疗制度和贫困人口医疗救助。

随着中国医疗卫生体制改革的深入，政府卫生支出增长很快，2004—2009 年中国卫生支出增长了 3.6 倍，城乡居民享受的公共卫生资源越来越多，而近年来农村新型合作医疗制度的建立，让更多的农村居民能够享受到医疗卫生保障，对农村居民健康水平有一定程度的提高。可见，政府卫生支出确实对居民健康水平有着积极的影响，国内外学者对此也进行了广泛的研究，如 Verhoeven 和 Tiongson（2003）、Mayer 和 Sarin（2005）、孙菊（2011）等大多数学者的研究结论表明，财政卫生支出对健康改善具有显著的积极作用。而关于政府卫生支出对城乡收入差距影响的研究相对较少，大多数研究将政府卫生支出作为财政支出一个项目，或者以科教文卫支出综合探讨其与城乡收入差距的关系，如陆铭和陈钊（2004）、陈安平和杜金沛（2010）、张义博和刘文忻（2012）等，但得出的结论存在着一定的差异，本书在文献综述部分已经详细阐述过。政府卫生支出主要是通过影响城乡居民健康水平，进而影响城乡居民人力资本积累差异，特别是随着中国农村劳动力逐渐向城市流动，健康对于进城务工的农村劳动力的收入有着直接影响。有学者研究认为健康状况显著影响农民工的外出打工收入，健康状况较差农民工的年均外出打工收入仅达到健康状况较好农民工的

① 胡英. 中国分城镇乡村人口平均预期寿命探析［J］. 人口与发展，2010（2）：18.

② 李华，俞卫. 政府卫生支出对中国农村居民健康的影响［J］. 中国社会科学，2013（10）：42.

63%①。但随着农村居民教育水平的提高，健康水平对农村居民外出打工收入的影响程度在逐渐减弱，这是一个值得注意的问题，它可能会使政府卫生支出对城乡收入差距的影响存在一定程度的不确定性。鉴于国内外学者的相关研究以及本书前面的分析，本部分将深入考察我国政府卫生支出对城乡收入差距的现实影响，为政策制定提供现实基础。

6.5.1 计量模型设定

本部分主要是对政府卫生支出与城乡收入差距之间的关系进行实证分析，具体模型设定如下：

$$GAP_{i,t} = c + \beta_1 PH_{i,t} + \beta_2 X_{i,t} + \nu_{i,t} + \varepsilon_{i,t} \quad (5)$$

$$GAP_{i,t} = c + \beta_1 PH_{i,t} + \beta_2 PHSTRUC_{i,t} + \beta_3 X_{i,t} + \nu_{i,t} + \varepsilon_{i,t} \quad (6)$$

上式中，i 和 t 分别表示省份和时间，$GAP_{i,t}$ 表示第 i 省份在 t 年的城乡收入差距，β_1、β_2 分别为各变量的系数，$\nu_{i,t}$ 为各省份不可观察的地区效应，用于控制省份的固定效应，$\varepsilon_{i,t}$ 为随机干扰项。*PH* 为人均政府卫生支出，将其作为健康人力资本的代理变量，这里对其取对数，它是模型的核心变量。*PHSTRUC* 为卫生支出偏向。*X* 表示影响城乡收入差距的一组控制变量，根据国内学者对此的实证分析和研究需要，控制变量主要包括经济发展水平、城镇化水平、政府对经济活动的参与度、城镇居民失业率几个方面的变量。

6.5.2 定义变量及数据说明

被解释变量城乡收入差距（*GAP*）采用城镇居民人均可支配收入与农村居民人均纯收入的比值来衡量。解释变量定义：人均政府卫生支出（*PH*）是用来衡量城乡居民劳动力健康的代理变量，以各地当年的卫生支出与人口数量的比值并且取对数值来表示；还有一个变量就是政府卫生支出的城市偏向程度（*PHSTRUC*），主要考察政府卫生支出偏向对城乡收入差距的影响，以城市医生数和城乡医生总数的比值作为衡量政府卫生支出的城市偏向性。

本部分控制变量主要包括经济发展水平、城镇化水平、政府对经济活动的参与度、城镇居民失业率、产业结构、投资率，各省份的经济发展水

---

① 秦立建，陈波，秦雪征．健康对农民工外出务工收入的影响分析 [J]．世界经济文汇，2013（6）：110.

平以人均 GDP 的对数值 lnPGDP 来衡量，城镇化水平（Urb）以城镇人口占总人口比重来表示，政府对经济活动的参与度（Fislevel）以当年各省财政支出占 GDP 的比例来衡量，城镇居民失业率（Unemratio）则以城镇登记失业率来表示，产业结构（Industry）以各省份当年二、三产业产值占当年当地社会总产值的比重来衡量，投资率（Invest）为各省当年固定资产投资占当年当地社会总产值的比重来衡量。

在数据选择上，由于考虑到 1998 年中国开始建立公共财政制度，财政支出结构上存在一定程度的调整，另外，1997 年重庆作为直辖市从四川省分出来，省份个数也发生了变化，因此，在本部分实证分析数据的时间选择上，主要以 1999—2015 年的省级面板数据为基础。所用数据主要来源于相关年份的《新中国六十年统计资料汇编》《中国人口统计年鉴》《中国统计年鉴》和《中国财政年鉴》，各变量的统计性描述结果如表 6.12 所示。

表 6.12　　　　变量统计性描述

变量	观测个数	平均值	标准差	最小值	最大值
城乡收入差距	527	3.02	0.61	1.87	5.61
人均卫生支出对数值	527	4.95	1.12	2.27	7.17
卫生支出偏向(%)	248	87.17	7.29	52.78	99.58
政府参与经济活动程度(%)	527	20.38	15.46	4.68	129.14
城镇居民失业率(%)	527	3.60	0.73	0.60	6.50
非农人口占比(%)	527	34.69	16.33	13.80	90.03
产业结构(%)	527	86.23	7.10	62.09	99.40
经济发展水平（人均 GDP 对数）	527	9.71	0.80	7.84	11.51
投资率(%)	527	53.59	18.99	23.15	112.38

6.5.3　计量方法及实证结果分析

本部分主要是测度政府卫生支出与城乡收入差距的关系，为了保证计量检验结果的有效性和稳健性，在计量方法上，同时使用固定效应模型和随机效应模型对计量方程进行实证分析，并且利用 Hausman 检验固定效应和随机效应模型的结果。为了更深入地分析政府卫生支出与城乡收入差距的关系，本部分利用 Stata12.0 计算软件分别对政府人均卫生支出和卫生支出城市偏向性与城乡收入差距之间的关系进行了实证检验，其结果如表

6.13 和表 6.14 所示。

表 6.13　人均政府卫生支出与城乡收入差距回归结果（固定效应）

变量	系数	标准差	T 值	P 值
人均政府卫生支出对数(lnPH)	-0.047 067 8	0.051 986 2	-0.91	0.366
城镇居民失业率(Unemratio)	0.213 257 8	0.021 577 8	9.88	0.000
产业结构(Industry)	0.032 059 8	0.005 685 2	5.64	0.000
非农人口占比(Urb)	0.013 955 8	0.003 708 8	3.76	0.000
经济发展水平(lnPGDP)	0.008 681 4	0.091 495 2	0.09	0.924
投资率(Inverst)	0.003 118 3	0.001 216	2.56	0.011
政府参与经济活动程度(Fislevel)	-0.030 316 9	0.002 282 5	-13.28	0.000
常数项(c)	-0.459 98	0.585 34	-0.78	0.436
R^2	0.487 1		Hausman 检验	78.56
F 检验	56.03		P 值	0.000 0

表 6.14　2008—2013 年政府卫生支出偏向与城乡收入差距回归结果（随机效应）

变量	系数	标准差	Z 值	P 值
人均政府卫生支出对数(lnPH)	0.161 652 2	0.046 701 9	3.46	0.001
卫生支出偏向(PHSTRUC)	0.010 206 2	0.002 861 2	3.57	0.000
城镇居民失业率(Unemratio)	-0.041 076 4	0.024 178	-1.70	0.089
产业结构(Industry)	0.009 736	0.005 3	1.76	0.078
非农人口占比(Urb)	-0.013 204 8	0.002 548 5	-5.18	0.000
经济发展水平(lnPGDP)	-0.725 858 1	0.069 036 9	-10.51	0.000
投资率(Inverst)	-0.000 525 8	0.000 779 9	-0.67	0.500
政府参与经济活动程度(Fislevel)	-0.007 906 2	0.002 304 1	-3.43	0.001
常数项(c)	8.647 624	0.721 012 1	11.99	0.000
R^2	0.856 0		Hausman 检验	7.88
F 检验			P 值	0.445 5

表 6.13 为政府卫生支出与城乡收入差距的固定效应回归结果，本书以人均政府卫生支出的对数作为解释变量，用固定效应和随机效应进行模型估计，并且对其进行了 Hausman 检验，Hausman 检验值为 78.56 并且相应的 P 值为 0.000，显示固定效应模型更具有稳健性。根据固定效应模型估计结果，本研究发现人均政府卫生支出与城乡收入差距之间呈负相关关系，但

是统计上不显著，说明政府人均卫生支出与城乡收入差距之间并没有确定的关系。对此本研究的解释是，人均卫生支出是以各省份政府卫生支出总额除以各省份人口总数，并没有区分城乡人均政府卫生支出，在政府卫生支出增长的同时，人口规模也在增长，政府卫生支出规模通过人均后无法体现其城乡的差异性，再加上其他相关因素的影响，可能会导致其对城乡收入差距的影响难以确定。从控制变量与城乡收入差距的关系来看，城镇居民失业率、产业结构和非农人口占比都与城乡收入差距呈正相关关系且高度显著，政府参与经济活动的程度则与城乡收入差距呈负相关关系且高度显著，这也与前面的实证研究结论相似，其原因不再重复解释。另外，经济发展水平和投资率尽管其系数为正但不显著，说明其与城乡收入差距的关系不明确，前面也曾得到类似的结论。

如前所示，由于人均政府卫生支出无法反映政府卫生支出的偏向性，表 6.13 回归估计结果也表明其对城乡收入差距的影响不明确。因此，本书在模型中加入政府卫生支出偏向的解释变量，但是由于无法直接获得政府卫生支出在城乡之间的分配数据，本书以城镇医生数占城乡医生总数之比作为政府卫生支出偏向的代理变量，由于数据获得的限制，在此获得了 2008—2013 年的数据，所以，实证分析也是以这一时间段为基础。我们以人均政府卫生支出和政府卫生支出偏向作为解释变量，用固定效应和随机效应进行模型估计，并且对其进行了 Hausman 检验，Hausman 检验值为 7.88 并且相应的 P 值为 0.445 5，显示随机效应模型更具有稳健性，回归结果如表 6.14 所示。

人均政府卫生支出和政府卫生支出偏向的系数都为正且高度显著，表明其与城乡收入差距之间存在正相关关系，即人均卫生支出和政府卫生支出偏向性扩大了城乡收入差距，这与中国当前的现实是相吻合的。本书在前面章节就政府卫生支出与城乡收入差距的关系进行的理论分析时也指出，尽管政府卫生支出对城乡收入的影响是不确定的，但政府卫生支出城市偏向性会扩大城乡收入差距。这意味着中国政府卫生支出规模的扩大不一定能够导致城乡收入差距的缩小，还要看政府卫生支出在城乡间的分配，而在中国政府卫生支出长期存在偏向城市的现实下，中国政府卫生支出会导致城乡收入差距的扩大，本部分的实证分析结果印证了本书理论分析的结论。本书的解释是，人均政府卫生支出的增加扩大了城乡收入差距，其中最为主要的因素还是在于政府卫生支出存在城市偏向性，本书在第 4 章也通过相关数据反映了这种偏向性及程度，而这种政府卫生支出的偏向性会直接导致城乡居民特别是劳动力的健康水平差异，进而影响劳动者的就业能力和获得收入的能力。而更稳定和更高收入的职业主要被健康水平更高的城市居民获得，导致城市居民收入增长快于农村居民，最终扩大了城乡收入差距。

可见，本书关于政府卫生支出与城乡收入差距关系的研究，无论是理论还是实证分析结果都表明如果政府卫生支出没有城市偏向，其与城乡收入差距的关系是不确定的，但如果存在城市偏向性的情况下，政府卫生支出增长则可能会进一步扩大城乡收入差距，本部分实证检验印证了理论分析的结论和中国的现实。因此，政府卫生支出规模在逐年增长，特别是近年来其增长幅度较快，但并没有改善城乡收入差距，说明政府卫生支出的增长在存在城市偏向性的现实下，其对城乡居民健康有着重要的影响，这导致了城乡居民在就业和取得收入的能力方面差距越来越大。对于政府而言，在加大政府卫生支出的同时也需要合理地将公共卫生资源在城乡之间进行分配，才能更有效地改善城乡居民健康水平和缩小城乡收入差距。

6.6 财政社会保障支出与城乡收入差距关系的实证分析

财政社会保障支出的主要目的是保障弱势群体以及遇到各种风险的社会成员最基本的生存权，相对于其他财政支出而言，社会保障支出还具有直接再分配功能，这也是各国政府进行收入差距调节的重要手段。关于财政社会保障支出对城乡收入差距的影响，国内学者对此也有少量的相关研究，本书在前面也对此进行了文献综述、理论和现实分析，在此不再赘述。根据相关学者研究的结论以及本书前面的相关分析，本部分就财政社会保障支出与城乡收入差距之间的关系提出基本假设：我国财政社会保障支出与城乡收入差距之间存在正相关性，并且随着我国财政社会保障支出城镇偏好的增加，城乡收入差距将会随之扩大，相反则会缩小城乡收入差距。基于这一假设，本部分希望通过利用相关数据和对应的计量方法对其进行实证检验，以发现财政社会保障支出及其城镇偏向程度对城乡收入差距的现实影响，以及是否与本书假设一致，并在此基础上探讨社会保障支出的政策取向。

6.6.1 计量模型设定

本部分主要是对社会保障支出与城乡收入差距之间的关系进行实证分析，具体模型设定如下：

$$GAP_{i,t} = c + \beta_1 SSE_{i,t} + \beta_2 X_{i,t} + \nu_{i,t} + \varepsilon_{i,t} \quad (7)$$

$$GAP_{i,t} = c + \beta_1 SSE_{i,t} + \beta_2 SSESTRUC_{i,t} + \beta_3 X_{i,t} + \nu_{i,t} + \varepsilon_{i,t} \quad (8)$$

上式中，i 和 t 分别表示省份和时间，$GAP_{i,t}$ 表示第 i 省份在 t 年的城乡收入差距，其中 $SSE_{i,t}$ 表示第 i 省份在 t 年的财政社会保障支出总体水平，$SSESTRUC_{i,t}$ 表示财政社会保障支出的城镇偏好程度。X 表示影响城乡收入差距的一组控制变量，根据国内学者对此的实证分析和研究所需，控制变量主要包括经济发展水平、城镇化水平、政府对经济活动的参与度、城镇居民失业率几个方面的变量，$\nu_{i,t}$ 则表示观察不到的各类影响因素，ε 为残差项。

6.6.2 定义变量及数据说明

（1）城乡收入差距（GAP）。此处借鉴国内学者普遍使用的衡量城乡收入差距的指标，即城镇居民人均可支配收入与农村居民人均纯收入的比值。

（2）社会保障支出水平（SSE）。为了更全面反映社会保障支出与城乡收入差距之间的关系，此处对社会保障支出水平从绝对指标和相对指标两个方面来衡量，其中绝对指标主要是以某省份人均社会保障（PSSE）支出来衡量，而为了减少异方差对实证分析的影响，本部分对人均社会保障支出取对数 lnPSSE，相对指标则是以社会保障支出占当年财政支出总额的比重（SSER）来衡量。由于我国在 2007 年进行了财政收支科目重新分类，社会保障支出在 2007 年前后不一致，2007 年之前社会保障支出主要包括抚恤和社会福利救济费、行政事业单位的离退休费、社会保障补助支出三项支出之和，而 2007—2015 年社会保障支出则是指用于社会保障和就业的支出。

（3）社会保障支出的城镇偏向程度（SSESTRUC）。根据现有统计数据资料，无法直接测度社会保障支出城镇偏向程度，但在 2007 年政府财政收支科目重新分类前，社会保障支出主要包括抚恤和社会福利救济费、行政事业单位的离退休费、社会保障补助支出，而其中行政事业单位的离退休费仅涉及城镇居民，其他两项则覆盖了城乡居民。因此，选择以行政事业单位的离退休费占社会保障支出的比重来衡量社会保障支出城镇偏向程度。

但是，由于2007年以后社会保障支出仅有社会保障和就业数据，关于社会保障支出城镇偏向程度对城乡收入差距的影响，只能以1999—2006年度数据为基础进行检验。

（4）控制变量（X）。本部分控制变量主要包括经济发展水平、城镇化水平、政府对经济活动的参与度、城镇居民失业率、产业结构、投资率，各省份的经济发展水平以人均GDP的对数值lnPGDP来衡量，城镇化水平（Urb）以城镇人口占总人口比重来表示，政府对经济活动的参与度（Fislevel）以当年各省份财政支出占GDP的比例来衡量，城镇居民失业率（Unemratio）则以城镇登记失业率来表示，产业结构（Industry）以各省份当年二、三产业产值占当年当地社会总产值的比重来衡量，投资率（Invest）为各省份当年固定资产投资占当年当地社会总产值的比重来衡量。

在数据选择上，由于考虑到1998年中国开始建立公共财政制度，而且我国社会保障制度主要是1998年以后才真正建立，另外，1997年重庆作为直辖市从四川省分出来，省份个数也发生变化，因此，本部分实证分析的数据时间选择上，主要以1999—2015年的省级面板数据为基础。所用数据主要来源于《新中国六十年统计资料汇编》、历年的《中国财政年鉴》以及相关年份各省份的统计年鉴，各变量的统计性描述结果如表6.15所示。

表6.15 变量统计性描述

变量	观测个数	平均值	标准差	最小值	最大值
城乡收入差距	527	3.02	0.61	1.87	5.61
社会保障支出占比(%)	527	13.04	4.45	2.96	26.02
人均社会保障支出对数值	527	5.84	0.96	3.23	8.12
社会保障支出偏向(%)	310	34.07	14.40	1.93	68.45
政府参与经济活动程度(%)	527	20.38	15.46	4.68	129.14
城镇居民失业率(%)	527	3.60	0.73	0.60	6.50
非农人口占比(%)	527	34.69	16.33	13.80	90.03
产业结构(%)	527	86.23	7.10	62.09	99.40
经济发展水平(人均GDP对数)	527	9.71	0.80	7.84	11.51
投资率(%)	527	53.59	18.99	23.15	112.38

6.6.3 估计方法

在具体计量检验过程中，基于1999—2015年省级面板数据从绝对指标（lnPSSE）和相对指标（SSER）两个方面检验了社会保障支出对城乡收入差距的影响，在考虑了2007年政府财政收支科目重新分类对数据影响的基础上，决定对1999—2006年和2007—2015年两个时段分别进行计量检验。另外，本部分还计量检验了社会保障支出的城镇偏向性对城乡收入差距的影响，不过由于数据的可获得性，本部分仅以1999—2006年的数据为基础进行检验。为了保证计量检验结果的有效性和稳健性，在计量方法上，同时使用固定效应模型和随机效应模型对计量方程进行实证分析，并且利用Hausman检验固定效应和随机效应模型的结果。为了更深入分析社会保障支出与城乡收入差距的关系，本部分利用Stata12.0计算软件分别对社会保障支出占比、人均社会保障支出和社会保障支出城市偏向性与城乡收入差距之间关系进行了实证检验，其结果如表6.16~表6.21所示。

表6.16　1999—2006年社会保障支出占比与城乡收入差距回归结果（固定效应）

变量	系数	标准差	T值	P值
社会保障支出占比(SSER)	0.027 974 8	0.004 944 5	5.66	0.000
城镇居民失业率(Unemratio)	0.082 928 6	0.025 332 9	3.27	0.001
产业结构(Industry)	0.029 629 1	0.008 615 5	3.44	0.001
非农人口占比(Urb)	0.006 480 3	0.004 632 4	1.40	0.163
经济发展水平(lnPGDP)	0.113 887 6	0.082 372 6	1.38	0.168
投资率(Inverst)	0.004 056 4	0.002 060 4	1.97	0.050
政府参与经济活动程度(Fislevel)	0.001 123 5	0.003 976 5	0.28	0.778
常数项(c)	−1.636 48	0.575 875 8	−2.84	0.005
R^2	0.673 7		Hausman检验	122.41
F检验	52.84		P值	0.000

表 6.17　2007—2015 年社会保障支出占比与城乡收入差距回归结果（固定效应）

变量	系数	标准差	T 值	P 值
社会保障支出占比(SSER)	0.0 102 076	0.004 684	2.18	0.031
城镇居民失业率(Unemratio)	0.045 656 3	0.026 488 7	1.72	0.087
产业结构(Industry)	0.0 190 227	0.006 545 9	2.91	0.004
非农人口占比(Urb)	−0.006 587 4	0.003 210 6	−2.05	0.042
经济发展水平(lnPGDP)	−0.308 671 1	0.042 827 5	−7.21	0.000
投资率(Inverst)	0.001 584	0.000 883 5	1.79	0.075
政府参与经济活动程度(Fislevel)	−0.016 827 6	0.002 507 9	−6.71	0.000
常数项(c)	4.740 893	0.595 242 5	7.96	0.000
R^2	0.783 1		Hausman 检验	37.53
F 检验	145.65		P 值	0.000

表 6.18　1999—2006 年社会保障支出占比及偏向性与城乡收入差距回归结果（固定效应）

变量	系数	标准差	T 值	P 值
社会保障支出占比(SSER)	0.038 990 6	0.006 413 3	6.08	0.000
社会保障支出偏向(SSESTRUC)	0.008 364 5	0.003 165 1	2.64	0.009
城镇居民失业率(Unemratio)	0.0 668 928	0.0 256 978	2.60	0.010
产业结构(Industry)	0.029 006 7	0.008 495 7	3.41	0.001
非农人口占比(Urb)	0.0 066 709	0.004 566 8	1.46	0.146
经济发展水平(lnPGDP)	0.183 466 9	0.085 358 2	2.15	0.033
投资率(Inverst)	0.002 926 5	0.002 075 5	1.41	0.160
政府参与经济活动程度(Fislevel)	0.005 404 3	0.004 241 2	1.27	0.204
常数项(c)	−2.629 601	0.680 773 7	−3.86	0.000
R^2	0.684 5		Hausman 检验	181.14
F 检验	53.59		P 值	0.000

本部分主要对社会保障支出规模与城乡收入差距的关系进行实证分析，以各省份社会保障支出占财政支出的比重作为解释变量，用固定效应和随机效应对 1999—2006 年和 2007—2015 年两个时间段社会保障支出与城乡收入差距关系进行模型估计，并且对其进行了 Hausman 检验，检验结果表明两个时间段都以固定效应模型更具稳健性，如表 6.16 和表 6.17 所示。实证

结果显示，尽管2007年前后我国社会保障支出科目内容有所变动，但都与城乡收入差距呈正相关关系且高度显著，说明我国社会保障支出扩大了城乡收入差距。本书理论分析认为财政社会保障支出对城乡收入差距的影响具有不确定性，因为城乡收入差距还受到城乡居民的初始收入差距、财政社会保障支出在城乡之间的分配比例、城市化水平等的影响。对此本书的解释是，尽管中国社会保障支出规模越来越大，但其在城乡之间的覆盖率和保障水平存在较大差异，本书在第4章对社会保障支出的偏向性测度时已经用数据进行了证实，由于社会保障主要是通过再分配手段影响城乡居民收入水平，在中国目前高度城市偏向性的社会保障体系下，城乡居民获得的转移性收入差距较大，而随着社会保障支出规模的扩大如果这种偏向性没有得到有效地改善，可能会进一步扩大城乡收入差距。

由表6.16和表6.17可知，1999—2006年和2007—2015年社会保障支出占比的系数分别为0.027 974 8和0.0 102 076，表明社会保障支出规模对城乡收入差距的影响程度在缩小，这一方面可能是由于政府收支科目变化导致社会保障支出规模在数据统计上的变化改变了其对城乡收入差距的影响，另一方面可能是由于近年来我国逐渐建立农村社会保障制度，社会保障在农村的覆盖率和覆盖水平不断提高，城乡居民获得转移性收入的差距在缩小。表6.18对1999—2006年社会保障支出规模及城市偏向性与城乡收入差距之间的关系进行了实证检验，社会保障支出规模及偏向性与城乡收入差距之间都呈正相关关系，而且加入社会保障支出偏向性作为解释变量以后，社会保障支出的系数增加到0.038 990 6，这也证实了本书在前面的解释，说明中国社会保障支出规模的增加并不必然导致城乡收入差距的缩小，还要考虑财政社会保障支出在城乡之间的分配，财政社会保障支出的城镇偏向性的增加反而会扩大城乡收入差距。控制变量与城乡收入差距的关系在2007年之前和之后存在一定的差异，但在1999—2006年加入社会保障支出偏向性作为解释变量后并没有发生实质性变化。根据表6.16和6.18可知，1999—2006年回归结果，显示所有的控制变量都与城乡收入差距呈正相关关系，但其中只有城镇居民失业率、产业结构是显著的，其他变量则不显著。表6.17是2007—2015年的回归结果显示出在这一期间所有的控制变量与城乡收入差距的关系都是显著的，不过其中城镇居民失业率、产业结构和投资率扩大了城乡收入差距，而非农人口占比、经济发展水平和政府参与经济活动程度则缩小了城乡收入差距。

表 6.19　1999—2006 年人均社会保障支出与城乡收入差距回归结果（固定效应）

变量	系数	标准差	T 值	P 值
人均社会保障支出对数(lnPSSE)	0.288 220 1	0.066 004 6	4.37	0.000
城镇居民失业率(Unemratio)	0.090 139	0.026 135 5	3.45	0.001
产业结构(Industry)	0.029 046 8	0.008 881 4	3.27	0.001
非农人口占比(Urb)	0.005 413 5	0.004 786	1.13	0.259
经济发展水平(lnPGDP)	-0.224 360 7	0.117 882 1	-1.90	0.058
投资率(Inverst)	0.004 919 2	0.002 134 5	2.30	0.022
政府参与经济活动程度(Fislevel)	-0.009 208 1	0.0 049 308	-1.87	0.063
常数项(c)	0.555 447 3	0.8 131 392	0.68	0.495
R^2	0.654 8		Hausman 检验	345.41
F 检验	45.88		P 值	0.000

表 6.20　2007—2013 年人均社会保障支出与城乡收入差距回归结果（固定效应）

变量	系数	标准差	T 值	P 值
人均社会保障支出对数(lnPSSE)	0.230 375 7	0.054 338 9	4.24	0.000
城镇居民失业率(Unemratio)	0.032 732 4	0.025 820 3	1.27	0.207
产业结构(Industry)	0.018 919 8	0.006 296 6	3.00	0.003
非农人口占比(Urb)	-0.007 618 5	0.003 077 7	-2.48	0.014
经济发展水平(lnPGDP)	-0.562 275 3	0.066 313 3	-8.48	0.000
投资率(Inverst)	0.001 272 2	0.000 849 6	1.50	0.136
政府参与经济活动程度(Fislevel)	-0.021 304 6	0.002 708 4	-7.87	0.000
常数项(c)	6.181 111	0.562 367 9	10.99	0.000
R^2	0.797 8		Hausman 检验	40.74
F 检验	142.49		P 值	0.000

表 6.21　1999—2006 年人均社会保障支出及偏向性与城乡收入差距回归结果（固定效应）

变量	系数	标准差	T 值	P 值
人均社会保障支出对数(lnPSSE)	0.380 986	0.087 180 2	4.37	0.000
社会保障支出偏向(SSESTRUC)	0.005 371	0.003 314 9	1.62	0.107
城镇居民失业率(Unemratio)	0.079 341	0.026 872 1	2.95	0.004
产业结构(Industry)	0.028 256 8	0.008 859 8	3.19	0.002

表6. 21(续)

变量	系数	标准差	T值	P值
非农人口占比(Urb)	0. 005 116 2	0. 004 770 6	1. 07	0. 285
经济发展水平(lnPGDP)	-0. 289 933 4	0. 124 196 5	-2. 33	0. 021
投资率(Inverst)	0. 004 490 6	0. 002 142 5	2. 10	0. 037
政府参与经济活动程度(Fislevel)	-0. 009 907 3	0. 004 930 3	-2. 01	0. 046
常数项(c)	0. 640 415 4	0. 811 630 9	0. 79	0. 431
R^2	0. 659 2		Hausman 检验	36. 77
F 检验	45. 57		P值	0. 000

为了更准确地验证社会保障支出与城乡收入差距的关系的稳健性，本书以人均社会保障支出作为解释变量，用固定效应和随机效应进行模型估计，Hausman 检验结果显示都为固定效应模型更具有稳健性，如表 6. 19、表 6. 20 和表 6. 21 所示。实证分析结果显示，人均社会保障支出在两个时间段与城乡收入差距都呈正相关关系且高度显著，并且其系数都大于社会保障支出规模的系数，表明人均社会保障支出影响程度更大。随着中国社会保障支出规模的不断扩大，人均社会保障支出水平快速增长，但是由于社会保障支出存在严重的城市偏向性，最终不但没有缩小城乡收入差距，反而扩大了城乡收入差距①。如果将社会保障支出城市偏向性作为解释变量加入模型进行模型估计，其结果如表 6. 21 所示，本书发现在对应样本年份内，人均社会保障支出同样扩大了城乡收入差距，其影响程度更大且高度显著，但值得注意的是，社会保障支出偏向的系数为正但不显著，说明其与城乡收入差距之间并没有明确的相关性，这与理论分析和现实不吻合。本书的解释是，政府社会保障支出主要是保障居民最基本的生存权利，是通过再分配手段对居民的转移性收入，但我国在 1998 年才开始建立社会保障制度，在 1999—2006 年样本期间这种转移性收入水平非常低，可能对大多数城乡居民而言，对其收入水平并没有实质性影响，此时社会保障支出城市偏向性并没有对城乡收入差距产生实质性影响。另外，城乡居民收入受到诸多因素的影响，社会保障支出对居民收入产生的影响较小，特别是在我国目

① 如果分别对城乡居民社会保障支出进行核算人均水平，即将城市和农村社会保障支出总额各自除以城市和农村人口数额，可能人均城市社会保障支出将远大于农村人均社会保障支出，但是由于数据的可获得性，本书无法分别计算，但城乡总体的人均社会保障支出同样表明其扩大了城乡收入差距。

前社会保障制度保障面窄和保障水平低的情况下，其城市偏向性程度相对于其他偏向性的政策影响可能要小得多。

从控制变量与城乡收入差距的关系来看，其中经济发展水平和政府参与经济活动程度在两个时间段都有利于缩小城乡收入差距并且统计上显著，城镇居民失业率、产业结构和投资率都是扩大了城乡收入差距且统计上显著，这基本上与前面各部分的结论相似。但我们发现非农人口占总人口的比例在 1999—2006 年系数为正但统计上不显著，说明在这一期间其与城乡收入差距并没有明确的相关性，但 2007—2015 年则显著缩小了城乡收入差距。对此的解释是，由于社会保障支出主要覆盖城镇居民，非农人口占比的增加会增加城镇居民数量，特别是近年来我国城市化的推进将大量农业人口转化为非农人口，城镇居民人均社会保障支出水平可能会下降，城乡之间社会保障差异可能由于城乡人口结构变动而缩小，进而缩小了城乡收入差距。如果加入社会保障支出偏向性作为解释变量，控制变量与城乡收入差距的关系除了非农人口占比不显著外，其他变量与城乡收入差距的关系基本没有太大的变化且统计上是显著的，这也说明中国城市化战略的实施会改变部分人口享受社会保障的机会和水平，这在一定程度上可能会影响到城乡收入差距，但目前来说还不是很明确。

综上所述，中国自 1998 年开始逐步建立和完善社会保障制度以来，中国社会保障支出规模和人均社会保障支出水平尽管在不断提高，但其对城乡收入差距一直起到了扩大的作用，通过第 4 章的测度和本章的实证检验都表明其主要因素可能就在于社会保障支出存在严重的城市偏向性。因此，如何构建城乡社会保障制度的一体化或者均等化，对于保障居民特别是农村居民基本生存权利以及缩小城乡收入差距具有重要意义。随着中国城市化战略的不断推进，城乡间的人口构成会发生较大变化，再加上大量农村劳动力放弃农业生产进城务工，传统的以土地为保障的机制已经逐渐削弱，对中国当前和未来社会保障制度提出了新的要求。

6.7 本章小结

本章主要是通过省级面板数据对地方财政支出与城乡收入差距之间的关系进行实证检验，通过对地方财政支出规模、财政支农支出、政府教育支出、政府卫生支出和社会保障支出与城乡收入差距的计量回归得出如下结论：

（1）从财政支出规模与城乡收入差距的关系的实证分析结果来看，中国地方财政支出扩大了城乡收入差距，在一定程度上说明中国地方财政支出在城乡之间的分配存在城市偏向性，地方财政支出规模的增长并没有真正改善城乡收入差距的现状。那么，如何在中国地方财政支出规模不断增长的同时，调整地方财政支出在城乡之间的分配，并且对财政支出具体项目进行结构的优化，才能真正达到缩小城乡收入差距的效果呢。这是本书后面需要特别关注的问题。

（2）从具有生产性的财政支农支出与城乡收入差距的实证分析结果来看，财政支农支出扩大了城乡收入差距，说明在中国目前的社会现实情况下，仅单纯地靠增加财政支农支出规模无法真正实现缩小城乡收入差距的目标。在中国大量农村劳动力进城务工的现实情况下，财政支农支出在有些地区对农民收入增长贡献率非常低，盲目地增加财政支农支出并不能有效缩小城乡收入差距，而是应该根据地区特征进行差别投入，并且应该将一部分财政支农支出用于农产品价格保护，保证农民生产的基本收益，才会有更多的人愿意在农村从事农业生产，财政支农支出的效率才会得到提升。

（3）从城乡间基本公共服务的财政支出与城乡收入差距关系的实证分析结果来看，教育支出、卫生支出和社会保障支出通过不同的机制影响城乡收入差距，但其结果存在一定的差异。首先，无论是从政府教育支出规模，还是人均政府教育支出都在一定程度上缩小了城乡收入差距，但其影响程度非常小，且在考虑财政教育支出城市偏向性后，政府财政教育支出反而与城乡收入差距关系不明确，说明中国目前政府教育支出无论是结构还是城乡分配都存在偏差。其次，政府卫生支出在不考虑城市偏向性的情况下，与城乡收入差距关系不明确，如果考虑城市偏向性，则扩大了城乡收入差距，说明政府在加大卫生支出的同时，也需要合理地将公共卫生资源在城乡之间进行分配，才能更有效地改善城乡居民健康水平和缩小城乡收入差距。最后，无论是从社会保障支出规模，还是人均社会保障支出与城乡收入差距的实证检验结果来看，都扩大了城乡收入差距，说明城市偏向性的社会保障支出在一定程度上扩大了城乡收入差距。那么，随着中国城镇化战略的不断推进，城乡间的人口构成会发生较大变迁，如何构建城乡社会保障制度的一体化或者均等化，对于保障居民特别是农村居民的基本生存权利以及缩小城乡收入差距具有重要意义。

7　研究结论与对策建议

中国改革开放以来经济持续快速增长，居民收入水平不断提高，但与此同时也存在着严重的收入差距，其中特别是城乡收入差距，这不利于我国的社会稳定和经济的持续健康发展。中国城乡收入差距的不断扩大已经成为中国社会经济发展中的突出问题，在一定程度上阻碍了中国社会经济的稳定和可持续发展，备受社会各界的广泛关注，对中国城乡收入差距的研究也成为理论界研究的重要课题。关于城乡收入差距的产生及扩大的原因，国内外学者对此进行了深入的研究，其中既有历史、制度等各方面的因素影响，也有财政、金融、价格等各类政策的影响，但绝大多数学者普遍认为城市偏向性的制度和政策是城乡收入差距产生和不断扩大的主要原因。

本书基于财政分权体制背景，对中国地方财政支出与城乡收入差距的关系进行了理论和实证研究，一方面，从理论上分析了财政支出对城乡收入差距的影响机理；另一方面，在对中国城乡收入差距进行测度和对中国地方财政支出进行实证考察的基础上，从地方财政支出规模和结构两个层面对两者之间的关系进行了实证研究，得出了一些有益的结论。本书从理论和实证两个角度分析和验证了中国地方财政支出城市偏向性产生的原因和程度及其与城乡收入差距之间的关系，并且根据研究结论和中国现实提出了通过地方财政支出缩小城乡收入差距的政策建议。本书的研究为如何优化中国地方财政支出结构、提高财政支出效率，并促进城乡收入差距的缩小提供了新的思路，本章将系统地阐述中国地方财政支出应该如何优化调整，以便有效地促进城乡居民收入差距的缩小。

7.1 研究的基本结论

本书主要是对地方财政支出与城乡收入差距的关系进行理论和实证研究，一方面，从理论上分析财政支出与城乡收入差距的关系，并结合中国实际情况探析中国地方财政支出影响城乡收入差距的现实机制。另一方面，基于理论和中国现实分析的基础上，利用中国地方财政支出的省级面板数据，对中国城乡收入差距进行测度并从财政支农支出、财政教育支出、政府卫生支出、社会保障财政支出四个具体项目对地方财政支出城市偏向性进行测度，并通过计量方法对财政支出规模以及四个类型的财政支出项目与城乡收入差距的关系进行实证检验，希望通过实证研究发现中国地方财政支出对城乡收入差距的现实影响方向及程度，为制定缩小城乡收入差距的财政支出政策提供参考。因此，通过本书的深入研究，从理论上理顺了中国地方财政支出对城乡收入差距的影响机理，从实证角度检验了中国地方财政支出对城乡收入差距的现实影响程度并解释了地方财政支出对城乡收入差距的传导机制，本书的研究结论较为全面和系统。

7.1.1 实证测度了中国城乡收入差距并阐述了其形成与扩大的原因

城乡收入差距问题的研究首先需要明确是否存在城乡收入差距、城乡收入差距到底有多大以及如何演变等现实问题，本书系统地测度了中国城乡收入差距及其变化趋势，并对其产生的原因进行了深入的分析。本书关于城乡收入差距的测度和原因分析，有如下结论：

第一，中国城乡居民在初次和再次分配中地位不同，影响了城乡居民收入水平，并且对城乡居民收入来源也产生重要影响。新中国成立以后，选择“优先发展重工业”的战略，制定了一系列城乡分割的社会经济政策，导致了城乡居民在初次分配和再分配中的地位较为不平等，限制了农业和农村发展，再加上城乡居民在社会福利政策上的差异，导致了无论是初次分配还是再分配都不利于农村居民。改革开放以后，中国将城市作为发展的重点，城市偏向性的社会经济政策不但没有消除反而在某些领域更加明显，特别是非市场领域的城市偏向性更为严重，导致了城乡居民在初次和再次分配中的地位也随之演变，特别是以财政为主导的再分配领域，城乡居民差距越来越大，进一步扩大了城乡收入差距。另外，改革开放以后，由于市场经济改革和对农村发展的限制政策的逐渐消除，城乡居民的收入来源也发生了较大变化，目前中国城乡居民的主要收入来源为工资性收入、经营性收入、财产性收入和转移性收入。城市居民原来主要是以工资性收入和转移性收入为主，由于私营经济的放开和快速发展，城市居民中工资性收入所占比重逐渐下降，经营性收入和转移性收入所占比重快速增长，财产性收入所占比重也逐步增长。农村居民原来主要以经营性收入为主，随着农村居民进城务工的规模越来越大，工资性收入比重快速增长，经营性收入比重大幅下降，很多农村居民的工资性收入已经成为其最主要的收入来源，但财产性收入和转移性收入比重仍然较低。

第二，当前中国城乡收入差距较大，无论从全国层面还是分区域来看，都存在城乡绝对收入差距逐步扩大的趋势，并且不同区域间城乡收入差距程度差异较大。一方面，从城乡收入差距总体情况来看，无论是以城乡收入比还是泰尔指数来测算，都显示中国城乡收入差距较大。按照名义价格计算，城镇居民人均可支配收入从 1978 年的 343.4 元增加到 2018 年的 39 251 元，增长了 114.3 倍，农村居民人均纯收入从 1978 年的 133.6 元增加到 2018 年的 14 617 元，增加了 109.4 倍。无论是从名义收入数额还是从收入增长速度来看，城镇居民收入的增长幅度和速度都明显高于农村居民；从城乡收入差距比值来看，城镇人均可支配收入与农村居民人均纯收入的比值总体上也是呈现长期扩大的趋势。从变动趋势来看，改革开放以来，中国城乡收入差距总体的变动趋势都经历了一个下降──→上升──→下降的过程，这种变动趋势主要是受到了中国市场经济改革对城乡居民获取收入的能力和机会的影响，不同时期城乡收入差距变动的原因有所不同。分区域来看，东、中、西三大区域城乡收入差距都呈不断扩大的趋势，但存在区域差异，其中西部地区城乡收入差距最大、中部地区次之、东部地区最小。从区域之间的比较来看，东部和中部地区城乡收入差距远低于西部地区，与全国平均水平相比，东部和中部地区城乡收入差距都低于全国平均水平，但西部地区则远高于全国平均水平，说明中国城乡收入差距主要是西部地区城乡收入差距过大所致。另外，从城乡收入差距的变动趋势来看，三大区域城乡收入差距的变动与全国城乡收入差距的变动大体相似，也经历了一个扩大──→缩小──→再扩大──→再缩小的变化过程，不过在这个变动过程中，西部地区一直是城乡收入差距最大的区域，中部地区次之，东部地区最小。

第三，中国城乡收入差距的形成及扩大的原因较为复杂，既符合一般经济理论原理，也有自身的历史、现实和制度原因。从理论角度来说，居民收入差距的主要原因在于物质资本和人力资本积累的差距所致，因为种种原因，中国城乡居民之间的物质资本积累和人力资本积累的差距都比较大，这是中国城乡居民收入差距形成及不断扩大的重要的原因。从现实来看，中国长期以来的城乡二元经济结构是中国城乡收入差距形成及扩大的主要原因，二元经济结构的形成既有历史制度因素也有现实制度因素，对工业和城市发展过度倾斜而忽视农村和农业发展是最重要的原因，其中政府政策和制度是主要推动力。另外，中国的政治经济体制的变革，对城乡收入差距产生了根本性影响，每一次体制的变动都会对城乡居民在国民收入分配中的地位产生重要影响，影响了城乡居民获得收入的机会、能力，最终决定了城乡收入差距的变动趋势。

7.1.2　现实考察了中国地方财政支出城市偏向性及其产生原因

理论分析表明，地方财政支出对城乡收入差距产生了重要影响，特别是财政支出在城乡之间配置的不均衡，会通过对城乡居民参与初次分配和再次分配环节的影响传导到对城乡居民收入差距的影响。本书通过对中国城乡收入差距的现状进行描述、现实考察，以发现中国地方财政支出结构失衡的主要表现，并分析其产生的原因，有利于我们更好地理解中国地方财政支出的城市偏向性，也有利于厘清财政支出与城乡收入差距之间的关联性。本书通过对中国地方财政支出结构的现实考察和原因分析，得出如下结论：

第一，无论是从预算内支出还是预算外支出来看，中国地方财政支出都存在经济性和城市性的双重偏向。首先，从预算内财政支出来看，中国地方财政支出存在明显的经济性偏向，地方政府官员为了政绩，将经济增长作为政府主要目标，将大量财政资金投入到经济建设领域，如基础设施建设、国有企业等领域，而民生领域的基本公共服务财政投入因被忽视而严重不足，地方财政支出存在生产性或经济性偏向。其次，从预算内财政支出来看，中国地方财政支出还存在严重的城市性偏向，无论是地方政府自身利益还是国家发展战略的影响，城市和工业成为国家重点发展领域，大量的财政资金投入到城市地区，对农业的财政投入严重不足，导致了中国地方财政支出长期以来存在严重的城市偏向性，农村基础设施、农业科技投入等严重不足，农村和农业发展严重滞后于城市和工业发展。最后，从预算外财政支出来看，特别是在中国土地财政模式下，地方政府对预算外支出具有更大的自主权，为了获得政治和经济利益，地方政府官员在预算外支出的分配上存在更严重的经济性偏向和城市性偏向。

第二，通过对中国地方财政支出的现实考察，本书发现中国地方财政支出普遍存在城市偏向性，但是不同类型的财政支出的偏向程度存在差异，并且这种差异存在空间异质性。本书以财政支农支出、义务教育支出、医疗卫生支出和社会保障支出为例，具体分析这些财政支出项目在城乡之间的分配情况，并对其城市偏向性进行了现实考察。首先，我国财政支农支出直接影响了农村发展和农民的收入，进而影响城乡收入差距，当前中国财政支农支出规模严重不足且增长缓慢，不利于农业发展和农民收入增长。从区域角度来观察财政支农支出，发现我国不同省份财政支农支出占财政支出的比重均较低且增长缓慢，省份间也存在较大差异。其次，我国教育支出主要是义务教育支出也存在严重的城市偏向性，中国农村义务教育投入严重不足。从区域角度来看，各省份农村义务教育支出占当年当地义务教育支出比重，在一定程度上反映了教育支出在不同区域和不同阶段的城市偏向性，其中发达地区义务教育城市偏向性相对低于落后地区，随着经济发展义务教育城市偏向性逐渐减弱，有利于城乡收入差距的缩小。再次，从城乡卫生总费用和人均卫生费用来看，我国卫生支出存在明显的城市偏向性。从城乡医疗卫生资源分配来看，主要体现在城乡医生人数差异上和医疗机构差异上，而我国城乡医疗卫生资源分配存在严重的城市偏向性。最后，从社会保障支出各个项目在城乡间的覆盖率以及城市和农村社会保障支出各占社会保障支出的比重来看，我国社会保障支出无论是从覆盖率还是占比都存在严重的城市偏向性，但近年来城乡之间差距在不断缩小。从城镇社会保障支出占社会保障支出总额的比重来看，社会保障支出也存在明显的城市偏向性。从不同地区角度来看社会保障支出的城市偏向性，各省份都存在一定程度的城市偏向性，但区域差异较大。

第三，对中国地方财政支出的城市偏向性产生的原因进行深入的理论分析，解释其产生的政治和经济逻辑。中国城市偏向性政策产生的历史原因在于中华人民共和国成立初期选择了“优先发展重工业”战略导致了城乡二元社会经济结构的形成，而改革开放以后的分权改革，导致了城市、区域以及工业优先发展的战略，在一定程度上强化了城市偏向性的社会经济制度，这些是中国城市偏向性政策产生的重要原因。对于中国地方财政支出城市偏向性来说，主要有政治和经济两个方面的原因。从经济角度来说，主要的原因在于中国社会经济发展和市场经济改革的需要、城市和农村的物质资本回报率差异、人口流动和劳动力向城市转移的需要、地方政府财政需求引致财政支出城市偏向性四个方面；从政治角度来说，主要原因在于地方政府官员“晋升锦标赛”、城乡居民对公共政策的政治影响力差异、地方政府的财政竞争等方面。

7.1.3 揭示了中国地方财政支出对城乡收入差距影响的内在机理

尽管从理论上来讲，财政支出对城乡居民收入会产生影响，但现实中，不同国家财政制度存在较大差异，财政支出对城乡收入差距的影响是正面的还是负面的，财政支出对城乡收入差距的影响机制可能都存在较大差异。为了深刻揭示中国地方财政支出与城乡收入差距之间的关系，本书基于中国财政分权改革背景，对财政分权——地方政府行为——地方财政支出——城乡收入差距之间的逻辑关系和影响机制进行了深入的理论分析。通过本书的研究，得出如下结论：

第一，中国财政分权体制对地方政府行为产生了政治和财政的双重激励，但是存在激励扭曲，导致了地方政府支出行为的偏向性。中国式分权是财政分权和政治集权的集合，财政分权赋予地方政府更多财政自主权，但政治集权又对地方政府行为产生约束，由于上级政府对下级政府的政绩考核以经济指标为主导，这就对地方政府行为产生了政治上和经济上的双重激励。现实中，由于过度关注经济发展和城市发展，导致了地方政府行为更多地偏向于经济领域和城市地区，最终出现了严重的经济性和城市性偏向的财政支出政策，不利于社会经济稳定持续发展。

第二，中国地方财政支出的偏向性通过初次分配和再分配对城乡居民的收入产生影响，导致了居民收入分配偏向于城市居民的格局。财政支出对居民收入分配的影响主要是通过影响劳动者人力资本积累以及工资水平、居民物质资本积累及其回报率以及生产环节的税收优惠等方式，中国地方财政支出通过不同的项目对城乡居民参与初次分配产生影响。经济建设领域的支出会影响城乡居民获得工作的机会差异、工资水平差异和资本投资回报率差异，教育、医疗等方面的财政支出影响了城乡居民人力资本积累差异，人力资本差距通过参与市场的初次分配影响居民的就业机会和收入能力。另外，初次分配导致的收入差距需要政府进行收入再分配，中国地方财政支出还通过再分配环节影响城乡居民收入水平，社会保障和社会福利支出、财政补贴等都会在不同程度上影响城乡居民收入水平，并主要是对城乡居民的转移性收入水平产生重要影响。中国地方财政支出的经济性偏向和城市性偏向，通过初次分配和再分配使得城乡居民在收入分配中的地位存在较大差距，导致了国民收入分配严重偏向于城市居民的格局，必然导致城乡收入差距的扩大。

第三，中国的地方财政支出规模和结构都在不同程度上影响着城乡居民收入，并且不同财政支出项目对城乡居民不同收入来源的影响机制不同。一方面，中国地方财政支出规模的不断增长导致了城乡收入差距的扩大，主要原因在于财政支出规模的增长更多地投向了经济建设领域和行政管理领域，主要受益群体为城市居民。经济建设领域财政支出增多导致了城市经济快速发展，城市居民收入水平快速增长，行政管理支出的增加主要受益群体则是城市居民，中国庞大的财政供养人员和国有企业职工主要是城市居民，进一步导致了城乡收入差距的扩大。另一方面，中国地方财政支出结构的失衡，导致了城乡居民物质资本积累、人力资本积累的差距越来越大，并且在市场分配中城市居民物质资本投资回报和人力资本投资回报都高于农村居民，又进一步扩大了城乡居民收入差距。可见，中国地方财政支出规模的增长、财政支出结构的失衡和财政支出结构的偏向性在不同程度上影响着城乡居民获得收入的能力和收入水平，并且对城乡居民工资性收入、经营性收入、财产性收入和转移性收入都会不同程度地产生影响，不同的财政支出项目对不同来源收入的影响机制也存在一定的差异性。本书认为，随着财政支出规模的增长，财政支出在城乡间合理的分配是基础，同时还要对财政支出结构进行优化调整，才能真正有效地促进城乡居民收入的同步增长，缩小城乡收入差距。

7.1.4 实证检验了中国地方财政支出对城乡收入差距的现实影响

理论分析已经揭示了中国地方财政支出对城乡收入差距影响的内在机

理，但现实中，中国地方财政支出及其偏向性到底对城乡收入差距产生什么样的影响，需要通过实证进行检验。本书利用省级面板数据对地方财政支出与城乡收入差距之间的关系进行实证检验，对地方财政支出规模、财政支农支出、政府教育支出、政府卫生支出和社会保障支出与城乡收入差距的关系进行了实证研究。通过实证研究，本书得出如下结论：

第一，从财政支出规模与城乡收入差距关系的实证分析结果来看，中国地方财政支出扩大了城乡收入差距，在一定程度上说明了中国地方财政支出在城乡之间的分配存在城市偏向性，地方财政支出规模的增长并没有真正改善城乡收入差距的现状。那么，如何在中国地方财政支出规模不断增长的同时，调整地方财政支出在城乡之间的分配，并且对财政支出的具体项目进行结构的优化，才能真正达到缩小城乡收入差距的效果呢？这一问题引发了本研究的诸多思考。

第二，从具有生产性的财政支农支出与城乡收入差距的实证分析结果来看，财政支农支出扩大了城乡收入差距，说明在中国目前的社会现实情况下，仅单纯地靠增加财政支农支出规模无法真正实现缩小城乡收入差距的目标。在中国大量农村劳动力进城务工的现实情况下，财政支农支出在有些地区对农民收入增长贡献率非常低，盲目地增加财政支农支出并不能有效缩小城乡收入差距，而是应该根据地区特征进行差别投入，并且应该将一部分财政支农支出用于农产品价格保护，保证农民生产的基本收益，才会有更多的人愿意在农村从事农业生产，财政支农支出的效率才会得到提升。

第三，从城乡间基本公共服务的财政支出与城乡收入差距关系的实证分析结果来看，教育支出、卫生支出和社会保障支出通过不同机制影响到城乡收入差距，但其结果存在一定差异。首先，无论是从政府教育支出规模，还是人均政府教育支出都在一定程度上缩小了城乡收入差距，但其影响程度非常小，且考虑财政教育支出的城市偏向性后，政府财政教育支出反而与城乡收入差距关系不明确，说明中国目前政府教育支出无论是从结构还是城乡分配上都存在着偏差。其次，政府卫生支出在不考虑城市偏向性的情况下，与城乡收入差距关系不明确，如果考虑城市偏向性，则扩大了城乡收入差距，说明政府在加大卫生支出的同时，也需要合理地将公共卫生资源在城乡之间进行分配，才能更有效地改善城乡居民健康水平和缩小城乡收入差距。最后，无论是从社会保障支出规模，还是人均社会保障支出与城乡收入差距的实证检验结果来看，都扩大了城乡收入差距，说明城市偏向性的社会保障支出在一定程度上扩大了城乡收入差距。那么，随着中国城镇化战略的不断推进，城乡间的人口构成会发生较大变迁，如何构建城乡社会保障制度的一体化或者均等化，对于保障居民特别是农村居民的基本生存权利以及缩小城乡收入差距具有重要意义。

7.2 中国地方财政支出改革的总体思路及着力点

7.2.1 中国地方财政支出改革的总体思路

本书通过对地方财政支出影响城乡收入差距的理论和实证研究，表明中国地方财政支出之所以总体上不利于缩小城乡收入差距，主要原因在于地方财政支出出现了结构性的偏差，这种偏差导致了城乡居民基本权利的差异，进而影响城乡居民收入差距。那么，调整地方财政支出结构的偏差是使其有利于缩小城乡收入差距的关键。国内学者对财政支出结构应该如何优化和各类财政支出应该如何调整进行了广泛研究，但更多的是从财政支出层面。本书研究认为，地方财政支出之所以出现偏差，主要原因在于中国式财政分权对地方政府行为产生了扭曲性激励，导致地方政府财政支出的偏向。要调整地方财政支出必须改变这种扭曲性的激励，然后才具体考虑地方财政支出不同项目以及同一财政支出项目的城乡配置应该如何优化。

基于本书对中国地方财政支出与城乡收入差距关系的理论和实证研究，再结合中国当前的现实情况，本书认为应该从体制变革和具体财政支出结构调整两个层面进行思考，才能真正改变中国地方财政支出结构的失衡，提升城乡居民收入分配的公平性，缩小城乡收入差距。中国地方财政支出改革总体思路如下：

首先，重构对地方政府行为的激励，改变地方财政支出的偏向性。通过对现行的政治和财政体制进行变革，重构对地方政府行为的激励，改变中国地方财政支出的经济性和城市性偏向的现状，是当前中国地方财政支出缩小城乡收入差距的关键点。从政治体制角度而言，需要通过政府治理模式的变革和政绩考核机制的转变来改变地方官员的激励与约束机制；从财政体制角度来说，要完善和规范现行财政分权体制，并建立和强化财政支出的绩效评价机制和监督约束机制。

其次，要建立财政支出规模的合理增长机制和有效的分配机制。一方面，随着社会经济发展，城乡居民对基本公共服务的需求不断增加，财政支出规模的合理增长能够满足社会公众的公共需求，有利于促进居民收入的增加，基于政府职能和事权，来建立财政支出规模的稳定与合理增长机制，通过财政支出增长促进居民收入的增加，并缩小城乡收入差距，具有重要的意义。另一方面，由于中国区域之间、城乡之间经济发展水平和经济结构都存在较大的差异，财政支出规模的合理增长只是具备了缩小城乡收入差距的必要条件，在财政支出规模增长的同时还需要对财政支出在城乡之间、区域之间进行合理有效的分配，才能真正实现缩小城乡收入差距的目标。

再次，优化财政支出结构，建立财政支出结构动态调整机制。财政资金需要通过不同的项目来进行支出，不同的财政支出项目对居民收入分配的影响差异也较大，中国目前财政支出结构存在一定程度的失衡，不利于经济发展也不利于缩小城乡收入差距。应该对财政支出结构进行优化，使得财政支出在不同项目之间、区域之间和城乡之间都能够实现公平与效率的兼顾。基于公共财政要求，中国地方财政支出应该更多地向基本公共服务领域倾斜，而且尽量向农村地区和落后地区倾斜，在实现基本公共服务均等化的同时缩小城乡收入差距。另外，地方财政支出结构的调整应该是一个动态过程，在社会经济发展过程中，社会公众的公共需求会发生变化，政府财政支出结构应该基于老百姓需求的变化而动态地调整，特别是要在城乡居民之间进行协调，这就需要建立一个财政支出结构动态调整机制。

最后，构建财政支出绩效评价机制，并建立问责制，提高地方财政支出效率。财政支出规模和结构的调整和改革主要涉及的是财政资金的分配，分配的有效性是财政资金绩效的前提，但财政资金在使用过程中的效率直接决定着财政支出最终的绩效。中国缺乏对政府财政资金使用的绩效评价机制和问责制，导致了中国财政支出普遍存在低效率和无效率问题，导致了财政支出无法实现既定目标。地方财政支出对城乡收入差距有着重要的影响，在保证地方财政支出合理增长和优化财政支出结构的基础上，还需要通过建立地方财政支出绩效评价机制以及问责制，提高地方财政支出的效率，更有利于缩小城乡收入差距。

7.2.3 中国地方财政支出改革的着力点

（1）变革现行政治体制和财政体制，重构对地方政府行为的激励，减少地方财政支出的偏向性。中国地方财政支出的偏向性是中国城乡收入差距产生及扩大的重要原因，从财政支出角度而言，要想通过对财政支出的调整来缩小城乡收入差距，首先要解决的问题就是要纠正财政支出的偏向性。本书对中国地方财政支出偏向性的原因进行了政治和经济因素的分析，本书认为中国的政治集权和财政分权相结合的体制，再加上上级对下级政府以经济增长作为主要考核指标的影响下，对地方政府行为产生了扭曲性的激励，导致了地方财政支出的偏向性。要改变对地方政府行为的扭曲性激励，需要对现行政治体制和财政制度进行改革，并重构对地方政府行为的有效激励，才能真正克服地方财政支出的偏向性问题。

首先，要进行政府治理理念的转变和治理模式的变革。要改变对地方政府行为的政治激励，必须要改变当前“以官治官”的政治治理模式，建立“自上而下”和“自下而上”相结合的治理模式，建立社会公众对地方政府官员的监督和制约机制，使得政府官员从权力本位向权利本位转变。同时还要改变地方政府官员在政治晋升中的考核机制，建立兼顾经济发展和民生改善的政绩考核机制，增加地方政府官员对当地居民的回应性，从而矫正单一维度的扭曲性政治激励。

其次，完善现行财政分权体制，建立财政监督约束机制。中国的分税制财政体制不规范不健全，其中突出表现为中央和地方政府之间以及地方各级政府之间的事权、财权划分不合理，导致了地方政府财权和事权的不匹配。尽管中央建立了转移支付来加以平衡，但我国转移支付制度也还不够规范，并没有完全缓解地方财政不均衡的问题，而且在一定程度上加大了区域间财力的不均等。地方政府财力紧张和区域间财力不均等，导致了不同地区之间以及城乡之间的财政资金分配极为不均衡，导致了地区间和城乡间的收入差距的扩大。另外，中国地方政府财政收入中非税收入比重较高，非税收入并没有完全纳入政府预算管理，导致了地方政府支出行为没有得到预算约束，大量的预算外收入由地方政府官员自主决定，导致了中国地方财政支出结构失衡和效率低下等问题。在地方政府财政支出没有得到有效监督约束的情况下，必然不利于缩小城乡收入差距。通过建立规范的财政分权体制，完善转移支付制度、完善地方税体系、建立财政监督约束机制等制度，来规范地方政府行为，才能真正实现通过财政支出缩小城乡收入差距的目标。

（2）增加财政支出规模并优化财政支出结构，实现财政支出在初次分配和再分配环节对城乡居民收入的不同收入来源的平衡增长。针对中国城乡居民四个主要的收入来源，有针对性地建立相应的财政支出政策，促进城乡主要收入来源的合理与均衡增长，最终实现城乡收入差距的缩小。

首先，要通过财政支出规模的合理增长来增加财政支农支出，农民的收入来源有很大一部分来源于农业经营活动，财政支农支出的不断增长，有利于农业快速发展，促进农村居民的农业经营收入的快速增长，有利于缩小城乡收入差距。

其次，要通过调整财政支出结构，将更多的财政资金用于教育、医疗卫生等有利于农村居民人力资本积累的财政支出项目上，通过提高农村居民的人力资本增强其在市场经济中的竞争力，提高其在初次分配中的地位，是当前有效缓解城乡收入差距的重要举措。

再次，要有针对性地对不同地区制定差别化财政支出政策。由于不同地区农业和农村发展情况差异较大，农民的收入来源主体也不一样，财政支出政策的制定要注意地区差异，对于粮食主产区应该更多地加强对农业基础设施、农业科技支持等方面的财政支出，非粮食主产区则更多地是以提高农村居民人力资本方面的财政投入为主。

最后，建立完善的社会保障和财政补贴政策，实现再分配中城乡居民收入的合理性。一方面，要建立和完善农村的社会保障制度，实现城乡之间社会保障制度的大体均衡，减少城乡居民之间转移性收入的差距。另一方面，要建立针对农业发展中的财政补贴机制，使得农村居民在经营过程中受到自然环境和市场的影响后能得到相应的补偿，以保证其农业经营收入的稳定性。

7.3 中国地方财政支出改革的具体政策建议

7.3.1 建立中国地方财政支出规模合理增长与均衡分配的机制

从理论角度来说，如果地方财政支出在不同项目之间以及城乡之间进行合理配置，地方财政支出规模越大应该越有利于居民收入分配的公平。

对于中国而言，地方财政支出存在明显的经济性和城市性偏向，这种偏向性必然会对城乡居民收入差距产生不利影响，部分学者研究认为中国地方财政支出规模扩大了城乡收入差距。本书通过对 1999—2015 年地方财政支出规模与城乡收入差距关系的实证研究发现，随着时间的推移，地方财政支出对城乡收入差距的负面影响在减弱，而积极影响开始显现。一方面说明我国地方财政支出结构的偏向性并非全都有利于城市居民；另一方面，也表明我国地方财政支出的偏向性随着政府政策和发展战略的调整在逐渐减弱。那么，根据本书的研究结论，地方财政支出规模适度增长是有利于缩小城乡收入差距的。

我国地方财政支出规模存在纵向和横向不平衡的问题，这些都不利于城乡收入差距的缩小，地方财政支出规模在调整过程中应该实现财政支出规模的纵向和横向平衡增长。一方面，结合党的十八届三中全会提出的“建立事权与支出责任相匹配的体制”要求，合理确定中央和各层级地方政府之间的事权和支出责任。根据地方政府基本支出责任来确定地方财政支出规模，并且在财政资金分配上适当地向地方政府特别是基层政府倾斜。地方财政支出规模适度增长还需要基本财力保障，这就需要逐渐完善地方税收体系和转移支付制度，建立财力与“事责”相匹配的地方财政收入来源体系。另一方面，由于经济发展不均衡导致了地方财政支出存在严重的横向不平衡，在地方财政支出规模增长中应该更多地倾向于欠发达的中、西部地区，逐渐降低地区之间财力非均等化程度。这就需要中央政府在转移支付制度安排中，更加注重财政均等化目标，将更多的资金转移给财力匮乏的欠发达地区，实现地区间财政能力均等化，缩小城乡收入差距。但应该注意的是，一味增加财政支出规模不一定就会有利于缩小城乡收入差距，在财政支出规模适度增长的同时，也应该注重资金配置效率和使用效率的提升，才能真正保证地方财政支出实现既定的目标。

地方财政支出要实现缩小城乡收入差距的目标，必须逐渐打破城市偏向性的财政支出制度，无论是生产性财政投入还是基本公共服务方面的财政投入都要实现城乡间合理的分配，消除财政支出对农村居民收入产生的不利影响，但也要避免过度的倾斜而出现本末倒置。一方面，加大对农业的支持力度，在农村基础设施建设投资、农村和农业发展的农业科技投入、农林水事务等方面加大投入力度，进一步促进农村和农业快速发展，不断提高农村居民收入水平；另一方面，政府在增加民生性支出的同时要逐渐加大对农村地区基本公共服务供给，将民生支出目标定位于城乡居民基本公共品均等化。

另外，需要根据不同地区农村居民收入来源的差异以及经济发展水平的差异，有针对性地制定差别化的地方财政支出政策。中国区域经济发展不均衡，农村和农业在不同地区的发展水平也存在较大差异，农村居民收入来源构成不同，如粮食主产区的农民更多依靠农业经营收入，非粮食主产区的农村居民主要靠进城打工获得工资性收入。在制定财政支出政策时，要考虑地区差异和经济发展水平差异。经济发达地区城乡差距相对较小，只有一小部分农民从事农业经营。首先应该加大教育、就业培训、医疗卫生保障等有利于增加人力资本积累的财政投入，然后对农村居民的经营行为进行财政支持。经济欠发达地区城乡差距较大，这些地区的农村居民主要是进城务工，其主要收入来源为工资性收入，应该加大对这些地区农村居民的劳动技能培训以及医疗卫生投入，让他们能够获得更多的就业机会和更高收入的工作。对于以农作物为主的粮食主产区，当地农村居民从事农业生产经营的比重可能更高，应该加大农业科技和农产品保护价格机制等方面的财政资金投入。

7.3.2 中国地方财政支出结构的调整与优化

第一，基于公共财政要求和社会公众的切身需求，逐步减少经济建设领域的财政支出，增加民生领域的财政支出，优化财政支出结构。改革开放以来，中国经济分权改革激励了地方政府大力发展经济，地方政府成为中国经济快速发展的重要推动者，地方政府通过财政支出来推动和刺激经济增长，导致了大量的财政资金被用于经济建设领域，如基础设施建设、国有企业投资、对企业的各种补贴和税收优惠等，中国的财政支出结构呈明显的“建设型财政”。财政支出的经济性偏向，尽管也取得了非常显著的经济效益，中国一直维持了经济的高速增长，但也带来了诸多问题，如政府投资挤占民间投资、不利于市场的公平竞争、腐败等问题，这些最终都会影响到不同群体参与市场的地位和从中获得的收益。特别是在中国经济性支出出现了严重城市偏向性的情况下，导致了城乡之间经济发展水平差距不断被拉大，进一步扩大了城乡收入差距。随着中国社会经济的发展，市场化改革的不断深化，基于政府职能的转变，财政支出结构应该逐渐向“服务型财政”模式转变，不断减少经济领域的财政支出规模，将更多的财政资源投入到基本公共服务领域，减少财政支出的经济性偏向对城乡居民收入水平的影响。

第二，调整城乡间财政支出结构，提高财政支农资金投入，并引导社会资本投向农业。农村与城市的经济发展水平差距越来越大，城乡居民的收入差距也越来越大，缩小城乡收入差距的重要途径就是要缩小城乡之间经济发展差距。农村和农业发展需要政府和社会资本的共同作用，通过政府财政投入来增加农业经营活动的收益，从而引导社会资本投资的增加，最终实现农业的快速发展。地方政府在经济建设领域的财政支出逐渐减少的同时，应该对该领域财政支出的城乡分配格局进行调整，将更多的经济建设资金投入到农村地区。特别是要加大对农村基础设施建设的投资，基础设施建设有利于促进农村和农业的发展，具有十分重要的意义。财政支农支出也要进行财政支出结构调整，当前财政支农支出中，农林水利气象等部门的事业费比例过高，但支援农业生产、农业基础设施建设、农业科技三项费用等支出比例偏低，应该通过撤乡并镇、精简农业机构人员等措施降低事业费用，大幅度增加农业生产性方面的支出比重，将财政资金更多地用到实处，切实促进农村和农业发展，不断增加农民收入。另外，通过财政贴息和财政补贴等方式，引导银行资金和社会资本投向农村和农业，如对农产品开发、加工、出口等企业贷款的贴息、减免税，积极发挥财政支出的引导和奖励作用，鼓励社会资本、产业资本进入农村发展产业，鼓励社会力量进入农村发展社会事业，鼓励农民组建专业合作社，通过农村和农业的快速发展，不断提高农村居民收入，才能真正缩小城乡收入差距。

第三，增加基本公共服务的供给水平，逐步构建城乡一体化的基本公共服务供给制度，实现基本公共服务均等化。由于中国长期以来经济建设领域财政投入大，基本公共服务供给的财政投入较少，基本公共服务非均等化较为明显。随着社会经济的发展，社会公众对基本公共服务需求不断增加，现行的基本公共服务供给已经不能适应社会发展的需要。另外，人力资本在社会经济发展中的作用越来越重要，教育、医疗卫生等基本公共服务对于人力资本积累有着重要作用，也会对城乡居民在市场经济中的地位以及收入水平产生重要的影响。应不断加大基本公共服务供给水平和实现基本公共服务均等化，有利于促进城乡居民收入水平的提高和收入分配的公平性。具体而言，要缩小城乡收入差距，不但需要调整财政支出结构，还需要构建城乡一体化的公共服务供给制度，需要从以下几个方面来努力：

一是转变政府职能，调整财政支出结构，把基本公共服务供给作为政府最主要的职能，不断加大对民生领域的财政投入。基于国家治理的基本要求，重新界定和转换政府职能，并在各级政府间合理划分事权，将更多的财政资金逐渐由经济建设领域转向基本公共服务领域，逐步扩大与老百姓关系最密切的基本公共服务供给，提高政府治理能力和效率。二是创新基本公共服务供给机制，建立城乡一体化的基本公共服务供给制度。中国基本公共服务供给存在严重的城市偏向性，是导致中国城乡居民收入差距拉大的重要原因，随着政府在基本公共服务领域财政支出的不断增长，需要对基本公共服务供给机制进行创新，促进建立城乡一体化的供给制度，以此作为缩小城乡收入差距的重要途径。一方面，在明确政府作为基本公共服务供给主体的基础上，加快政府委托企业供给、政府补贴企业供给方式创新、政府购买服务方式创新，推进基本公共服务供给方式多元化，优化基本公共服务供给结构，提高基本公共服务的供给质量和效率。另一方面，要改变基本公共服务供给的城市偏向性，在基本公共服务供给中加大对农村地区基本公共服务的供给，实现城乡基本公共服务的均等化，并将农村基本公共服务供给作为地方政府官员政绩的考核指标。

第四，优化教育财政资源配置，加大对农村教育的支持力度，促进城乡居民教育的公平性。中国教育资源配置存在严重的不均衡现象，包括区域之间教育资源的不均衡、城乡之间教育资源的不均衡和不同阶段教育资源的不均衡等问题，其中最为明显的就是城乡之间教育资源的不均衡，主要表现为基础教育的不均衡。通过教育提高农村居民的人力资本，是增加农民收入水平的重要渠道，需要通过优化教育资源在城乡之间的配置，加大对农村教育的支持力度，其关键在于对基础教育的财政投入的增加。首先，重构农村义务教育的财政体制，促进农村义务教育的快速发展，大幅提高农村劳动者的素质。基于各地区经济发展水平的差异和现有教育财政体制的现实问题，明确不同层级政府在义务教育上的投入责任，在大幅度增加上级政府对农村义务教育的经费投入基础上，建立新的义务教育财政体制，形成不同的农村义务教育模式，从根本上改变农村地区义务教育落后的现状。其次，建立教育成本补偿机制，补偿农村义务教育为城市发展所作出的贡献。由于大量农村劳动力进城务工，农村义务教育具有较大的外溢性，义务教育的财政投入主体是当地政府，但是接受教育的劳动者不在当地就业，对当地经济贡献有限，这种外溢性导致了地方政府在义务教育上的供给意愿不足，是义务教育投入不足的重要原因。根据正外部性理论，应该对该类公共产品供给进行补偿，城市应该对农村义务教育进行成本补偿，并且根据人才流入情况调整援助结构，加大援助力度，从而确保城乡之间教育投入和相应收益的相对公平。

第五，逐渐完善农村社会保障体系，建立城乡一体化的社会保障制度。社会保障制度是城乡居民的“安全网”，社会保障制度也是城乡居民转移性收入的重要来源，对城乡收入差距产生重要影响。根据城乡社会经济发展的现实需要，按照分阶段、分层次、分项目和逐步完善的基本原则，不断加大社会保障的财政投入，加快农村社会保障体系构建，建立城乡一体化的社会保障制度。首先，应将农民工纳入城市社会保障体系。随着大量农民工流向城市和计划生育对人口结构的影响，传统的以家庭和以土地作为保障的农村保障体系逐步淡化，农村的养老和医疗保障是目前迫切需要解决的问题。应该根据农民自身特点和现实需要，建立针对农村居民的社会保障体系，加大社会保障的覆盖范围和保障水平，缩小城乡间社会保障差距。其次，加大对农村社会保障的财政投入力度，做好城乡社会保障制度的衔接。政府应该加大社会保障支出的投入力度，并加大对农村地区的倾斜力度，缩小城乡之间社会保障的差距。

第六，关注城镇化过程中农业转移人口基本公共服务的供给，在推进城镇化的同时缩小城乡收入差距。城镇化战略的推行对城乡人口结构以及城乡居民收入都会产生影响，在城镇化过程中大量农业人口逐渐转化为城镇居民，意味着原来可以依靠土地生存的农村居民丧失土地，如何保障这部分转移人口的基本生存权利具有重要的意义。通过建立对转移人口的基本公共服务供给制度，保障这部分群体的基本收入，尽管可能由于人口结构和统计的变化会拉大城乡收入差距，但基本公共服务的主要目标是实现保障社会公众的基本权利。在城镇化过程中还应该在农村人口、转移人口和原来的城镇人口之间进行基本公共服务财政投入的合理分配，在保障原来城镇居民基本公共服务供给水平的基础上，逐步加大对农村人口和转移人口的基本公共服务供给。

7.3.3 提升地方财政支出效率的建议

财政支出规模的合理增长和结构的优化能够促进公共资源的有效投入和合理分配，对于社会经济发展具有重要意义，也是居民收入分配公平合理的重要保障。但财政支出的效率最终决定着财政支出是否能够达到最终的社会经济目标，由于财政支出直接影响着财政资金投入的回报率以及不同群体从财政支出项目中获益的多少，最终也会通过不同途径对城乡居民的收入产生影响。因此，中国地方财政支出改革，不仅仅要关注财政支出规模的增长和结构的优化，更要注重财政支出效率的提升。近年来，中央到各级地方政府都在进行政府支出绩效管理改革，在经济下行的现实约束下，政府财政收入增长乏力的同时财政支出需求却快速增长，提高政府财政支出的效率具有重要的现实意义。具体而言，地方财政支出效率涉及从分配到使用两个环节，即地方财政支出的分配效率和使用效率，提升地方财政支出效率的具体措施如下：

一是提高地方政府财政支出的分配效率。财政支出的分配效率主要是指财政资金在不同层面分配的合理性、公平性和均衡性，既要考虑分配的公平性又要考虑分配的效率性。首先，地方财政支出应该在不同的领域合理分配，即财政支出结构应该合理有效。中国是最大的发展中国家，财政支出规模大且结构较为复杂，政府在财政资金分配时普遍存在低效率甚至无效的情况，提升财政支出的分配效率是提升财政支出效率的前提。针对中国目前地方财政支出普遍存在经济偏向性的现实，地方各级政府在财政资金分配过程中应该建立社会公众参与政府决策的需求表达机制，以社会公共需求作为财政资金分配的重要依据，不断提升政府对老百姓需求的回应性，是提高财政资金在不同项目之间分配效率的基础。其次，地方财政支出应该在城乡之间进行合理的分配，对促进城乡社会经济协调发展和缩小城乡收入差距具有重要的作用。中国地方财政支出具有严重的城市偏向性，导致了城乡经济发展差距越来越大和城乡居民社会福利差距的扩大，这些都会扩大城乡居民收入差距。在当前城乡一体化战略的要求下，应该逐渐加大对农村地区财政的投入，包括对农业基础设施、农业科技和农村社会保障等财政投入，大力促进农业的发展和给农民建立最基本的“安全网”，是提高农民收入防止农村居民返贫的重要措施。最后，财政支出还应该在不同地区之间进行合理的分配。由于中国改革开放采取的是“区域优先发展”战略，导致了中国不同地区之间经济发展差距较大，不同地区之间的财政能力差距也越来越大，导致了财政资金分配上存在区域之间严重不合理的问题，需要进行区域之间财力的再分配，实现地区间的均衡发展。财政支出在地区间的再分配需要中央政府或上级政府来对财政资金进行重新配置，其中主要的手段就是转移支付制度，中央政府应该建立均等的财政转移支付制度。中央政府集中更多的财力，然后基于财权与事权相匹配和基本公共服务均等化原则，并结合地区间财力差距等因素的现实影响，来制定相应的转移支付制度，将财政资金在不同地区之间进行合理的分配。通过财政支出在不同项目之间、区域之间和城乡之间的合理分配，可以有效提高财政支出的资源配置效率，对于优化财政支出结构、促进区域间协调发展、缩小城乡发展差距等都具有重要的作用。

二是提高地方财政支出的使用效率。财政支出的使用效率是指财政资金在使用过程中的绩效，政府财政支出是为政府实现职能或者政策目标服务的，在财政资金分配效率既定的情况下，财政支出的使用效率直接决定着政府财政支出目标是否能够实现，具有重要的现实意义。近年来，中央和各级地方政府进行了绩效预算改革和政府绩效管理改革，更加关注财政资金使用过程中的绩效问题，但财政资金使用效率的提升需要建立较为完善的评价体系和问责制度。一方面，应该建立财政支出使用效率的绩效评价体系。财政支出绩效管理的关键在于对财政资金使用效率的评价，需要针对不同的财政支出项目设定效率评价指标，并选择对应的绩效评价方法，对地方财政支出效率进行有效的评价。另一方面，要建立地方财政支出效率的激励约束机制。地方财政支出效率的评价只是一种信息并不能对地方政府行为产生约束，还应该建立对地方财政支出效率的激励约束机制，对财政资金使用效率低的部门进行相应的问责，对财政资金使用效率高的部门给予一定激励，如在财政资金分配时优先考虑。另外，还需要加强对财政资金使用过程中的审计，并将信息及时向社会公众公开，接受社会公众和媒体的监督，加强对政府财政支出行为的监督约束。

参考文献

一、中文

[1] 阿塔纳修斯，阿西马科普洛斯. 收入分配理论 [M]. 赖德胜，译. 北京：商务印书馆，1995.

[2] 阿马蒂亚·森. 贫苦与饥荒 [M]. 王宇，王文玉，译. 北京：商务印书馆，2001.

[3] 贝克尔，莫里森. 转轨经济中的城市化 [A] //区域和城市经济手册：第3卷. 安虎森，等，译. 北京：经济科学出版社，2003.

[4] 蔡昉，万广华. 中国转轨时期收入差距与贫困 [M]. 北京：社会科学文献出版社，2006.

[5] 陈宗胜. 改革、发展与收入分配 [M]. 上海：复旦大学出版社，1999.

[6] 陈宗胜，周云波. 再论改革与发展中的收入分配 [M]. 北京：经济科学出版社，2002.

[7] 陈云. 中国城乡居民收入差距问题研究 [M]. 北京：首都经济贸易大学出版社，2017.

[8] 程永宏. 中国基尼系数及其分解分析：理论、方法和应用 [M]. 北京：中国财政经济出版社，2013.

[9] 大卫·李嘉图. 政治经济学及税赋原理 [M]. 郭大力，王亚南，译. 北京：商务印书馆，2001.

[10] 邓小平文选：第1卷 [M]. 北京：人民出版社，1994.

[11] 傅勇. 中国式分权与地方政府行为：探索转变发展模式的制度型框架 [M]. 上海：复旦大学出版社，2010.

[12] 费景汉，古斯塔·拉尼斯. 增长和发展：演进观点 [M]. 洪银兴，译. 北京：商务印书馆，2004.

[13] 赫希曼. 经济发展战略 [M]. 曹征海，潘照东，译. 北京：经济科学出版社，1991.

[14] 胡晶晶. 改革开放以来中国城乡居民收入差距研究 [M]. 北京：人民出版社，2013.

[15] 黄晓虹，雷根强. 我国转移支付对城乡收入差距的影响研究 [M]. 北京：中国财政经济出版社，2017.

[16] 峻峰. 中国少数民族地区城乡居民收入差距研究 [M]. 北京：中国财政经济出版社，2018.

[17] 列宁全集：第 2 卷 [M]. 北京：人民出版社，1975.

[18] 楼继伟. 中国政府间财政关系再思考 [M]. 北京：中国财政经济出版社，2013.

[19] 卢嘉瑞，等. 中国现阶段收入分配差距问题研究 [M]. 北京：人民出版社，2003.

[20] 阿瑟·刘易斯. 二元经济论 [M]. 施祎，等，译. 北京：北京经济学院出版社，1989.

[21] 刘伟. 公共支出对城乡收入差距影响的实证研究 [M]. 北京：中国社会科学出版社，2016.

[22] 李实，佐藤宏. 经济转型的代价——中国城市失业、贫困、收入差距的经验分析 [M]. 北京：中国财政经济出版社，2004.

[23] 林毅夫，蔡昉，李周. 中国的奇迹：发展战略与经济改革 [M]. 上海：上海三联书店、上海人民出版社，1994.

[24] 刘云龙. 民主机制与民主财政——政府间财政分工及分工方式 [M]. 北京：中国城市出版社，2001.

[25] 马克思恩格斯选集：第 1 卷 [M]. 北京：人民出版社，1972.

[26] 马克思. 资本论：第 1 卷 [M]. 北京：人民出版社，1975.

[27] 毛泽东选集：第 4 卷 [M]. 北京：人民出版社，1991.

[28] 普兰纳布. 巴德汉，克利斯托弗. 尤迪. 发展微观经济学 [M]. 陶然，等，译. 北京：北京大学出版社，2002：120.

[29] 舒尔茨. 论人力资本投资 [M]. 吴株华，译. 北京：北京经济学院出版社，1990.

[30] 谭伟. 中国收入差距——增长“奇迹”背后的利益分享 [M]. 北京：中国发展出版社，2009.

[31] 维托·坦齐，卢德格尔·舒克内希特. 20世纪的公共支出［M］. 胡家勇，译. 北京：商务印书馆，2005.

[32] 腾田昌久，保罗·克鲁格曼. 空间经济学：城市、区域与国际贸易［M］. 梁琦，译. 北京：中国人民大学出版社，2011.

[33] 夏龙. 转型期政府行为与城乡收入差距的演变特征研究——基于双重二元结构的视角［M］. 北京：经济科学出版社，2016.

[34] 王小鲁，樊纲. 中国收入分配差距的变动趋势和影响因素：收入分配与公共政策［M］. 上海：上海远东出版社，2005.

[35] 张军，周黎安. 为增长而竞争：中国增长的政治经济学［M］. 上海：格致出版社、上海人民出版社，2007.

[36] 张培刚. 发展经济学［M］. 北京：北京大学出版社，2009.

[37] 张小平，王迎春. 转型时期我国收入分配问题研究［M］. 北京：科学出版社，2008.

[38] 白素霞，陈井安. 收入来源视角下我国城乡收入差距研究［J］. 社会科学研究，2013（1）.

[39] 毕先萍，简新华. 论中国经济结构变动与收入分配差距的关系［J］. 经济评论，2002（4）.

[40] 陈安平，杜金沛. 中国的财政支出与城乡收入差距［J］. 统计研究，2010（11）.

[41] 迟诚，马万里. 财政分权对城乡收入差距的影响机理与传导机制［J］. 经济与管理研究，2015（9）.

[42] 成德宁. 论城市偏向与农村贫困［J］. 武汉大学学报（哲学社会科学版），2005（2）.

[43] 陈斌开，林毅夫. 发展战略、城市化与中国城乡收入差距［J］. 中国社会科学，2013（4）.

[44] 陈斌开，张鹏飞，杨汝岱. 政府教育投入、人力资本积累与中国城乡收入差距［J］. 管理世界，2010（1）.

[45] 蔡昉，杨涛. 城乡收入差距的政治经济学［J］. 中国社会科学，2000（4）.

[46] 蔡昉. 城乡收入差距与制度变革的临界点［J］. 中国社会科学，2003（5）.

[47] 蔡昉. 农村剩余劳动力流动的制度性障碍分析——解释流动与差

距同时扩大的悖论［J］. 经济学动态，2005（1）.

［48］蔡昉. 为什么劳动力流动没有缩小城乡收入差距［J］. 经济学动态，2009（8）.

［49］陈工，洪礼阳. 财政分权对城乡收入差距的影响研究——基于省级面板数据的分析［J］. 财政研究，2012（8）.

［50］蔡继明. 中国城乡比较生产力和相对收入差别［J］. 经济研究，1998（1）.

［51］程开明，李金昌. 城市偏向、城市化与城乡收入差距的作用机制及动态分析［J］. 数量经济技术经济研究，2007（7）.

［52］程莉. 产业结构的合理化与高级化会否缩小城乡收入差距——基于1985—2011年年中国省级面板数据的经验分析［J］. 现代财经，2014（11）.

［53］迟巍，蔡许许. 城市居民财产性收入与贫富差距的实证分析［J］. 数量经济技术经济研究，2012（2）.

［54］陈晓毅. 城市化、工业化与城乡收入差距——基于SVRA模型的研究［J］. 经济经纬，2010（6）.

［55］程永宏. 二元经济结构中城乡混合基尼系数的计算与分解［J］. 经济研究，2006（1）.

［56］蔡跃洲. 转型社会中财政对收入分配的影响——基于我国不同发展阶段的理论实证［J］. 财经研究，2008（11）.

［57］曹裕，陈晓红，马跃如. 城市化、城乡收入差距与经济增长——基于我国省级面板数据的实证研究［J］. 统计研究，2010（3）.

［58］陈宗胜. 关于收入差别倒U形曲线及两极分化研究中的几个方法问题［J］. 中国社会科学，2002（2）.

［59］董静，李子奈. 修正城乡加权法及其应用——由农村和城镇基尼系数推算全国基尼系数［J］. 数量经济技术经济研究，2004（5）.

［60］董黎明，满清龙. 地方财政支出对城乡收入差距的影响效应研究［J］. 财政研究，2017（8）.

［61］邓旋. 财政支出规模、结构与城乡收入不平等——基于中国省级面板数据的实证分析［J］. 经济评论，2011（4）.

［62］伏润民，常斌，谬小林. 我国省对县（市）一般性转移支付的绩效评价——基于DEA二次相对效益模型的研究［J］. 经济研究，2008

(11).

［63］费舒澜，郭继强. 农民工统计归属对城乡收入差距的影响［J］. 统计研究，2014（6）.

［64］范晓莉. 城市化、财政分权与中国城乡收入差距相互作用的计量分析［J］. 改革，2012（3）.

［65］傅勇，张晏. 中国式分权与财政支出结构偏向：为增长而竞争的代价［J］. 管理世界，2007（3）.

［66］傅勇. 中国的分权为何不同：一个考虑政治激励与财政激励的分析框架［J］. 世界经济，2008（11）.

［67］郭军华. 中国城市化对城乡收入差距的影响——基于东、中、西部面板数据的实证研究［J］. 经济问题探索，2009（12）.

［68］郭剑雄. 人力资本、生育率与城乡收入差距的收敛［J］. 中国社会科学，2004（3）.

［69］国家统计局农调总队课题组. 城乡居民收入差距研究［J］. 经济研究，1994（12）.

［70］郭熙保. 从发展经济学观点看待库兹涅茨假说——兼论中国收入不平等扩大的原因［J］. 管理世界，2002（3）.

［71］高霞. 产业结构变动与城乡收入差距关系的协整分析［J］. 数学认识与实践，2011（12）.

［72］高彦彦. 城市偏向、城乡收入差距与中国农业增长［J］. 中国农村观察，2010（5）.

［73］胡必亮，马昂主. 城乡联系理论与中国城乡的联系［J］. 经济学家，1994（4）.

［74］贺建清. 城镇化、工业化与城乡收入差距——基于时间序列数据的分析［J］. 新疆社会科学，2012（4）.

［75］洪源，杨司键，秦玉奇. 民生财政能否有效缩小城乡居民收入差距?［J］. 数量经济技术经济研究，2014（7）.

［76］何晓星. 再论中国地方政府主导型市场经济［J］. 中国工业经济，2005（1）.

［77］贾俊雪，宁静. 地方政府支出规模与结构的居民收入分配效应及制度根源［J］. 经济理论与经济管理，2011（8）.

［78］金双华. 公共产品供给与城乡收入差距［J］. 东北财经大学学报，

2008（9）.

[79] 靳涛，李帅. 中国城乡收入差距扩大化是内殖于体制吗？[J]. 经济学动态，2015（2）.

[80] 靳卫东. 农民的收入差距与人力资本投资研究 [J]. 南开经济研究，2007（1）.

[81] 靳卫东，高波. 收入差距与公共财政政策：人力资本投资差异的形成与演变 [J]. 经济理论与经济管理，2007（1）.

[82] 姜晓萍，肖育才. 基本公共服务供给对城乡收入差距的影响机理与测度 [J]. 中国行政管理，2017（8）.

[83] 寇铁军，金双华. 财政支出规模、结构与社会公平关系的研究 [J]. 上海财经大学学报，2002（12）.

[84] 李爱民. 中国半城镇化研究 [J]. 人口研究，2013（7）.

[85] 李宾，马九杰. 劳动力流动对城乡收入差距的影响：基于生命周期视角 [J]. 中国人口、资源与环境，2013（11）.

[86] 李超，商玉萍. 地方财政支出结构对城乡收入差距的影响效应——基于经济发展水平高低的分组比较 [J]. 西安财经学院学报，2018（10）.

[87] 李健旋，赵林度. 金融集聚、生产率增长与城乡收入差距的实证分析——基于动态空间面板模型 [J]. 中国管理科学，2018（12）.

[88] 李稻葵，刘霖林，王红领. GDP 中劳动份额演变的 U 形规律 [J]. 经济研究，2009（1）.

[89] 李峰峰，刘辉煌，吴伟. 基于面板门槛模型的城市化与城乡居民收入差距关系研究 [J]. 统计与决策，2015（1）.

[90] 刘乐山，何练成. 公共产品供给的差异：城乡居民收入差距扩大的一个原因解析 [J]. 人文杂志，2005（1）.

[91] 李实. 中国农村劳动力流动与收入增长和分配 [J]. 中国社会科学，1999（2）.

[92] 李实. 中国个人收入分配研究回顾与展望 [J]. 经济学季刊，2003（2）.

[93] 李实，赵人伟. 中国居民收入再分配研究 [J]. 经济研究，1999（4）.

[94] 李实，罗楚亮. 中国城乡居民收入差距的重新估计 [J]. 北京大

学学报（哲学社会科学版），2007（3）.

[95] 刘伟，等. 中国收入分配差距：现状、原因和对策研究［J］. 中国人民大学学报，2018（5）.

[96] 刘成奎，王朝才. 财政支出结构与社会公平的实证分析［J］. 财政研究，2008（2）.

[97] 林光斌. 等级制度、市场经济与城乡收入差距扩大［J］. 管理世界，2004（4）.

[98] 雷根强，蔡翔. 初次分配扭曲、财政支出城市偏向与城乡收入差距——来自中国省级面板数据的经验证据［J］. 数量经济技术经济研究，2012（3）.

[99] 李虎. 关于基尼系数分解分析的讨论［J］. 数量经济技术经济研究，2005（3）.

[100] 陆铭，陈钊. 城市化、城市倾向的经济政策与城乡收入差距［J］. 经济研究，2004（6）.

[101] 陆铭，陈钊，万广华. 因患寡，而患不均——中国的收入差距、投资、教育和增长的相互影响［J］. 经济研究，2005（12）.

[102] 陆铭，陈钊. 从分割到融合：城乡经济增长与社会和谐的政治经济学［J］. 经济研究，2008（1）.

[103] 梁琦，陈强远，王如玉. 户籍改革、劳动力流动与城市层级体系优化［J］. 中国社会科学，2013（12）.

[104] 刘穷志. 收入不平等、政策偏向与最优财政再分配政策［J］. 中南财经政法大学学报，2011（2）.

[105] 刘社建，徐艳. 城乡居民收入分配差距形成原因及对策研究［J］. 财经研究，2004（5）.

[106] 罗楚亮. 城乡收入差距的变化及其对全国收入差距的影响［J］. 劳动经济研究，2017（1）.

[107] 吕炜，杨沫，王岩. 城乡收入差距、城乡教育不平等与政府教育投入［J］. 经济社会体制比较，2015（5）.

[108] 吕承超，王志阁. “逆向转移”还是“正向调节”：社会保障的收入再分配效应［J］. 现代经济探讨，2018（11）.

[109] 吕承超. 中国社会保障支出缩小了城乡收入差距吗——基于规模与结构的动态面板模型分析［J］. 农业技术经济，2017（5）.

[110] 林毅夫，蔡昉，李周. 中国经济转型时期的地区差距分析 [J]. 经济研究，1998 (6).

[111] 林毅夫，刘志强. 中国的财政分权与经济增长 [J]. 北京大学学报 (哲学社会科学版)，2000 (4).

[112] 林毅夫，刘培林. 经济发展战略与公平、效率的关系 [J]. 经济学季刊，2003 (2).

[113] 陆云航. 要素积累、政府政策与我国城乡收入差距 [J]. 当代财经，2006 (4).

[114] 刘吕吉，李桥. 政府卫生支出城市偏向与中国城乡收入差距——理论分析与实证检验 [J]. 贵州财经大学学报，2015 (1).

[115] 刘渝琳，陈玲. 教育投入与社会保障对城乡收入差距的联合影响 [J]. 人口学刊，2012 (2).

[116] 李永友，沈坤荣. 财政支出结构、相对贫困与经济增长 [J]. 管理世界，2007 (11).

[117] 刘志强，谢家智. 户籍制度改革与城乡收入差距缩小：来自重庆的经验证据 [J]. 农业技术经济，2014 (11).

[118] 马万里，李齐云. 增长激励、中国式财政分权与收入差距 [J]. 当代财经，2013 (7).

[119] 马万里. 中国式财政分权：一个扩展的分析框架 [J]. 当代财经，2015 (3).

[120] 马强，王军. 城镇化缩小城乡收入差距的机制与效应——基于中国 271 个城市面板数据的分析 [J]. 城市问题，2018 (10).

[121] 莫亚琳，张志超. 城市化进程、公共财政支出与社会收入分配——基于城乡二元结构模型与面板数据计量的分析 [J]. 数量经济技术经济研究，2011 (3).

[122] 欧阳金琼，王雅鹏. 城镇化对缩小城乡收入差距的影响 [J]. 城市问题，2014 (6).

[123] 欧阳志刚. 中国城乡经济一体化的推进是否阻滞了城乡收入差距的扩大 [J]. 世界经济，2014 (2).

[124] 彭镇华，吴志军，习明明. 城乡收入差距、政府发展战略与空间溢出效应——基于长江经济带的实证研究 [J]. 江西社会科学，2018 (9).

[125] 庞伟，孙玉栋. 财政分权、晋升激励对收入分配的空间效应

[J]. 山西财经大学学报，2018 (8).

[126] 潘文轩. 城市化与工业化对城乡居民收入差距的影响 [J]. 山西财经大学学报，2010 (12).

[127] 钱争鸣，方丽婷. 我国财政支出结构对城乡居民收入差距的影响——基于非参数可加模型的分析 [J]. 厦门大学学报（哲学社会科学版），2012 (5).

[128] 钱峻峰，李建军，蒲勇健. 电力能源利用效率及其收敛性——基于中国省级面板数据的实证研究 [J]. 山西财经大学学报，2010 (5).

[129] 秦立建，陈波，秦雪征. 健康对农民工外出务工收入的影响分析 [J]. 世界经济文汇，2013 (6).

[130] 冉光和，潘辉. 政府公共支出的收入分配效应研究——基于 VAR 模型的检验 [J]. 重庆大学学报（社会科学版），2009 (5).

[131] 孙华臣，卢华，毕军. 城乡收入差距演变特征：基于“半城镇化”现象的解释 [J]. 财政研究，2014 (11).

[132] 孙臣华，卢华. 城乡收入差距演变：劳动力迁移到贡献 [J]. 财经问题研究，2014 (8).

[133] 沈坤荣，余吉祥. 农村劳动力流动对中国城镇居民收入的影响——基于市场化进程中城乡劳动力分工视角的研究 [J]. 管理世界，2011 (3).

[134] 沈坤荣，张璟. 中国农村公共支出及其绩效分析——基于农民收入增长和城乡收入差距的经验研究 [J]. 管理世界，2007 (1).

[135] 孙宁华，姚燕. 财政支出倾向、金融市场失衡与城乡收入差距 [J]. 财经问题研究，2013 (8).

[136] 孙勇，李慧中. 城市化、政府生产性支出与城乡收入均等化 [J]. 经济社会体制比较，2014 (5).

[137] 孙文杰，薛幸. 财政支出、空间溢出效应与城乡收入差距演变 [J]. 当代经济科学，2016 (2).

[138] 宋英杰，黄晓花，曹鸿杰. 财政分权、地方政府竞争与城乡收入差距 [J]. 地方财政研究，2017 (6).

[139] 陶然，刘明兴. 中国城乡收入差距、地方政府开支及财政自主 [J]. 世界经济文汇，2007 (2).

[140] 陶然，等. 地区竞争格局演变下的中国转轨：财政激励和发展模式反思 [J]. 经济研究，2009 (7).

[141] 唐斯. 我国城乡居民收入差距的实证研究 [J]. 统计与决策, 2011 (16).

[142] 唐将伟, 熊建华. 土地财政与发展不平衡: 一个分析框架 [J]. 经济问题探索, 2018 (11).

[143] 王朝明, 马文武. 均衡发展、城乡收入差距与新型城镇化的关系 [J]. 财经科学, 2014 (8).

[144] 王德文, 何宇鹏. 城乡差距的本质、多面性与政策含义 [J]. 中国农村观察, 2005 (3).

[145] 万广华. 不平等的度量与分解 [J]. 经济学 (季刊), 2008 (8).

[146] 王弟海, 龚六堂, 李宏毅. 健康人力资本、健康投资和经济增长 [J]. 管理世界, 2008 (3).

[147] 王虎, 范从来. 金融发展与农民收入影响机制的研究——来自中国 1980—2004 年的经验证据 [J]. 经济科学, 2006 (6).

[148] 王洪亮, 徐翔. 收入不平等孰甚: 地区间抑或城乡间 [J]. 管理世界, 2006 (11).

[149] 王建康, 谷国锋, 姚丽. 城市化进程、空间溢出效应与城乡收入差距——基于 2002—2012 年省级面板数据 [J]. 财经研究, 2015 (4).

[150] 王军. 中国农村社会保障制度建设: 成就与展望 [J]. 财政研究, 2010 (8).

[151] 王检贵. 倒 U 现象是不是一条经济法则? ——对罗宾逊经典结论的质疑 [J]. 经济研究, 2000 (7).

[152] 王全景. 所有制结构、地方财政支出与城乡收入差距——基于双重二元结构视角的分析 [J]. 商业研究, 2018 (4).

[153] 吴彬彬 , 李实. 中国地区之间收入差距变化: 2002—2013 年 [J]. 经济与管理研究, 2018 (10).

[154] 吴怀琴. 我国城乡收入差距收敛性研究——基于政府投资视角 [J]. 华东经济管理, 2019 (2).

[155] 吴建民, 丁疆辉. 地区收入结构与我国城镇居民收入差距的演化——基于 2000—2009 年数据的考察 [J]. 经济地理, 2011 (10).

[156] 王立成. 我国城乡居民收入分配差距总体状况、成因与对策 [J]. 人口与经济, 2010 (2).

[157] 王少平, 欧阳志刚. 我国城乡收入差距的度量及其对经济增长的

效应［J］. 经济研究，2007（10）.

［158］王少平，欧阳志刚. 中国城乡收入差距对实际经济增长的阈值效应［J］. 中国社会科学，2008（2）.

［159］温涛，冉光，熊德平. 中国金融发展与农民收入增长［J］. 经济研究，2005（9）.

［160］温涛，王小华，宜文. 城乡居民收入差距的时空演化与区域差异——基于收入结构的视角［J］. 当代经济研究，2012（11）.

［161］温铁军. 我们是怎样失去迁徙自由的［J］. 中国改革，2002（4）.

［162］韦伟，傅勇. 城乡收入差距与人口流动模型［J］. 中国人民大学学报，2004（6）.

［163］王小鲁，樊纲. 中国收入差距的走势和影响因素分析［J］. 经济研究，2005（10）.

［164］王艺明，蔡翔. 财政支出结构与城乡收入差距——基于东、中、西部地区省级面板数据的经验分析［J］. 财经科学，2010（8）.

［165］解垩. 财政分权、公共品供给与城乡收入差距［J］. 经济经纬，2007（1）.

［166］徐振宇，赵天宇，朱鹤. 居民基本权利差异对城乡差距的影响——来自中国省级面板数据的实证证据［J］. 财贸经济，2015（1）.

［167］徐瑾. 中等收入阶段我国城乡收入差距演变趋势及其影响因素研究——对于“库兹涅茨倒 U 形假说”的再检验［J］. 云南财经大学学报，2017（5）.

［168］余长林. 财政分权、公共品供给与中国城乡收入差距［J］. 中国经济问题，2011（9）.

［169］杨灿明，赵福军. 财政分权理论及其发展述评［J］. 中南财经政法大学学报，2004（4）.

［170］余菊，邓昂. 制度变迁、地方政府行为与城乡收入差距——来自中国省级面板数据的经验证据［J］. 经济理论与经济管理，2014（6）.

［171］殷金朋，倪志良，邹洋. 农民收入来源结构与中国城乡收入差距——基于 PVAR 模型的经验分析［J］. 财经论丛，2015（6）.

［172］应瑞瑶，马少晔. 劳动力流动、经济增长与城乡收入差距——基于 1993—2007 年重新估算的面板数据［J］. 南京农业大学学报（社会科学

版)，2011（6）.

[173] 吕炜，高飞．城镇化、市民化与城乡收入差距——双重二元结构下市民化措施的比较与选择［J］．财贸经济，2013（12）.

[174] 吕炜，许宏伟．土地财政、城市偏向与中国城乡收入差距［J］．财贸经济，2015（6）.

[175] 王小斌，李郁芳．土地财政、城镇化与城乡收入差距——基于1999—2011年省级面板联立方程的实证研究［J］．产经评论，2014（5）.

[176] 姚耀军．金融发展与城乡收入差距关系的经验分析［J］．财经研究，2005（2）.

[177] 王亚飞，杨寒冰，唐爽．城镇化、产业结构调整对城乡收入差距的作用机理及动态分析［J］．当代经济管理，2015（3）.

[178] 任重．教育、医疗公共品供给与城乡收入差距的关系研究［D］．天津：南开大学，2009.

[179] 杨晶，邓大松，申云．产业结构升级、财政支农与城乡居民收入差距［J］．经济问题探索，2018（7）.

[180] 杨晓妹，侯姝婧．地方财政支出结构对城乡居民收入差距的影响研究——基于湖南省的实证分析［J］．长春理工大学学报（社会科学版），2019（1）.

[181] 杨穗，李实．转型时期中国居民家庭收入流动性的演变［J］．世界经济，2017（11）.

[182] 朱德云，董迎迎．财政支出结构对城乡居民收入差距影响的效应分析——基于包含虚拟变量的省级面板数据的实证分析［J］．经济与管理评论，2015（3）.

[183] 周端明，刘军明．二元性与中国城乡居民收入差距演进：理论模型与计量检验［J］．安徽师范大学学报，2009（5）.

[184] 曾国安．论工业化过程中导致城乡居民收入差距扩大的自然因素与制度因素［J］．经济评论，2007（3）.

[185] 曾国安，胡晶晶．论中国城市偏向的财政制度与城乡居民收入差距［J］．财政研究，2009（2）.

[186] 张红宇．城乡居民收入差距的平抑机制：工业化中期阶段的经济增长与政府行为选择［J］．管理世界，2004（4）.

[187] 赵佳佳．农村公共支出结构对城乡收入差距的影响［J］．广东商

学院学报，2007（4）.

[188] 周黎安. 中国地方官员的"晋升锦标赛"模式研究［J］. 经济研究，2007（7）.

[189] 章奇，等. 中国的金融中介增长与城乡收入差距［J］. 中国金融学，2004（1）.

[190] 周世军，周勤. 政策偏向、收入偏移与中国城乡收入差距扩大［J］. 财贸经济，2011（7）.

[191] 赵焘. 西部地区城镇化与城乡收入差距关系实证研究［J］. 统计与决策，2014（16）.

[192] 张伟，陶士贵. 人力资本与城乡收入差距的实证分析与改善的路径选择［J］. 中国经济问题，2014（1）.

[193] 张璇，杨灿明. 行政腐败与城乡居民收入差距——来自中国120个地级市的证据［J］. 财贸经济，2015（1）.

[194] 赵霞，刘萌. 财政支出结构对城乡收入差距影响的趋势分析——基于2007—2011年省级面板数据［J］. 福建论坛·人文社会科学版，2014（2）.

[195] 周云波. 城市化、城乡差距以及全国居民总体收入差距的变动——收入差距倒U形假说的实证检验［J］. 经济学季刊，2009（7）.

[196] 张艳华. 教育公共投入与收入差距的波及效应［J］. 改革，2011（9）.

[197] 赵永平，徐盈之. 新型城镇化对缩小城乡收入差距的作用——基于城乡二元收入的理论模型与实证检验［J］. 中南大学学报（社会科学版），2014（8）.

[198] 张志超，吴晓忠，陈晓声. 区域差异、逆向财政机制与城乡收入差距——基于动态面板和门限面板模型的研究［J］. 山西财经大学学报，2014（8）.

[199] 张中锦. 金融发展效率、收入增长与城乡差距［J］. 中国经济问题，2011（4）.

[200] 赵莎莎，张东辉，张伟. 新型城镇化、民生财政支出与城乡收入差距——基于经济增长门槛模型的实证分析［J］. 华东经济管理，2018（12）.

[201] 詹国辉，张新文，杜春林. 公共服务对城乡收入差距的转化效

应——来自全国基础数据的实证检验［J］．当代经济科学，2016（9）．

［202］张涛．中国收入差距的变动及其原因分析：1985—2012 年［J］．数量经济技术经济研究，2016（12）．

［203］赵莎莎，张东辉，司传宁．城镇化水平、全要素生产率与城乡收入差距——基于区域异质性及交互效应的实证分析［J］．现代经济探讨，2018（11）．

二、英文

［1］A. Aaron，M. C. Mcguire. Benefits and Burdens of Government Expenditure［J］. Econometrica，1970（5）：42-51.

［2］Adelman & Motris，C. T.，Economic Growth and Social Equity in Developing Countries. Stanford，Califomia：Stanford University Press，1973：112.

［3］Aghion，P.；Caroli，E. & Garcia-Pênalosa，C.，Inequality and Economic Growth：The Perspective of the New Growth Theories，Journal of Economic Literature，Vol. 37，No. 2，March，1999：1615-1660.

［4］Ahluwalia M.，Income Distribution and Development：Some Stylized Facts，American Economic Review，Vol. 66，No. 2，February，1976：111-124.

［5］Anderson，Kymand Yujiro Hayami. The Political Economy of Agricultural Proteetion，East Asiain Intemational Pers Pective，Sidney：Allen & Unwininin Association with The Anstralia-Japan Research Center，Australian University，1986.

［6］Anne Krueger，Maurice Sehiff and Alberto Valdes（eds）. The Political Economy of Agrieultural Prieing Poliey Baltimore，Maryland：The Johns HoPkins University Press，1991：96.

［7］Bates，Robert. Markets and States in Tropical Afiica. Berkeley Califomia：University of California Press，1981：142.

［8］Barro. Government Spending in a Simple Model of Endogenous Growth［J］. Journal of Political Economy，1990（98）：103-125.

［9］Brennan，G.，Buchannan J. The Power to Tax：Analytical Foundations of a Fiscal Consitution［M］. Cambridge：Cambridge U. Press，1980.

［10］Boustan L，Ferreira F，Winkler H，Zolt E M. The Effect of Rising

Income Inequality on Taxation and Public Expenditures: Evidence from US Municipalities and School Districs: 1970-2000, The Review of Economic and Statistics, Vol. 51, No. 2, April 2013: 1291-1302.

[11] Buchanan, J. M., "An Economic Theory of of Clubs", Economica, 32, February, 1965: 1-14.

[12] Blanchar O., A. Shleifer. Federalism with and Without Political Centralization: China Versus Russia [R]. IMF Staff Papers, 2000 (48): 171-179.

[13] Caves, D. W., L. R. Christensen, W. E. Diewert., The Economic Theory of Index Numbers and the Measurement of Input, Output, and Productivity, Econometrica, Vol 50, No. 5, October 1982: 1393-1414.

[14] Cecilia, Turnovsky, Growth, Income Inequality, and Fiscal Policy: What are the Relevant Trade - Offs?, Journal of Money, Credit and Banking, Vol39, No. 2, April 2007: 1-30.

[15] Charnes A, Cooper W W, phodes E L, Measuring the Effciency of Decision Making Untis, European Journal of Operational Resarch, Vol. 2, No. 6, December1978: 429-444.

[16] Chenery, H., Ahluwalia, M. &S. Andothers, Redistribution with Growth. Oxford: University Press, 1974: 136.

[17] Kuznets、Simon, Economic Growth and Income Inequality, American Economic Review, Vol. 45, No. 1, January, 1955: 1-28.

[18] Denis Taoyang and Haozhou, Urban and Rural Disparity and Sectoral Labour Allocation in China, The Workers's Tate Meets the Market, Vol. 20, No. 9, September 2001: 40-42.

[19] Denk O, Hagemann R P, Lenain P, Somma V., Inequality and Poverty in the United States: Public Policies for Inclusive Growth, SSRN, Vol. 41, No. 5, May 2013: 120-145.

[20] Dodge DA, Impact of Tax, Transfer and Expenditure Policies of Government on the Distribution of Personal Incomes in Canada, Review of Income and Wealth, Vol. 17, No. 1, January 1975: 21-52.

[21] Fare R, Grosskopf S, Lindgren B, et al., Producticity Development in Swedish Hospital: A Malmquist Output Index Approach. Southern Illinois University, Carbondale, Department of Economics Discussion Paper, No. 89, 1989.

[22] Fare R, Grosskopf S, Lindgren B, et al, Producticity Growth, Technical Progress, and Efficiency Change in Induastrialized Countries, American Economic Review, Vol. 84, No. 1, January 1994: 66-83.

[23] G. A. Jones, S. Corbridge, The Continuing Debate About Urban Bias the Thesis, Its Critics, Its Influence and Its Implications for Poverty-Reduction Strategies, Progress in Development Studies, Vol. 10, No. 1, February 2010: 1-18.

[24] G. J. Stiglers. G. The Tenable Range of Functions of Local Govrment [M]. Washing, D. C, 1957: 213-219.

[25] Hannum, Emily and Meiyan Wang, Geography and Edueational Inequality in China, Forthcoming in China Economic Review, Vol10, No. 2, April 2005: 42-55.

[26] Hayek, Friedrich A. The Use of Knowledge in Society [J]. American Economic Review, 1945, (35).

[27] Kanbur, Ravi and Xiaobo Zhang, The Evolution of Rural-Urban and Inland-Coastal Inequality in China from 1983 to 1995, Journal of Comparative Economics, Vol. 27, No. 2, March1995: 686-701.

[28] Kevin Honglin Zhang Shunfeng Song, Rural-urban Migration and Urbanization in China: Evidence from Time-Series and Cross-Section Analyses, China Economic Review, Vol. 14, No. 5, May 2003: 386-400.

[29] Khan, Azizur R and Carl Riskin, income inequality in china: composition, Distributionand Growth of Household Income, 1998 (4): 221-253.

[30] Knight, J. and Lina Song, The Rura-Urban Divide, Economic Disparities and Iteraction in China. Oxford: Universty Press, 1999: 114.

[31] Leonel Muinelo Gallo, Oriol Roca Sagales, Joint Determination of Fiscal Policy, Income Inequality and Economic Growth, Economic Modelling, Vol. 32, No. 1, January2013: 814-824.

[32] Levin、Joshua. China's Divisive Development [J]. world in review, 2001 (4) 40-42.

[33] Lewis, W. A, Economie Development with Unlimited Supply of Labor, The Manchester School of Economic and Social Studies, Vol. 22, No. 2, February 1954: 139-191.

[34] Lucas, R. E, On the Mechanics of Development, Journal of Monetary Economics, Vol. 22, No. 3, June1988: 3-42.

[35] Miehael Upton, Why Poor People Stay Poor: Urban Bias in World Development. Cambridge, MA: Harvard University Press, 1977: 86.

[36] Myrdal, Economic Theory and Underdeveloped Regions, Gerald Duckworth, 1957.

[37] M. Lipton. Urban Bias: of Consequences, Classes and Causality [J]. 1993.

[38] Musgrave, R. A. The Thoery of Public Finance [M]. McGraw-Hill, New York, 1959.

[39] Musgrave R. A., "Who Should Tax Where and What?", In C. Mclure (ed.), Tax Assignment in Federal Countries, Australian National Univerity, 1983.

[40] Lipton M, Why poor People Stay Poor: Urban Bias in World Development. MA: Harvard University Press, 1977: 102.

[41] M. Olson, The Logic of Collective Action. Cambridge. MA: Harvard University Press, 1965: 53-65.

[42] Miehali Pton. Why Poor People Stay Poor: Urban Bias in World Development. Cambridge, MA: Harvard University Press, 1977.

[43] Oates, Wallace E., Fiscal Federalism, New York: Harcourt Brace Jovanovic, 1972.

[44] Ranis, G., & Fei, J. C, A, Theory of Economic Development., American Economic Review, Vol. 51, No. 4, August, 1961: 533-565.

[45] Robinson, A., Note on the U Hypothesis Income Inequality and Economic Development, American Economic Review, Vol. 66, No. 5, October, 1976: 437-440.

[46] Shih, Vietor, and Qi Zhang , Who Receives Subsidies: A Look at the County-Level Before and After the 1994 Tax Reform. Paper Presented at the conference Held at the Institute for Chinese Studies, May 21 - 23, Oxford, U. K, 2004.

[47] Schult Z, T. W. ed, Distortions of Acultural Ineentives. Bloomington: Indian University Press, 1978: 95.

[48] V. Henderson, Urbanization in Developing Countries, The World Bank Research Observer, Vol. 17, No. 1, January 2002: 89-112.

[49] World Bank, 1997, /Sharing Rising Incomes - Disparities in China, Washington D. C. Xue, Jinjun, 1997, /Urban - Rural Income Disparityand Its Significance in China, Hitotsubashi Journal of Economics, 38 (1): 45-49.

[50] Yang, Dennis Tao, Urban - Biased Polices and Rising Income Inequality in China, American Economic Review , Vol188, No. 2, March1999: 306-310.

[51] Zhuravskaya, Ekaterina, V., "Incentives to Provide Local Public Goods: Fiscal Federalism, Russian Style", Journal of Public Economics, 76, 2000: 337-368.

后　　记

由于低估了研究的难度，本书的研究耗费了三年多时间。在这三年中，每当遇到巨大困难感觉无法克服时，无数次想要放弃，但每次总是在似乎已确定放弃后，半夜从睡梦中醒来，内心的那种不甘和不舍又激发自己从床上爬起来，继续再战！就这样，终于完成了本研究。

城乡收入差距是个宏大又复杂的主题，其中涉及的“城乡”“收入”“差距”单从哪一个方面来讲都是需要极深的研究功力才能把握得住的，而地方财政支出也涉及多个省份、多个项目的内容，研究中使用的数据在统计口径上又发生过重大变化，要不是初生牛犊不怕虎，再加上我三十多年来人生的经历和积累的韧劲儿，即便是写成现在这样一个基本成型的专著也是极其难得的。

对于我这个学术新人来说，尽管其研究成果还比较粗浅，但亲历这个研究过程的体验却是非常必要和收获巨大的。也就是在完整地做完了本书的研究之后，我对地方财政支出与城乡收入差距的关系的研究意义和价值有了更加深刻的认识，也逐步明确了自己未来的研究方向。无论是城乡收入差距，还是地方财政支出都算不上是新的研究主题，但对于二者关系的研究却非常薄弱，得出的认识和结论也比较模糊。之所以会有这样的结果，我认为可能有两个方面的原因：一是我国财政学研究更加关注城市和中央、省级政府的财政问题，对于中国农村、基层财政问题则倾力不足，而在我们这样一个从传统农业大国走向现代化的国家里，缺乏对中国“三农”问题的全面而深刻的理解，很难对中国财政问题真正找到非常具有创见性的应对之策。这也可能是我国财政学界专家不少，但真正能让财政学界和其他学术研究界认可的“大家”非常稀缺的一个根本性的原因。二是近年来我国财政学研究的计量化倾向严重，可能会使一些复杂、宏大的基础性理论问题，因为数据易得性、计量方法的适用性等方面的限制，而被迫搁置。未来，我将在现有研究的基础上，满怀信心、更加勇敢地向中国“三农”问题的财政领域拓展研究。

30多年来，尽管人生颇费周折，但我一直欣喜以对、心怀感恩。作为一个曾经的乡村“留守儿童”，我赶上了好时代，遇到了好老师，所以才能在没有家长督学的情况下，考入武汉大学。武汉大学优美的自然环境、庄严的校园建筑和浓郁的人文气息，深深地熏陶了我，融于自然，纯粹谦卑，让我受用至今。一路走来，我遇到了无数的好老师，在学术研究道路上对我影响最大的有两位，一位是冯俏彬老师，一位是马珺老师。冯老师的奋进状态、钻研精神和处事态度，一直是我揣摩学习的榜样。而且，冯老师总能在我糊涂的时候，用最简洁的话语让我醍醐灌顶。阅读马珺老师的文章让我爱上科研，并有点儿明白了“朝闻道，夕死可矣”的意思，正是因为这些真正为科研而生的学者的存在，才让我们财政学的学生更有获得感。知道她们是好老师，但我自己还算不上好学生，所以我一直在努力，让自己可以配得上是两位老师的学生。在西南财经大学读博和本书研究中，我还得到无数老师的指点和帮助，他们是：马骁老师、李建军老师、王文甫老师、刘蓉老师、尹音频老师，等等，还有很多，因篇幅所限，在此就不一一列举了。

入职以来尤其是走上科研道路以来，我也遇到了很多好领导、好同事，因为他们的包容、鼓励和帮助，我才能够不断进步。他们是：杜桂丽老师、唐林研究员、郑泰安研究员、李明泉研究员、夏良田研究员、李后卿研究员、刘金华研究员、文兴吾研究员、张克俊研究员、陈杰副研究员和李军副研究员，等等。

感谢我的父母给了我健康的身体，为了给我创造更好的生活条件，他们常年奔波在外。从小到大，尽管父母对我的直接教导屈指可数，但他们用自己的实际行动将正直善良、踏实勤劳和终身学习的精神品质传递给了我，身教重于言教，这些才是他们传给我的最大财富。感谢我的先生一直肯定我、鼓励我、支持我，为此，他在完成自己繁忙工作的情况下，实现了从一个什么家务都不会的“老幺儿”向全能型的“家庭妇男”的转型。可爱聪明的儿子让我枯燥的科研生活增添了很多乐趣，小小年纪的他，在学习上体现出的专注和恒心，时常让我感动并深受教益。

最后，我要特别感谢本书的编辑汪涌波老师，拿到书稿二校稿时，我逐页翻看汪老师的校对内容，看着看着，我就开心地笑起来了，内心里对汪老师的感激和尊敬也油然而生！尽管在交书稿前，我也曾自行校对多次，但看了汪老师的校对稿，感觉当局者迷，正是因为汪老师的严谨负责，许多细微错误才能及时找出，以免留下遗憾。汪老师的很多修改建议也体现了一个资深编辑的专业性和艺术性，经过他的细微改动之后，文字表达效果就大不相同，让我感觉改得非常好、非常妙，而文字功也是我们科研人员需要长期修炼的基本功。显然，我又找到了需要拜学的师傅了，肯定开心呀！

2019年6月于成都浣花溪